宁波市教育局重点委托项目"近现代甬籍教育家研究"研究成果

近现代甬籍教育家研究丛书编委会

近现代甬籍教育家研究丛书

陶志琼 著

冯定青年教育思想研究

Fengding Qingnian Jiaoyu Sixiang Yanjiu

ZHEJIANG UNIVERSITY PRESS
浙江大学出版社

序

　　走近宁波,从7000年前的河姆渡文化到现代的世界级深水港,从梦里水乡的绵绵情致到凭海临风的恢宏气势,都在这块土地上发生发展着。感受宁波,除了其深沉的文化底蕴将人打动之外,还有一种自古沿袭的人文精神使人震撼。翻开宁波教育的历史,也就是对甬城文化的再一次提炼。

　　宁波教育源远流长。宁波教育史可追溯到2000多年前,古往今来才人辈出,"文教之邦"的美誉是对历史的肯定,也是对未来的希望,教育已积淀在城市文化的河床。宁波的城,宁波的人,处处都展现着"文教之邦"的气质和素质。据史志记载,自宋到清,宁波境内中进士者凡2478人,为全国出进士最多的地区之一,其中巍科人物(包括会元、状元、榜眼、探花和传胪)有38人。历代杰出的专家学者人数亦位居全国前列。现在宁波籍的著名专家、学者仍然很多,截至2013年,在中国科学院和中国工程院中,宁波籍的两院院士就有108名。①

　　需要指出的是,文化是靠积累的,进士、院士的产生,不是凭空的,而是建立在宽广而深厚的文化积累层面上的。文化的流传与发展离不开教育,教育的重要地位是不言而喻的。历史回溯到公元前1世纪末,现今余姚境内就有学官的记载。唐宋八大家之一的王安石任鄞县县令时,创建鄞县县学,聘著名学者为师。南宋时期,经济文化中心随着建都临安而南移,宁波的古代教育进入兴盛时期。王守仁的姚江学派,黄宗羲的浙东学派,都在历史上留下了辉煌的一笔,沉淀在了宁波教育的河床。

---

① 参考 http://news.cnnb.com.cn/system/2013/12/22/007940754.shtml.

　　因为浙东学术的启蒙,宁波成为西方新知最无障碍进入的城市之一。鸦片战争以后,宁波的近代教育随即诞生。1844 年,宁波建立了中国第一所女校,由沈贻芗首任国人校长,为地方和国家培养了一大批新时代女性和巾帼英才,可谓"贻芳馨于人间"。1845 年,宁波又创立了浙江省的第一所小学。随着工商业的发展,官方与民间不断有人兴办学校。1898 年春,知府程稻村采纳严信厚等人的倡议,创办了宁波第一所官办的新式中等学校——储才学堂,即后来的浙江省立第四中学,也就是今天宁波中学的前身。其后又兴办宁波府师范学堂、宁波府女学堂、宁波政法学堂等专门学校。从此以后,宁波公立、私立的普通中小学、实业学堂和师范学堂逐渐发展起来。宁波人素来尊师重教,有捐资兴学的传统。到了近代,这一行之有效的办法更是相沿成风。宁波各界及近代宁波帮的捐资,有力地促进了宁波近代教育事业的发展。如今,宁波著名的效实中学,就是 1912 年由何育述等人创立的。此外,宁波进步士绅亦集资创办了宁波公立中等工业学校和鄞县县立女子师范学校等在当时颇具影响的学校。据统计,1931 年,宁波全市各县仅公立、私立小学就有 166 所,在校学生达 130034 人。

　　教育是人类社会神圣的事业,宁波的历史却已将其升华为一门艺术,融入了地方文化的灵魂。教育,对一个城市乃至一个国家的影响将持续到不可预见的未来。数千年尊师重教的传统,不仅为古代宁波创造了难以估量的财富,也为这座城市的近代教育发展奠定了基础。

　　宁波开埠通商以来,实事求是、经世致用的文化传统和兼容并包的时世风度哺育了一批深受世人尊重的教育家,形成了独特的近现代甬籍教育家群体。这些教育名家在立功、立言、立德和时代影响力诸方面堪称一流,其充满生命力的教育思想和富有个人魅力的教育实践已成为宁波乃至全国教育的思想宝库。他们有的生于斯长于斯,对当地的基础教育做出了杰出的贡献;有的带着宁波乡情走向全国,或著书立说,或参与教育改革,或身体力行办学,以自己的满腔热情改造旧教育、呼唤新教育,在高等教育、基础教育、幼儿教育和女子教育、纺织教育、艺术教育以及体育教育诸领域留风陈迹,在浙东地区、全国乃至世界范围内产生了重大影响。

　　为进一步弘扬甬籍教育家思想,铭记教育先贤改革与实践的经验和业绩,深度挖掘其思想精粹,2011 年 11 月 4 日,设在宁波大学的"甬籍教育家研究中心"成立,由中心承接的"甬籍教育家研究计划"随之启动。"甬籍教育家研究计划"是由宁波市教育局资助,宁波大学和宁波市教育科学研究所共同承担的重大教育研究项目,第一期计划耗时 5 年(2011—2015 年),具体研究蒋梦麟、林汉达、杨贤江、张其昀、张雪门、陈训正等 15 位甬籍教育家，最后出版一套由 11 本专著组成的系列丛书。

大学是优秀文化传承和创新的策源地。宁波大学作为宁波人的大学，有责任去研究和传播这些教育名家的思想，"甬籍教育家研究计划"便是最好的回应。我们相信，该计划一定会在丰富和繁荣教育思想、推进精神文明建设等方面做出自己独特的贡献。"甬籍教育家研究计划"项目的启动将进一步拓宽宁波市教育科学"十二五"规划重点研究内容，该项目已成为宁波大学人文社科领域近年来获得的较大的科研项目之一。

"甬籍教育家研究计划"希望通过对教育家的人生脉络和主要思想进行系列研究，形成一项具有宁波特色的教育人物品牌研究，为加快推进宁波市教育现代化提供思想滋养，为宁波打造一批当代"浙东名家名师"提供行动启示，为身处教育变革时代的教育学人和实践者坚定创新理念提供精神激励。

国运兴衰，系于教育。岁月熔金，一切的灿烂辉煌都镌刻进历史的丰碑。东方升起又一轮红日，宁波教育也在晨曦中翻开了新的一页。百年大计，教育为本。随着我国教育的快速发展，当下国家、省、市分别颁布了不同层次的中长期教育改革和发展规划纲要，展望今后十年的教育发展蓝图，教育思想的传承和教育改革的推进尤为关键，介绍和研究甬籍教育家对于宁波教育发展就显得颇为重要。我们期待研究成果可以为当代宁波培育甬派教育家提供思想启示，为宁波市的教育改革提供历史路径。

是为序。

刘剑虹 博士、研究员
湖州师范学院党委书记(宁波大学原党委副书记)
2015 年 3 月

前　　言

一、选题的缘由

2011 年宁波市教育局、宁波市教科所与宁波大学三方合作组成宁波市"甬籍教育家研究中心",拟对 20 世纪的宁波籍著名教育家进行系列研究,冯定就是研究对象之一。笔者原来选定的题目是"张雪门幼儿教育思想研究",但在"甬籍教育家研究中心"领导综合考虑后,我没能获准研究张雪门。然而我不想放弃这样一个课题研究的机会,就在对冯定及其思想一无所知的情况下,选定了冯定作为研究对象(其实除少数研究者之外,其他大部分对甬籍教育家进行研究的人都与我一样,没有先期的相关研究,都算是"白手起家")。在接下来的短暂时间里,我通过知网搜索了与冯定有关的文章,一是他本人撰写的文章,二是他人撰写的关于冯定及其思想的文章,与此同时在图书馆著作查询中发现了《冯定文集》第 1 卷和第 2 卷,并立即借阅。另外,我又在网上购买了谢龙主编的《平凡的真理 非凡的求索——纪念冯定百年诞辰研究文集》。在对这些文献进行初步阅读之后,我选定了对冯定的青年教育思想进行研究。

冯定是经历了抗日战争、解放战争、新中国成立后的社会主义改造、"文化大革命"及党的十一届三中全会后的社会主义建设新时期的革命家、哲学家和教育家。在抗日战争和解放战争时期,冯定长期从事宣传教育工作,无论是当场授课进行形势政策宣讲,还是撰写文章进行说理引导,都称得上是热血青年的人生导师。冯定于 20 世纪 30 年代从莫斯科中山大学学成回国之后,在上海的进步刊物如《自修大学》《文化食粮》《国民周刊》《译报周刊》上发表了系列文章,1937 年出版了《青年应当怎样修养》和《抗战与青年》两本书,指引青年在复杂多变的形势下认清努力的方向,树立正确的思想观念,投入到民族救亡运动中去。1948年,在解放战争即将取得胜利之际,冯定出版了对青年进行系统的马克思主义哲学思想修养普及的通俗著作《平凡的真理》,此书后来出版了修订版,影响了中国社会主义改造与建设时期的一代又一代青年。1956年,冯定出版了对青年产生广泛影响的又一力作——《共产主义人生观》。在20世纪30年代至60年代期间,冯定的著作和文章可以说为中国不同时期的进步青年提供了丰富的精神养料,为广大青年树立正确、积极的人生观和世界观提供了指南。"文化大革命"结束后,经历了14年磨难,被迫沉默了14年之久的冯定,虽然身体状况欠佳,但还是积极参加重新恢复的哲学学科发展研讨会,并做了《哲学工作者的历史使命》的发言。出于对经历过"文革"的青年的道德滑坡及其人生观、世界观不够积极、健康的担忧,出于想要唤起广大青年在社会主义建设的新时期中生活与奋斗的热情的目的,冯定撰写发表了一系列热情洋溢并充满了真知灼见的文章,诸如《生命的价值——谈谈革命人生观》《人活着究竟为什么》《吸取人类思想文化中一切有价值的东西》。1982年,冯定的《人生漫谈》在遭受了近20年的禁锢之后得以正式出版,广大青年有幸得以阅读。

综上所述,冯定一生在思想战线上努力耕耘,力争"用道德手段影响社会和青年",力争"成为他的时代道德最好的人",他的一生正如费希特所说的那样:"我的使命就是论证真理;我的生命和我的命运都微不足道;但我的生命的影响却无限伟大。我是真理的献身者;我为它服务;我必须为它承做一切,敢说敢做,忍受痛苦。"[1]冯定在追求真理的道路上留下的近百万字的著述,对当今青年的价值观、人生观和世界观的"三观"教育无疑是一笔宝贵的财富。

二、选题的意义

(一)理论意义

通过对冯定及其同时代的思想著述的回溯,发现冯定是对新哲学即马克思主义哲学较早著书立说的理论者之一,而且冯定针对的对象是广大进步青年,所以说他的思想理论是名副其实的青年教育思想理论。

1.研究冯定的青年教育思想理论有助于丰富青年的人生哲学思想

无论是冯定的《青年应当怎样修养》《平凡的真理》《共产主义人生观》,还是《人生漫谈》或其他的理论文章,无不蕴含着丰富的人生哲学思想,"不

---

① 费希特.论学者的使命 人的使命[M].梁志学,沈真,译.北京:商务印书馆,1997:45.

仅包括一般的世界观和方法论,也包括人生观,即讲做人的道理,提高人的境界,解决人的终极关怀"①。人生哲学探讨的主题包括人生的意义、人生的价值、人生的态度、人生的目的、人生的境界、人生的修养等。在冯定看来,如何树立正确的人生观、世界观和如何提高个人修养对青年而言是至关重要的两大问题:"人必须认识世界并且改造世界;然而为了认识世界和改造世界,同时就得经常认识自己和改造自己。那么,怎样认识自己和改造自己呢? 这就需要修养了。"②青年只有不断地提高修养和不停地学习,才能力争上游,永远走在时代的前列。

冯定一直坚持把马克思主义哲学与青年的人生观、世界观、理想、意志、情感、学习、工作、生活等结合起来进行探讨,既富有理论色彩也富有现实关照性。今天的青年面对的社会环境和生活处境虽然与冯定所处的时代相比有了很大的变化,但无论时代和社会发生怎样的变化,对青年的人生观、世界观、理想等方面的教育依然是有规律可循的,这也是研究冯定青年教育思想的理论价值所在。

2. 研究冯定的青年教育思想理论有助于提高当今青年"三观"教育的实效性

无论怎样高大上的思想理论,如果进入不了接受者的心坎里,那也是无任何益处的。对于青年教育的思想而言,"有益于人生修养的学问才是真正的学问"。当然这样的学问不只是对个人的人生修养有益,而且也对"触及和解决时代所提出的问题"有益。冯定的著述所涉及的学问不仅有益于提高青年的人生修养,也对与青年切身相关的问题提出了亲切的建议,比如说,青年如何对待恋爱与婚姻、学业与职业的关系,如何处理个人与集体的关系,如何处理红与专的关系问题,如何处理物质文明和精神文明的关系,如何培养坚强的意志,如何修养愉快的精神,如何养成高尚的大公无私的道德习惯;而且触及了时代所提出的需要解决的问题,诸如树立"共产主义人生观"的问题,以及"爱养父母在社会主义社会里也是必要的美德"的问题。

当前我们对青年的思想教育,无论是社会主义核心价值观教育,还是青年的人生观、价值观和世界观教育,如何能像冯定那样入情、入理、入心地影响青年,增强青年人生教育和思想教育的实效性,是值得探讨的问题。

---

① 谢龙.平凡的真理 非凡的求索——纪念冯定百年诞辰研究文集[M].北京:北京大学出版社,2002:206.

② 冯定.冯定文集:第一卷[M].北京:人民出版社,1987:547.

（二）实践指导意义

正如冯定所言，学习马克思主义哲学即辩证唯物主义和历史唯物主义理论，是为了指导人的生活和社会实践，是用来认识社会和改造社会、认识自我和改造自我的。人生观问题是刚刚步入人生道路的青年经常面临的一个非常重要的问题，这个问题解决得如何直接关系着一个人一生的发展方向。因此对青年进行人生观的宣传和教育是极为重要的。从抗日战争时期一直到社会主义建设时期，冯定一再强调广大青年一定要解决好人生观的问题。他并未抽象地在谈论青年的人生观问题，而是结合不同的社会历史背景和青年的接受能力来与青年探讨他们的人生观问题。冯定在1937年发表的《谈新人生观》一文中指出："人生的意义，也就是要看清历史发展的方向，并且尽一分子的力量，去推动社会，使历史不停滞，使历史不倒转和后退。"①他在《英雄和英雄主义》一文中指出，目前最主要的是"促进抗敌的实现"，做抗日的"民族英雄"，"收回东北四省"②，而非空洞地高谈社会主义。同样是在1937年，冯定在《青年应当怎样修养》一书中指出，青年如果"明白宇宙进化和社会发展的规律，顺势去推动时代的轮子，尽一份'人'的责任，人生的意义就在这里，人生的最大愉快也就在这里了。"③冯定的这些著述都是为了帮助进步青年走上正确的革命人生道路，树立积极、正确的人生观。1963年，冯定撰写的《革命的人生是不朽的——学习雷锋的关键》一文，倡导青年要学习雷锋同志的全心全意为人民服务的精神，树立革命的共产主义人生观。"文革"之后，冯定又撰写系列文章帮助青年走出迷茫，以饱满的热情进行社会主义物质文明和精神文明的建设。

今天，我们已处于21世纪的第二个十年，面对部分青年游手好闲、"啃老"的现象，面对部分青年缺乏理想和奋斗目标的现象，面对部分青年麻木不仁、冷漠无情的现象，面对部分青年虽然接受过高等教育但却沦为精致的极端利己主义者的现象，面对部分青年追求工作地点离家近、工资高而且还要轻松的现象，面对部分青年不屑于谈论人生信仰、理想信念、道德正义、美好崇高的现象……人生的意义何在？人生目的是什么？人活着到底是为了什么？人应该有什么样的生活态度、学习态度、工作态度？追求个人理想的实现重要还是追求社会公平、公正更有价值？人生应该向何处去？……对

---

① 冯定.冯定文集：第一卷[M].北京：人民出版社，1987：97.

② 冯定.冯定文集：第一卷[M].北京：人民出版社，1987：92.

③ 冯定.冯定文集：第一卷[M].北京：人民出版社，1987：19.

于今天的青年教育而言,这些依然是需要回答和解决的问题。"借助冯定思想政治教育理论中的基本原理和基本方法,更易于探究出当前青年思想问题的产生根源、具体表现和核心实质,也更易于找到行之有效的解决对策。冯定就像所有的智者先人一样,用他的思想之光为在同一条探索道路上苦苦追寻的后来者照亮、指引着前行的方向。"①冯定的青年修养理论、共产主义人生观理论对今天的青年依然有现实指导意义。

三、研究的主要内容

本书的研究内容分为两大部分:

第一部分是冯定的生平,共分7章内容,包括家庭出身、求学经历、职场经历、革命经历、从教经历、婚姻及家庭生活等方面。

第二部分是冯定的青年教育思想研究,共分9章内容,包括冯定青年教育思想研究的文献综述、冯定青年教育思想发展的四个阶段、冯定青年学习思想研究、冯定青年人生哲学思想研究、冯定青年哲学修养思想研究、冯定青年恋爱婚姻家庭美德修养思想研究、冯定青年家庭教育思想研究、冯定青年学校教育思想研究、冯定青年教育思想对我国当今青年的启示。

---

① 孙婧.冯定思想政治教育理论研究[M].南京:东南大学出版社,2014:5.

目　　录

第一部分　冯定生平

第二部分　冯定青年教育思想研究

目
录

3

第一部分　冯定生平

第一章　孜孜求学,不愧为千年望族的子孙

第一节　慈城冯家,千年望族

作为历史文化名城的宁波,家族性的人才群是其发展史上的一大特色。由于共同的家学渊源和书香传世的传统,由于相近的生长环境、先天禀赋和思维方式,浙东相继出现了许多望族,最有代表性的有余姚的虞家、鄞县(今为宁波市鄞州区)的史家和宁波的万家。但这些家族的兴旺最多延续几百年,而慈城的冯家自汉至今则兴旺了千余年,冯氏家族在当时的慈溪(今为宁波市江北区慈城镇),可谓千年望族。

"发源之远,簪缨之盛,本支之繁",在冯家的族谱上写着这样一句话。冯家始祖最早可以上溯到汉代。第一种传说是,冯家始祖是汉朝的大树将军冯异。第二种传说是,汉献帝建安年间任朝散大夫的冯冕,因憎恶董卓作乱,固请去职,得任句章(后来的慈溪)尉,而至金川乡(今天的慈城)。第三种传说是,现在的冯氏家族是五代时吴越国礼部尚书冯叔和的后裔。冯叔和字伯道,号毅斋,吴越宝正三年中进士,任至礼部尚书,晋太子太保,谥文直公。冯叔和在冯氏宗谱上为五世祖。由于冯叔和在吴越国供职,一说他的儿子出任定海(即镇海)节度使而至慈城,《慈溪县志》的记载是:"由婺始迁慈,遂为慈溪人。"即冯叔和是由婺州迁到慈溪的金川乡的。不管慈城的冯家是从何处、因何而来,事实就是,到了元朝初年,冯家的子孙繁衍不绝,按居住地分已有金川、福聚、大街、西桥、柽树、大树六支族人。到了明代,冯

家这个家族更为繁盛,本支和旁支的名称都有了不少变化,至今已传了约 40 代,可谓千年望族。

在冯氏家族中,出现过不少高官显宦、儒林名流,"历魏晋隋唐,代不乏人,或以殉难捐躯,或以功施社稷,或以博学文翰,或以保全生灵",因而得到皇帝赐谥改名的,为数不少。冯氏家族自汉代以来几十代诗书传家,人才辈出,至清朝乾隆年间已出进士 56 名,还不包括武进士。当时冯氏家族财丁两旺,在慈溪的老县城——慈城,有"冯半城"之说。但冯氏家族至晚清时期逐渐衰落。

严格地说,南迁后的冯家兴旺是由冯兴宗开始的,作为慈湖先生杨简的学生,冯兴宗受杨简的影响,严谨治学,自己办学讲学。冯兴宗继承了慈湖先生的心学理论,创办了象山书院。

千余年来,冯氏后裔以从政、治学、经商传家,使慈城成了冯家这个姓氏影响最大的聚居地。慈城冯氏家族分为两大脉络:一大脉络是崇儒的,是读书人,比较清贫;一大脉络是做生意的,开药店钱庄,比较富有。1921 年出版的《中国名人大辞典》收编了 200 余位冯姓名人,其中慈城冯家有 14 人。在浙江有"南浔刘家,慈溪冯家"的说法。只可惜冯定的祖辈父辈,既不是做学问的,也不是开店办厂的,只是个小手工业者,是给人"打工"的。

直到现代,慈城冯氏家族中仍有不少品性优秀、学识渊博、声望卓著的人物,其中国学家冯君木和他的儿子冯都良、冯宾符以及侄子们,堪称这方面的代表。冯定就是冯君木的族侄之一。

冯定的十一世祖叫冯叔吉,为明朝湖广布政使。冯叔吉有两个弟弟,弟弟的后代子孙繁衍兴旺。但冯叔吉的子孙后代,却只有冯定的父亲一家了。冯叔吉的子侄辈多在明朝末年做官。其孙辈中有个叫次牧公的,好文能诗,传有雪地飞金让穷人拾金去换米的故事。清朝政府曾经再三征召次牧公,他却坚决不肯去,临死仍嘱咐家人偷偷用明朝服装入殓。冯定家中藏有不少明代祖先遗像,每年春节都要悬挂,但着清朝服装的祖先遗像却一幅也没有。冯定幼小时候就接触了这种场景,而他的父亲在对他讲忠、孝等故事时,又常常会讲到祖先的故事,这使冯定从小就有了模糊的反清情绪,后来又发展为反军阀和反帝国主义的情绪。但从另一方面的影响看,这使冯定也有过"荣祖耀宗""显亲扬名"等思想。

第二节　出生于望族的衰微之家

冯定家自次牧公以后就开始衰微，到他的曾祖父辈便已靠做手工讨生活了。冯定的祖父冯金福，既是厨子又是漆匠，冯定的父亲冯慎余也是又做厨子又做漆匠。冯定出生的时候，他的父亲已经51岁，母亲已经39岁，可谓老年得子，可他们的心情却是喜忧参半。

一、排行老八的冯远龙出生了

1902年9月25日，对于浙江省慈溪县（今宁波江北的慈城）的一个普普通通的、靠家中男子当漆匠和厨子养活一大家子的冯氏家庭来说，既是一个高兴的日子，也是一个略带忧愁的日子。说它是高兴的日子，是因为冯家虽然已有三个儿子、四个女儿，但又增添了一个儿子，可谓是四双儿女，对于深受"多子多福，儿孙满堂"思想影响的冯家来说，添了一口人当然是喜事了；说它是个略带忧愁的日子，是因为冯家一直靠干漆匠活和做帮人办酒席的厨子为生，本已家境清贫，再增添一张嘴吃饭，只会平添压力。然而，这忧愁只是皱了皱眉、轻叹了口气般一带而过，新的生命带给这个家庭的新的希望是无法掩盖的。于是，母亲乐滋滋地盯着这个弱小却充满了生命活力的小东西，在心里默默地祈祷着："小儿子依要乖乖的，阿拉家翻身就全靠牢依了……"父亲也默默地坐在堂屋里想着自己的心事："虽说这家里又要添一张嘴吃饭了，不过吾家这老八，一定会顶呱呱的，一定会光耀门楣、光宗耀祖的……"想到这里父亲浑身充满了干活的劲头。怀着这种期望，父母为这个排行老八的儿子取名"远龙"，期望他成为有远大志向且让父母引以为豪的人。

冯定年幼时，邻居家的孩子和学童们都叫他"漆匠阿慎的儿子"。冯定的大哥冯寿龙比冯定大五岁，也是漆匠，同时也是苦力，长期替有钱人家做杂工，有时还要挑很重的担子。冯定家住的是布政房的老屋，但后来只留下一间当作前后宅穿堂旁边的房子了。本来尚有五六亩祖田，但已直卖（直卖，在名义上是卖，但仍可赎回，相当于无限期的抵当）给原来耕种这些土地的姑母家了。此外，作为布政使的后代，也还有很多祀田可以轮值，不过扫墓、设祭、分胙等项目的开支花费也很大，所以大家并不太爱轮值祀田；但因为冯定的父亲自己是厨子，母亲和大哥又能劳作，所以轮值时也多少有所收获。就这样,冯定家不但因为人丁少而经常得到三年一次的轮值,而且别人家也还经常委托冯定家轮值。冯定幼时的生活,主要是靠父亲和大哥的劳动来维持的。冯定的父亲于 1916 年去世,那时冯定才 14 岁。冯定的母亲也是贫家女儿出身,在 1926 年也去世了。

二、兄弟姐妹虽多但各自命运不济

冯定有三个哥哥和四个姐姐。冯定的大哥冯寿龙和父亲曾经是家里的主要劳动力,支撑起这个家庭。但冯定的大哥比父亲还早死数年。冯定的大哥患的是肺病,完全是因为过度劳动,但一直未能医治,最后已无法抢救,在病榻上呻吟二三十天后痛苦而死。虽然父母为大哥取名"寿龙",却未能保证他长寿,可谓"寿龙不寿"!冯定的二哥冯友龙,十岁时就到僻陋的嵊县(今嵊州市)的一个小首饰店里做学徒。父亲临死前不久,才由族人介绍至苏州的大铺子里当匠师。那个时候,冯定的父亲已经不能进行太多的体力劳动了,幸亏二哥已经能够寄些钱回家帮补家庭,解决一家的生活问题了。但二哥的思想比较闭塞,对冯定进学校读书一事怎么都看不顺眼,认为父亲对长子、次子过于严厉而对冯定有太多的偏爱,因而从小和冯定就不和睦。对于冯定而言,二哥虽然叫"友龙",可对自己却并不友好。冯定师范毕业后,由母亲做主分了家,从此开始独立谋生了。事实上,冯定从此就离开了这个家庭。后来,二哥将原已直卖的几亩田地赎了回来。在 1930 年前后,二哥回家摆小摊、开小铺,经常承值远祖的祭祀。冯定的三哥叫冯文龙,十一二岁就到上海一家五金铺子学做生意,也因为得了肺病,和大哥在同一年里相继死去。

冯定的大姐嫁给了一个名叫陈寅兰的小贩。陈寅兰开了个小铺贩卖东西,但他却死得很早,留下妻子和几个儿子独自生活。大约从 1925 年起,大姐和几个儿子就一直在上海开一家小百货铺子维持生活。1934 年至 1937 年间,冯定经常租用大姐楼上的空房住,并且把其当作转信的地方。新中国成立后,冯定大姐的小铺已经关闭,大姐的长子陈长生,由冯定介绍至华东猪公司做事;大姐的幼子陈翼生,在工人合作社做事,并且加入了中国共产党。冯定的二姐嫁给了一个农民,生了一个女儿后就自杀了,二姐的丈夫和他们的女儿没过多久也都死了。冯定的三姐嫁给了一个姓曹的厨子,但三姐和她的丈夫均死得早。新中国成立后,三姐的儿子曹瑞春,经冯定介绍在上海一所小学里教书。冯定的四姐嫁给了一个中药铺的司账,在浙江衢山镇过着还算平静的生活。

在这样有些凄苦的家庭环境里长大,这不免使冯定很早就对社会现实产生了不满。由于大哥和三哥的早逝、二姐的自杀,再加上冯定本身的体质较弱(因先天不足和后天缺乏营养而一向非常衰弱),所以他自幼就有一种消极而又倔强反抗的意识,从小就有"死了也就一了百了"这样不健康的思想,甚至在幼时就想过自杀。冯定尚在小学的时候,曾因为一件小事而被父亲无缘无故严加责罚,冯定觉得受了委屈,便喝了一大匙盐卤试图自杀。他喝了之后感觉胃痛难忍,幸亏旁边有凉开水,连续喝了好几杯才终于消解了胃痛的症状。

这种"死了也就一了百了"的消极思想对冯定后来的人生产生了一些影响,比如说冯定有时想得很远,而对眼前的具体工作却提不起精神去做。这种消极思想,特别是在与同志交往时,如果不被谅解或者感觉受了委屈,就会产生严重的抑郁情绪,以至于冯定有时候只是消极忍耐,心里想只要知道自己没有过错就行了,这种"不求有功,但求无过"的想法,让他失去了主动、积极地去调整人际关系的热情。但这种思想也有积极的一面——面对敌人无所畏惧,因为冯定觉得大不了就是一死,所以没有什么好怕的。由此看来,凡事都有正反两方面的影响,从正面的影响看那就是,对非原则性的问题能够持比较豁达、大度的态度。

三、聪明好学的小远龙在失望中有了希望

冯定出身贫寒,童年的生活非常清苦。冯定的童年、少年时代均在故居——布政房前宅穿堂旁的一间房子中度过。从1908年春至1913年夏在初等小学上学,从1913年秋至1916年夏在高等小学上学,都是走读。1908年春,不过才五周岁半的冯定就开始在慈城冯氏家族开办的小学(政婉小学)读初小了,到1916年夏,冯定在这所家族小学读完了高小。冯定读初小和高小期间,无须交付学费。原来布政使有个家庵,也有田产,当清末废除科举办学校的时候,冯姓中有些开明士绅,在征得冯定父亲的同意后,将家庵中不守清规的尼姑驱逐出去,借此开办了慈城唯一的女子小学,因而规定了冯家子弟今后都可免费到冯定家附近的小学去上学。冯定在初小和高小读书时一直都非常认真和用功,在心里暗自发誓长大后要像族叔冯君木那样成为有学问的人。冯定的用功深受老师的喜爱和同学的羡慕。冯定在上小学期间曾参加过庆祝辛亥革命的提灯会,唱过"天下荣,丈夫争战功;天下乐,英雄破敌国"这样的歌。也许就是这"天下荣""天下乐"的思想观念扎进了冯定幼小的心灵里,使得他后来的人生能获得较大的成就吧。由于当时

冯定的家境实在贫寒,小学毕业之后,冯定虽然向往进一步的求学之路,父母却无力支撑他的升学愿望。正当远龙深陷"山重水复疑无路"的失望时,却迎来了"柳暗花明又一村"的欣喜。

第三节　在浙江省立第四师范学校求学的冯定

一、贵人相助,获得继续求学的门路

冯定的族叔、浙东著名学者冯君木先生对冯定的刻苦好学早有耳闻,对其好学精神很是赏识,他便欣然鼓励和资助冯定去当时宁波的浙江省立第四师范学校(今宁波中学)学习。

那么,使冯定进一步深造的求学之路得以实现的冯君木是何许人也?

冯君木(1873—1931年),原名鸿墀,字君木,是民国年间的著名学者,人称回风先生。冯君木幼年丧父,由母亲俞氏教习诗文。君木生性聪慧,读书又很用功,光绪十八年(1892年),20岁的君木考取秀才,光绪二十三年(1897年)丁酉科选拔贡生,列为二等。依照惯例,他可以外任知县,但晚清政治腐败不堪,冯君木无意仕进,所以吏部询问时他表示愿就教职。翌年即赴浙江丽水任县学训导,一年后升宣平县学教谕。后称病辞归故里,从此在家乡以教书为业,并和诗友时相唱和。他与应启墀(叔申,1871—1914年)、陈训正(天婴,1872—1943年)、洪佛矢(允祥,1874—1933年)并称"慈溪四才子"。

冯君木是当时开明的寒儒,擅长诗文,曾为同盟会的会员。辛亥革命后,他是当地城中首先实行剪发和"文明结婚"的人。冯定当时虽然非常年轻,但对冯君木先生非常敬仰。冯君木是布政使幼弟的后代,和冯定的父亲是同一辈的,与冯定父亲算是堂兄弟。冯定父亲病逝后,君木先生还为其写了墓碣铭。

后来冯君木因在宁波城中当中学教员而搬到宁波去了,就和冯定家就没有多少来往了。当冯定高小快要毕业的时候,也许是冯君木先生有较强的家族观念和忠孝观念的缘故,他念及布政使的后代只有冯定家一家了,加之冯定的父亲冯慎曾因割股上的肉做药引子给父亲治病而被称为大孝子,而且还赞助成立了女子小学,并且冯君木先生从冯定的老师们口中得知冯定的学习也尚属优等,所以他就写信给冯定父亲希望继续让冯定升学读书。

他说入师范花钱较少,大约初入学时需要四十元,以后每年包括膳宿的费用不过三四十元,只要冯定父亲在冯定入学时担负十元钱,以后每年担负十元钱冯君木先生自己每年也负担十元钱外,其余的他已请他的一个有钱的远房侄子负担了。冯定的父亲经过几天的反复考虑后,才勉强答应下来。毕竟对于如此贫寒的家庭来说,除入学时要交四十元学费外,以后每年要拿出额外的十元钱实属不易。最终,冯君木先生促使冯定的父亲答应了让冯定去读师范,这对于冯定的人生可以说是个转折点,冯君木先生可谓是改变冯定人生命运的贵人。

冯君木的开明思想对冯定产生了积极的影响。当时,冯君木是浙江省立第四师范学校的国文教师,使冯定也从传统文化中接受了一些"拯世救时""杀身成仁"的思想,特别是黄石斋的崇尚气节和顾炎武的"一命为文人,无足观矣"这类思想,这对冯定产生了重大的影响,这种影响事实上已经冲破冯君木所从事的旧文学的范围了。

冯君木先生深厚的国学功底令冯定十分钦佩和景仰,冯定毅然决然把自己的名字改为冯昌世,其意在以叔叔为榜样饱读文化经典,以期将来能用文化的力量经世致用,昌明时世。"冯远龙"到"冯昌世"的变化,也充分体现了中国传统文人一贯的精神传统:以"修身齐家治国平天下"为己任。

冯君木先生不只是在学问的长进上给予冯定极大的帮助,在生活急难的问题上也给予了援手。1918年的冬天,冯定还在师范就读,不幸患肺病而吐血,是君木先生集资一两万元令冯定进医院治疗,冯定才得以捡回一条性命。在这个意义上讲,是冯君木先生让冯定获得了重生。

二、听君一席言,胜读十年书

在浙江省立第四师范学校读书的五年中,冯定遇到了几位良师益友,在他们的谆谆教诲和耳濡目染下,他对世界和人生的认识大大提高,学问也有很大的长进。

在浙江省立第四师范学校的教师当中,任国文教师的是冯君木先生,任历史课教师的是洪佛矢先生,他们两位是当时很有名气的人物,冯君木、洪佛矢与陈康黻、沙孟海①还被宁波人称为"甬上四才子"。只是洪佛矢先生有

---

① 沙孟海(1900—1992年),原名文若,字孟海,号石荒、沙村、决明,浙江鄞县(现为宁波鄞州区)人。20世纪的书坛泰斗。在语言文字、文史、考古、书法、篆刻等方面均深有研究,毕业于浙江省立第四师范学校。曾任浙江大学中文系教授,浙江美术学院国画系书法科教授,西泠印社社长,西泠书画院院长,浙江省博物馆名誉馆长,中国书法家协会副主席.

点喜欢杯中之物,脾气也不太好,让人一看就顿生敬畏之感。而国文教员冯君木先生就不一样了,他生就一副淳厚相,温文尔雅,让人顿生亲切之感。

当时教冯定的地理教员叫施多衡。施先生是一位勤勤恳恳的教书先生,他每天读报,凡是有关人文地理的内容都摘录下来,以备讲课之需。大约是在1918年的时候,他在俄国地理的教课中恰好讲到俄国,他就插入了"现在俄国革命已经成功,这个革命是穷人的党进行的,所以现在的俄国政府叫作劳动政府了"的内容,从此冯定就有了俄国党能够革命的深刻印象。大约从1920年秋天起,浙江省立第四师范学校又来了几个新的教员,而且增添了"哲学概论"这门课程,由新来的刘叔琴先生任课,冯定很爱听这门哲学课,并且提出的许多问题让刘叔琴先生无法当面给予答复,只能课后与其讨论。

冯定在浙江省立第四师范学校读书时,各门功课都是优秀的,但他认为自己学得最好的是国文课,学得最差的是英文课。国文课学得最好也许是因为教课的是他最敬仰的冯君木先生,这就是所谓的"亲其师,信其道"。

在浙江省立第四师范学校读书时,冯定的同学中有比他大两岁的沙孟海,沙孟海后来成了著名的书法家。由于他们年龄相差无几,都爱读书,志趣又相投,所以他们俩总喜欢相约着往冯君木先生的家里跑。在冯君木先生家中还有冯先生的长公子冯都良,他们都成了好同学、好朋友。当时冯定与沙孟海、冯都良、冯君木的外甥葛夷谷①四个人志趣相投,交往频繁。那个时候,冯定、沙孟海和葛夷谷是师范同学,而冯都良则在效实中学读书。在冯君木先生的家中,他们还结识了冯先生的老侄、著名藏书家冯孟颛和在冯孟颛家担任家庭教师的著名书法家钱太希等人,与这些人的结识,让冯定大开眼界。

这个对在浙江省立第四师范学校读书时的冯定来说极为重要的堂兄冯都良又是怎样的一个人物呢?

冯都良(1901—1977年),原名喜孙,后改名贞胥,字须父,浙东著名国学家冯君木的长子。童幼时代,冯都良由识字、背诵诗歌到诵读《孝经》《论语》,全是生母俞氏亲自教授的,11岁那年,母亲去世;三年后,他写了一篇《先母事略》,有景有情,生动悱恻,令老辈惊叹,视为神童。1916年,他进入父亲创立的国学社,后来转入效实中学,广泛学习各种基础知识。这时陈

---

① 葛夷谷(1862—1949年),原名夷甫,字夷谷,号夷之,浙江慈溪人,居鄞县(现为宁波鄞州区),擅长书法,为民国时宁波名家.

岊怀(训正)恰在上海创办《商报》，便约冯都良前去共事。冯都良在《商报》工作七年，先后担任编辑、主笔、总编辑，和胡仲持最为相知。其间，他偶尔写些语体小说，后来结为《怅惘》一集出版问世。1927年，应东吴大学法律学院的聘请，兼任中国文学教授，与胡适、徐志摩等人共事却不往来。《商报》停刊后，冯都良转往《申报》。汉奸陈彬和原是《申报》的老主笔、冯都良的多年同事，这时却交给他编辑一部《上海租界史》的任务，冯都良岂能同意，便毅然辞职，以保全民族气节。他还同意长子冯彬潜赴苏北解放区工作。新中国成立之初，上海成立新闻图书馆，指定冯都良为副馆长，主持工作；1953年冯都良奉调至北京人民文学出版社从事古籍的整理校释，此后一直从事编辑工作。

三、从校友到革命战友

1919年的暑假，冯都良发起、组织了以研讨诗文心得、观摩彼此诗文创作为宗旨的"越风社"，冯定、沙孟海等积极参加，收获颇丰。

1920年的暑假，冯都良趁效实中学放假之际，举办了文史讲习班，邀请一批文学界的师友到效实中学避暑讲学，应邀前来讲学的都是当时宁波的博学鸿儒，比如冯君木、张于相、陈岊怀、钱仲济、陈布雷等。冯定得以有机会聆听这些博学鸿儒的谆谆教诲，"格物致知，修身齐家，治国平天下""先天下之忧而忧，后天下之乐而乐"的思想观念深深印入了冯定的脑海。

1919年五四运动爆发之后，冯定虽然生病住院，但在医院进行了募捐，并推动了附近的小学教员们发起游行，并到街头进行演讲，还组织剧团在城乡演出。当年秋天冯定回到了学校，当选宁波学生联合会的师范代表，主编学生联合会的头两期的报纸。

冯定从浙江省立第四师范学校毕业之后，沙孟海的二弟沙文求和三弟沙文汉也进入了宁波的浙江省立第四师范学校念书，冯定和他们是校友，在以后的革命活动中他们结成了深厚的革命友谊，包括与后来成为沙文汉妻子的陈修良也成了革命战友和朋友。

第四节　留学莫斯科中山大学

如果说冯定在浙江省立第四师范学校的求学过程中，主要的任务是提升自己的学识修养从而成为有文化的人，附带收获是结识的部分校友后来成了自己在革命道路上的亲密战友,那么冯定在莫斯科中山大学的留学,则完全是为了革命的历史使命而提升自己的革命修养,所结识的校友基本上都是志同道合的革命战友。

一、为保存革命力量成为派送的留苏人员之一

1927年"四一二"反革命政变后,冯定赴武汉,顺利接上组织关系,先任国民党汉口市党部宣传干事,后接中央军委的通知,任国民革命军第六军政治部训练股长。在此期间,冯定曾作为上海代表出席第五次全国劳动代表大会。

"宁汉合流"后开始的大肆屠杀共产党员的行为,使共产党员在武汉都待不下去了。当时,张太雷安排了一批非武汉的共产党干部即所谓的"下江人"在武汉开展革命工作,但他们说话的口音都不对,很容易暴露,张太雷就安排把这些口音不对的干部全部迁离武汉,冯定就是其中之一。冯定按照组织的意见携介绍信返回上海。蒋介石、汪精卫相继叛变革命,革命遭到残酷镇压,国内处于血雨腥风的白色恐怖之中,中共中央为了保存革命力量,有计划地把一些在革命时期有一定影响的同志送往苏联学习。冯定经过陈修良的再三动员,打了要求去苏联学习的报告,并由陈修良转交给党组织审批,随后申请获得批准。

1927年10月9日,中国工人代表团秘密离开上海,赴莫斯科参加十月革命十周年纪念活动。陈修良当时是小组长,带了一批人假扮民工,从上海的吴淞口乘上苏联的一艘商船(苏联客轮"安铁捷号"),就这样从上海混出去了。商船一直把他们运到海参崴,然后代表团沿着西伯利亚铁路抵达了莫斯科市。这个代表团的团长是向忠华,代表团的成员包括李震瀛、邢经珠、冯定、胡任生、沙文汉、陈修良等60余人。由上海同船赴苏联的还有上海、武汉、江苏、浙江等地的中共干部共40余人。中国工人代表团共有100多人,分为5个小组,陈修良是小组长之一。1927年11月,中国工人代表团到达莫斯科后,冯定与大部分同志被党组织派往莫斯科中山大学学习,成为第三期学员。这期学员中还有铁瑛(女)、章汉夫、帅孟奇(女)、陈微(沙可夫)、陈铁真(孔原)、应修人、陈昌浩、陈逸(陈修良)(女)、陈尚友(陈伯达)、孟庆树(女)等。同时在莫斯科中山大学学习的还有杨尚昆、伍修权、孙冶方、张崇德、张崇文等。

那么,莫斯科中山大学是一所怎样的学校呢?莫斯科中山大学是由苏联出资创办的中国学校,该校曾培养出王明、博古、张闻天、邓小平、蒋经国等一批两大政党的重要人物。在波澜壮阔的中国现代史上,影响最大的"洋学府"恐怕就数莫斯科中山大学了。莫斯科中山大学的俄文全称是"中国劳动者孙逸仙大学",是联共(布)中央在孙中山去世后为纪念他而开办的。孙中山在1925年3月逝世后,苏联在中国失去了一位最亲密的朋友,苏共领导集团很快做出决策,对中国革命投入更大的资本,除武器支援外,创办一所学校,以孙中山为旗帜,招来大批中国先进青年。其目的是为中国培养革命人才——用马克思主义理论培养中国共产主义群众运动的干部,培养中国革命的布尔什维克干部,并使其成为今后中苏关系的纽带。莫斯科中山大学就是在这种情况下应运而生的。当时正是国共合作时期,国民党政治顾问鲍罗庭于1925年10月7日,在国民党中央政治会议第66次会议上正式宣布莫斯科中山大学的建立。1928年年初,莫斯科中山大学改名"为中国共产主义劳动大学"。

二、遭遇莫名其妙的"苏浙同乡会"事件

在莫斯科中山大学学习的江苏人、浙江人因为吃不惯当地面包,所以喜欢大家聚一聚、吃吃饭。当时大家也都没有什么钱,但有几个资格老些的学生,像孙冶方、蒋经国等,他们已经来了好几年了,靠做翻译赚了点工资,大家就敲他们的竹杠,要求他们请大家吃饭。老资格的学生就拿钱出来,请大家吃一顿饭,这是很正常的聚餐活动。

当时正好有一个人叫王长熙,从那里走过看到大家在里面聚会,他一看,多数都是苏浙人,虽然也有贵州等别的地方的人,但管他呢,反正可以借此"一网打尽"了。于是他就去报告王明等人说"他们那里在搞苏浙同乡会,在搞小集团,在搞宗派主义,闹得沸沸扬扬,可不得了"。向忠发(当时是工人出身的总书记)就到莫斯科中山大学让这些参加聚餐的学生一律坦白,并追查"苏浙同乡会"的事情,威胁说如果不供出来这个事情就是反革命,就要被枪毙。当时的陈修良年纪很轻,听了十分害怕,怎么会这样呢,她真的想不通。

三、支部派卷起的迫害风潮

当时王明那派就是所谓的支部派,已经搞了所谓的"二十八个半布尔什维克",而最开始的支部派里面又分作两派,一派是教务派,一派是支部派。支部派就是支部高于一切。莫斯科中山大学里有很多教务派的人,所谓教务派的人都是中共原来最老的一批人,比如俞秀松、董亦湘、周达文、孙冶方等,这些人都不是王明那一派的。

第一章 孜孜求学,不愧为千年望族的子孙

当时，米夫副校长支持王明等人，控制了学校支部内的领导，他们召开了有名的"十天大会"，残酷斗争、无情打击多数中国同学。他们诬蔑原支部的领导人俞秀松（中国社会主义青年团第一书记）等同志是所谓"苏浙同乡会"等反革命组织的人，实行清党，把许多同志开除出党，甚至将他们逮捕后流放到西伯利亚，使不少同志牺牲在苏联。

莫斯科中山大学的米夫派于1929年夏掀起了更大的"中山大学风潮"。他们先是召集了为期十天的党员大会，形成所谓的"二十八个半布尔什维克"，标榜自己是唯一正确的"永远的布尔什维克"的真理，使用一切卑劣的手段，发起对瞿秋白和中共代表团的攻击。而联共中央和共产国际却一致肯定米夫派、王明派，批评中共代表团，认为瞿秋白应负莫斯科中山大学反党小组事件的主要责任。在他们的支持下，瞿秋白被解除驻共产国际代表的职务，反对他们的除少数几个工人外，分别受到开除党籍、团籍、学籍及被送到西伯利亚做苦工的处分，有些人自杀了，有些人莫名其妙地"失踪"了，如瞿秋白的三弟瞿景白。

在这场运动中，冯定也由于在一些问题上不赞成王明等人的宗派主义观点，遭到了批判，被列入反支部派。当时批判他的理由非常特别，说他没有认真看马克思、列宁、斯大林的书，只是对孙中山的著作有兴趣。但由于冯定出生于手工业家庭，所以他只是受到了警告处分，并于1930年3月被下放到莫斯科第七印刷厂劳动。除冯定之外，被下放到工厂去的同志还有吴玉章、徐特立、林祖涵、张崇文等，冯定与张崇文被分配去学习放纸劳动，其他同志是叠报纸。冯定聪明好学，对劳动充满了热情，因此很快就比较熟练地掌握了放纸技能，直至1930年被遣送回国。中国革命的出路何在？中国革命的道路为什么总是如此坎坷不平？一些革命同志的革命热情为什么会遭受到如此残酷无情的打击？这场斗争迫使冯定专心致志于马克思主义哲学的研究，从中寻找答案。

所幸，冯定虽然在莫斯科中山大学学习期间因抵制党内王明等人的机会主义、宗派主义而遭受了排斥和打击，但他在苏联学习马克思主义时并未沾染上教条主义思想，而是把理论和实践统一的马克思主义铭记终生。冯定把思考人生和从事教育的志向相结合，为回国后将人生观、世界观的问题提升到理论高度，为与青年平等对话做好了准备。

第二章　初入职场，小试牛刀

第一节　初入职场的人生体验

　　1921 年夏天，冯定从浙江省立第四师范学校毕业后，投考新创办的宁波证券花纱交易所，以优异的国文和算术成绩在有 1000 多人报名、只接收 1 名的激烈竞争中，被交易所录用为会计，用名"冯稚望"，其意思大概是谋生计不过是人生最幼稚的希望罢了。由于 1921 年年初，冯定就在母亲的安排下和俞襄结婚了，所以 1921 年秋，冯定在交易所的会计部门任传票记账员后，有了工作和收入，就将妻子接来宁波同住，从此开始了独立的生活。

　　在交易所工作时，冯定的生活分为两个部分：一部分是每天 8 小时的工作时间，是为了生活卖给交易所的时间；一部分是在家的时间，是属于自己的生活时间。在这个可以自由支配的时间里，冯定除按自己的计划读古书外，还教妻子俞襄读书，俞襄这时才 15 岁且不识字，冯定天天令其写字、练习算术。1922 年秋，冯定要俞襄去报考宁波女子师范学校，俞襄费尽周折才勉强进入了宁波女子师范学校就读。有人说，一个人的持续成长与发展不是靠每天 8 小时工作时间成就的，而是靠 8 小时之外充分、智慧地利用闲暇时间进行有意义的闲暇教育获得的，这个观点用在冯定身上可以说是恰如其分的。他后来的人生走向无不与自己读书不辍、学习不止的精神有关。

　　虽然冯定在交易所工作的报酬比较优厚，但一年之后，交易所宣布破产，冯定不得不离职另谋出路。对于冯定而言，生活的曙光刚刚显露，却飘来一片乌云。

由于交易所破产,冯定在 1922 年的冬天,随冯君木先生到了上海修能学社教书。修能学社是宁波同乡秦润卿和其他若干宁波线业头子一起创办的,专收线业界的子弟,主要教他们学国文、英文和数学三门功课,相当于贵族子弟学校。冯定在浙江省立第四师范学校读书时,受到儒学造诣颇深的冯君木先生的影响,开始研读古典书籍,而现在获得教国文的教职,真是说明了机会是给有准备的人提供的。可是好景并不长,1924 年秋,秦润卿因为某些小事情写信教训冯定,冯定毕竟年轻气盛,看到训教之信后大为不服,便辞去了这个教职,由陈布雷替代了冯定的教职。这次工作的交接,使冯定有了与陈布雷面对面交谈的机会,因而获得了一次不可多得的个别化的受教机会。

第二节　进入北平:做私人秘书之余设法去北大听课

人生大概不可能一帆风顺,一波三折似乎是常态。冯定从修能学社辞职后,便由冯君木先生介绍给徐荷君做私人秘书。徐荷君的女儿是冯都良的妻子,也就是冯君木先生的儿媳,所以徐荷君和冯君木先生又是亲家关系。1924 年的冬天,冯定随徐荷君到了北平,当时正是段祺瑞执政时期,徐荷君的世交李君浩任了财政总长,徐荷君就去任了财政部主任的秘书,目的是想找机会获得一个省财政厅长或其他类似的职位。冯定在北平时住在"宁波试馆"里。徐荷君每月给他 50 元钱,和财政部并无正式关系。但根据徐荷君的意思,冯定每天得去财政部秘书室坐上两三个钟头,除了为徐荷君抄写一些无关紧要的东西之外,别无他事,因此被人叫作"小秘",这使冯定很是恼火。于是,冯定就以对付交易所的消极态度来对付财政部的"小秘"差事。来到北平,虽然工作并不如意,但冯定学习的心态从未改变过,只是这次他下定决心将线装书都搁置起来暂时不去阅读,而是订阅了《晨报》和《京报》副刊等与时代相关的刊物,凡是新出版的杂志如《向导》《语丝》等他每期也都买来阅读。

冯定在北平的时候,徐荷君的儿子徐讦常去看他;徐讦当时还在成达中学求学,将冯定是当作长辈看待的,还时不时向冯定请教对一些问题的看法。新中国成立后徐荷君曾任浙江图书馆副馆长,徐讦后来去了香港。

冯定来到北平还遇到了一件幸运事,那就是获贵人相助,得以成为北京大学的旁听生。这是不是在冥冥之中预示着他与北京大学的缘分呢?对此,我们不得而知。冯定通过同乡张雪门的帮忙,每天上午都去北京大学旁听。冯定又是怎么找到张雪门帮忙的呢？张雪门原本是在宁波办幼稚教育的，因为和一个女教师恋爱而"出逃"，当时轰动了宁波，对于这事冯定当然也有耳闻，而且对冯定也产生了不小的影响。冯定到北京后，从同乡口中得知这个"出逃"的人就在北大注册科工作，而且相当穷困，所以就请同乡介绍自己与张雪门相识。张雪门经常设法发给冯定一份专为预科生用的英文讲义，以便冯定去听课；冯定亦时常请张雪门到小馆子吃饭，一来可以叙叙同乡情，二来也略表感谢。

当时国民党的活动在北平是半公开的，而且冯定已开始有参与政治活动的冲动了。虽然冯定觉得孙中山很伟大，但对于国民党和有关三民主义的书籍总觉得没有什么兴趣，而对于唯物历史观的书籍虽然看不太懂，却还是喜欢看。当时冯定就想，要么不参加革命，如果参加革命，就必须直接参加为了穷人的共产党。但是由于当时所处的地位，冯定自然是无法找到组织关系的。

在1925年五卅惨案发生前，冯定在北大听课的兴趣已愈来愈淡薄，因为冯定既不能听自然科学的课，也啃不进英文。特别是有一天去听了一次胡适的课，使他非常恼火，从此更是再无兴趣去听课了。事情是这样的，胡适在一个小时内，慢吞吞地举出了明末梅鸱和陈登这两个名字，说他们是清朝朴学家的先驱，但在学术界没有地位，他同时又在黑板上写了"Marx"这个名字，说这个人的经济学思想在欧洲也有极大的影响但在学术界也没有地位，正和梅鸱、陈登一样。冯定当时认为他这样是无缘无故地污蔑马克思，在心里对胡适产生了永远难忘的坏印象，认为胡适是卑劣透顶的。上海解放时，冯定在科学院的一次大会上说出这个事，这才算把心里的不痛快给吐了出来。

1925年五卅惨案发生后的次日，冯定的心情已很是激动。当冯定下午去财政部时，正好碰到一位姓龚的秘书竟在大谈"学生可杀"，别的人全都保持了沉默而并未批驳他，这使冯定深深体会到所谓反动和官僚政府的腐朽是什么意思了，觉得自己如果再待在那儿，真是太可耻了。后来，冯定就和一个叫徐季球的青年同乡一起，以个人名义去北大报名参加了救国会，并经常以个人资格去参加学生示威游行。没过多久，冯定就向徐荷君留信辞职，然后回到了上海。

第三节　再入上海：做编辑的同时加入了中国共产党

冯定回到上海后，为了生活，便由堂兄冯都良介绍，在湖州小学里做代课老师，临时代人教了一两个月的书。在1925年秋末冬初，冯定通过冯君木先生的介绍，考入上海商务印书馆任文学编辑，同时在国文函授部任改卷教员。冯定借助商务印书馆的良好环境，广泛涉猎各方面的知识，积极撰写各种文体的文章，而且还自学英语和俄语，翻译一些小品。冯定的理论素养、写作能力和外语水平在这段时间得到了显著的提高，为他后来从事理论宣传和学术写作打下了坚实的基础。在这段时间里，冯定学问大增的同时，思想也在不断进步。

冯定在上海商务印书馆当文学编辑时，马克思列宁主义正在上海传播，当时上海商务印书馆也有党的组织，商务印书馆的党支部工作是由陈云负责领导的，只是当时冯定不知道罢了。

冯定进入商务印书馆和国文函授部不久，吴文祺也进来了。冯定的工作是批改文言课卷，而吴文祺的工作是批改白话课卷。吴文祺这个时候已是中国共产党党员，起先在吴文祺的心目中，函授部的工作人员中几乎全是遗老遗少，只是冯定稍显特别罢了。1925年十月革命纪念日前后，大概是商务印书馆党支部规定要发展党员，所以吴文祺就格外注意冯定。有一天下班，冯定和吴文祺都迟走了一步，吴文祺见冯定在翻阅一本白话的论新文艺的书，便问冯定是否爱好这些书籍，冯定就诉说改文言课卷只是为了混饭吃，吴文祺便请冯定到其住处谈一谈。在谈话之中，大家都痛骂了函授部的杜尔梅活像是欺压人的工头。后来吴文祺便询问冯定有没有参与过政治活动，冯定说自己很想参加政治活动，可是找不到门路。吴文祺又问冯定是否愿意看三民主义的书，冯定说这类书并不太想看，而且暗示了不想参加国民党而很想直接参加共产党的意愿。吴文祺就说那我们大家想想办法吧。不久，吴文祺就借给冯定一本布哈林的《共产主义的ABC》让其阅读。冯定回到家，当天晚上就一口气读完了《共产主义的ABC》，而且觉得非常深切明快。后来，冯定将书还给吴文祺时，吴文祺便告知他说，他有朋友可以找到办法实现冯定的志愿。没过多久，吴文祺便要冯定填表，并由他转请方渊泉同志和他二人共同为冯定的入党介绍人。冯定深受进步书籍的影响，很快就接受了共产主义思想，并且光荣地加入了中国共产党。

冯定正式出席党小组的会议,大概在 1926 年的 1 月。后来,吴文祺又告诉冯定,组织规定共产党党员都要参加国民党,于是,冯定又参加了国民党。冯定当时是和丁晓先、杨贤江、樊仲云等人同在一个区分部。吴文祺和冯定有一次还曾推动樊仲云同志散发过国民党的传单。吴文祺后来去了上海复旦大学教书,而自冯定离开商务印书馆后,同方渊泉也一直没有再联系过。

　　入党后,冯定在上海参加过两次罢工,不久任党小组长,1926 年起任党支部书记。上海工人第一次起义期间,冯定参加了为期三天的党的浙江区第一次代表会议,冯定在会上提出"支部建立工作机关"的建议,并就争论的问题发了言。会后,冯定应商务印书馆工会之邀,在宝山路印刷厂车间召开的群众大会上做反蒋报告。

　　冯定于 1927 年在上海从事革命工作时,与赵世炎、夏明翰等党初创时期的同志都有过接触。据黄仁柯著的上海文艺出版社 2005 年出版的《沙孟海兄弟风雨录》一书记载,1927 年 2 月冯定见到中学好友沙孟海时,劝其加入中国共产党,冯定对沙孟海说:"与其从旁协助,不如自身投入!"尽管沙孟海的四个弟弟都投身革命,参加了中国共产党,但沙孟海认为自己不是一个适合搞政治的人,就没有答应。冯定当然没有过多地游说沙孟海,临走时只是淡淡地说了一声:"当潮流涌来的时候,想回避是回避不了的!"其实沙孟海是有苦衷的,几个弟弟都加入了共产党,自己要是也加入了,一旦有什么闪失,整个家庭可能全军覆灭,一家老小谁来照顾?沙孟海想得比较实际,不过后来印证了他的这个决策是明智之举,许多与他有交情的革命同志在他这个非党人士的掩护和关照下,面临的危险减少,做出了更大的贡献。

　　1927 年 3 月北伐军进入杭州后,根据组织的指示,冯定又加入了国民党,并先后任国民党浙江省党部秘书、国民党宁波市党部秘书。1927 年 3 月 23 日,冯定到上海向商务印书馆辞职,从此开始了自己的革命工作生涯。

第三章　冯定的革命工作生涯

第一节　20世纪30年代积极参与上海的抗日救亡运动

　　1930年秋冯定回到上海后,以中学教师的身份作为掩护,全力以赴地为中国共产党开展地下工作。1930年冬,冯定因急性胃病发作,向党组织请假去北方治病。冯定刚到北平时,生计没有着落,他便想到了还有一位熟识的同乡张雪门在香山任职。张雪门当时负责着北平幼稚师范学校的工作,冯定便去找张雪门帮忙,张雪门安排冯定在北平幼师学校任教。就这样,冯定在幼师学校任教并依靠翻译苏联小说维持生计,同时养病问题也得到了解决。

　　1932年秋,冯定返回上海,在任俄文教师的同时,参加"中国社会科学家联盟"(简称"社联")的活动,同时也参加"左联"组织的各种活动,为"少共"("少年共产党"的简称)江苏省委办的刊物《少年真理》译稿,并开始以"贝叶"为笔名发表译文。

　　当时,正逢"九一八""一·二八"抗日救亡运动兴起,但由于国民党的白色恐怖和中共党内王明机会主义路线的统治,党组织遭受严重破坏。当时的上海是中国共产党进行革命文化宣传的一个重要据点,各种进步刊物如《华美周刊》《团结》《译报》《每日译报》等,犹如雨后春笋般冒了出来。冯定以"贝叶"为笔名在进步刊物上发表了一批有理论水平的文章与专著,成为20世纪30年代上海文化界的名人。就1937年3月至7月期间,冯定就在《自修大学》杂志上先后发表了《英雄和英雄主义》《谈新人生观》《新人群的道德观》《哲学的应用》《现阶段的中国青年问题》《怎样自修外国语》《论自然哲学与历史哲学》《问题简答》《我们对美英的谢意和戒心》《主战与主和》等文章;在《国民周刊》上发表了《青年在这个时候应该干些什么?》《大话和小话》等文章;在《文化食粮》上发表了《青年群》。1937 年 3 月 3 日,冯定的第一部著作《青年应当怎样修养》,由上海生活出版社(上海生活书店)出版,全书分为 14 篇。该书针对当时国民党统治区青年的思想实际,以谈心的方式,用生动的语言介绍了马克思主义的新世界观和新人生观。因以平等的态度对话,能做到和读者的思想、感情息息相通,成为当时颇具影响的一部用马克思主义观点解释人的道德情操修养的读物。1937 年 12 月 20 日,冯定的《抗战与青年》一书由汉口光明书局出版,是当时出版的"民族解放丛书"中的一本,很快就销完,又于 1938 年 1 月 5 日再版。20 世纪 30 年代后期是冯定学术生涯的第一个多产期。

第二节　宣教志业成就"不可多得的教育人才"之美誉

20 世纪 30 年代末至 40 年代,冯定先后在新四军、抗大第五分校、淮北区党委、华东局从事宣传工作。

一、在新四军从事的宣传工作

冯定在新四军先后担任过宣传科科长、《抗敌报》的主编、干部教育科科长、江南澄武锡区军政委员会副书记、澄武锡区政治委员、抗日军政干部学校副校长、抗日军政大学第五分校副校长、中共淮北区党委宣传部部长、《拂晓报》的主编。所有这些工作都与政治思想教育和宣传分不开。

1938 年 10 月下旬,冯定由组织委派,从上海经过温州、金华,进入新四军的军部驻地——皖南泾县云岭。1938 年 10 月 26 日,冯定在《译报周刊》第 1 卷第 3 期上发表了《脑子还得磨砺》。1938 年 11 月,新四军正式成立宣传教育部,朱镜我同志任宣传教育部部长,冯定任宣传科科长。由袁国平同志任书记,加上朱镜我和冯定共三人,成立了党报委员会,决定由冯定兼任《抗敌报》的主编。冯定后来改任教育科科长,最后改任干部教育科科长。

冯定除了在新四军政治部宣传部主编《抗敌报》外,还常去教导队讲课。当时新四军除了一个直属团、教导队、服务团驻在云岭一带以外,还有三个支队,一支队的司令员是陈毅,二支队的司令员是张鼎丞,三支队的司令员是谭震林。作为支队司令员,陈毅和其他支队司令一样,有时也来政治部和宣传部,与冯定等人谈谈军事情势、部队情况等。这样冯定和陈毅的接触就多起来了。在皖南军部时,有的同志被怀疑成"托派分子"而准备让他们离开新四军,冯定就亲自去找项英,为这些同志申诉,请求把他们留下来,最后项英同意了冯定的意见,把这些同志留了下来。

1939年春夏之际,经过上海共产党组织的筹划,为了扩大新四军在上海的影响,组织几位进步的新闻记者来云岭访问。他们临回上海时,相约要求宣传部同志们用新闻体裁写些东西,设法寄到上海发表。其后不久,适逢三支队在繁昌红杨树连续几天和日寇对抗,打了胜仗,冯定就用曾在上海用过的笔名写了一篇通讯,其中还用"据说是共产党员"的口气提及一位战斗英雄的名字。寄至上海后,文章先在日报上发表了,当天又在晚报上发表了,看到的人都很兴奋。此外,冯定仍用新闻记者的口吻写了《项英将军访问记》,寄到上海后在一个叫《学习》的进步刊物上发表了;此后又写了《陈毅将军访问记》,1939年4月20日和27日分为上、下两篇以"贝叶"的笔名在上海《译报周刊》第2卷第1期和第2期上发表,向上海及沦陷区各界民众宣传新四军高级将领及新四军的抗战主张,扩大了党的抗日武装新四军的影响。当冯定把对陈毅的访问记呈给陈毅阅读并请教时,陈毅微笑着说:"对我的赞扬有些夸张了。"不过他接着说:"只要新四军的旗号和我们的名字能在进步的上海报刊上披露,终是对抗战有好处的。"

1939年岁末,新四军政治部主任袁国平从政治部干部中抽调了六七个人,建立了一个巡视团,到陈毅部队即新四军一支队司令部开展巡视工作,进行部队的调查研究和思想教育工作,冯定是巡视团的成员之一。巡视团的工作,除了初到时列席江南特委扩大会议听陈毅同志和其他领导发言以外,就是在支队司令部的领导下做些整训工作。经过整训的有老二团、江抗二团、四团和司令部直属的教导队等。1940年春节过后,由于国共关系日趋紧张,大约3月初,军部来电要袁国平只身急速回去处理事情。袁国平临行匆促,没有来得及向冯定当面交代,便托人传话给冯定,告诉他巡视团暂时不回去,留在一支队司令部,要冯定暂时负责一下巡视团的工作,什么时候回军部听候军部电示通知。这一决定让冯定躲过了人生一劫,袁国平回军部后就在皖南事变中牺牲了,这样一来,冯定实际上已是直接归陈毅领导了。后来,回军部去的交通断绝,巡视团的整训工作也难以再开展起来。陈毅在一次高干会议上决定开辟江南地区,冯定要求参加开辟工作到前方去。陈毅开始时说:"你们是军部派来的干部,我不好分配工作,要等军部命令。"

但过了一段时间后,冯定就随陈毅同志的一支队到苏北去了,从此,就再也没有回皖南军部了。后经组织允许,大约在 1940 年 5 月,冯定随王必成的老二团进入江南丹阳一带,在新四军江南指挥部陈毅、粟裕二位首长的领导下工作,冯定担任江南澄武锡区军政委员会副书记。项英打电报给陈毅,对冯定做出的评价是:"该同志是不可多得的教育人才,军事非其所长。"事实上,项英对冯定的这个评价是中肯的,做思想工作、宣传工作和教学工作,这些都是冯定的长项,带兵打仗非他所长。其实陈毅对冯定已经比较了解,心中当然明白冯定所长之处。后来,陈毅把司令部由江南移到江北,成立了江北指挥部,并在解放黄桥镇后,任命冯定为澄武锡区政治委员,其间还成立过一个规模不大的短训班让冯定负责。1940 年 10 月,新四军苏北指挥部在泰兴县(今泰兴市)营溪组建苏北抗日军政干部学校,根据军部的意见让冯定到江北负责抗日军政干部学校的工作并任副校长,陈毅兼任校长。

话分两头,冯定暂时代理的巡视团的工作由于没有军部的指示无法进一步开展了,但冯定一直以宣传鼓动工作见长,他的宣传鼓动武器一是现场讲课,一是写文章发表在进步刊物上。1940 年年初,国共关系紧张,冯定也没有放松自己为共产党用文字做宣传鼓动的工作。在 1940 年 2 月期间,冯定写过一篇名叫《美国与世界大战》的长篇论文,是他运用马克思主义哲学观点分析现代帝国主义的经济与政治的范本。冯定运用了当时所能搜集到的丰富的统计资料和辩证的分析方法,把美国这个处在世界反法西斯营垒却又执行反革命两面政策的新兴帝国主义国家,这个使多少人为之迷惑又有多少人对之畏惧的资本主义世界的百足之虫,刻画得淋漓尽致。1940 年 2 月 15 日和 3 月 1 日,冯定的《美国与世界大战》长文分为上、下两篇分别在《抗敌报》第 1 卷第 7 期和 8 期上发表。1940 年 3 月 16 日冯定又在《抗敌报》第 1 卷第 9 期上发表了《忠奸辩》一文,认为只要是直接或间接做着有利于抗战、有利于人民的事,就是忠;只要是直接或间接做着危害人民、危害民族、不利于抗战的事,就是奸。

二、王元化眼中的新四军宣传科长冯定

王元化[①]是在 20 世纪 30 年代与冯定结识的,他在青少年时代就读过冯

---

① 王元化(1920—2008 年),是一位在国内外享有盛誉的著名学者、思想家、文艺理论家,在中国古代文论研究、当代文艺理论研究、中国文学批评史研究、中国近现代思想学术史研究上开辟新路,做出了开创性的贡献,是 1949 年以来中国学术界的标志性领军人物。他曾任国务院学位委员会第一届和第二届学科评议组成员,华东师范大学教授、博士生导师.

定以"贝叶"为笔名撰写的文章。他对冯定的人品和作风,深表敬仰。

抗日战争爆发后,全国掀起了抗日救亡高潮,抗日统一战线迅速扩大,出现了第二次国共合作。日本侵略者在中国的土地上烧杀掳掠,这些暴行激起了广大中国人民的愤慨。日军占领北平、天津时,王元化只有 17 岁,那时便随家人一起流亡到上海。1938 年年初,王元化加入了中国共产党,被分配在由孙冶方任书记、顾准和曹荻秋任副书记的文委领导下从事文艺工作。1938 年年底,地下党文委派殷扬(后改名为杨帆)和王元化,率领 20 余名文艺青年随上海各界救亡联合会所组织的联合慰问团前往第三战区进行慰问。党交给他们的任务是把 20 多位文艺青年及其携带的抗日报刊和医药用品等,送往安徽泾县新四军军部。慰问团行至浙江金华时,受到国民党的干扰,殷扬便嘱托王元化带一名同志先行。临行前,殷扬临时写了一封介绍信由王元化带往新四军交给"贝叶",并让其转交给党组织。

王元化随新四军的交通员阿陀,由金华出发,途经岩寺、太平,到达泾县,当他们找到新四军军部的接待处,要将介绍信面交"贝叶"时,接待处的工作人员一时却不知"贝叶"是何人,几经周折,才弄清楚原来"贝叶"就是冯定。冯定当时在新四军宣教部任科长。王元化被领到宣教部见到了冯定,那是王元化和冯定的第一次见面。冯定非常热情地接待了王元化。王元化那时还不到二十岁,觉得冯定比他大许多,思想水平也要高得多,所以初次见面免不了有些忐忑不安。但是,冯定与他交谈时,满脸笑容,态度平和,并不把他当作一个青年而是当作老朋友一样,一下子就让王元化感觉到冯定是一个很容易接近的人。

王元化在新四军宣教部暂待期间,每天都和冯定在一起。王元化在和冯定相聚的那些日子里,发觉冯定总是兴高采烈、眉飞色舞、兴奋地和他谈论种种问题。当时和冯定的谈话中让王元化印象最为深刻的话题是关于大城市许多知识青年涌往解放区的问题。王元化非常清楚地记得,冯定谈到知识青年到解放区后,往往要经历三个不同的阶段:未到解放区前是满怀热情,带有一些主观幻想,以为解放区一切都新,一切都好,一点缺点也不存在;但是到了解放区之后,亲眼所见、亲耳所闻的往往不如自己主观幻想那样美好,因此未免失望,甚至灰心丧气,以至一蹶不振。冯定说,从第二阶段跨越到下一阶段是一个很重要的步骤,那就是主要要看这些知识青年如何磨炼自己,克服自己的主观幻想,使理想和现实趋向一致,达到完善的融合,这样才能够成为一个革命的战士。王元化深深地感觉到冯定完全是以一个理论家的口气讲这些话的,他滔滔不绝地阐发着自己的观点,这让他与当时新四军其他老干部显得非常不一样。即使是在解放区,冯定的思想方式和语言表达方式,也还是和他在上海从事文化工作时一模一样,他已经习惯于把具体的事物上升到理论高度来谈论。这一点给王元化留下了深刻的印象。

三、担任抗大五分校副校长,从事管理与教学工作

随着盐城抗日根据地的开辟,根据地建设和军队迫切需要大量有理想、有知识的干部,大后方很多进步青年又陆续来到盐城,他们投奔革命,参加抗日,也需要加强教育和学习。1940 年 11 月,刘少奇和陈毅等人决定,将新四军苏北抗日军政学校和八路军五纵队教导队合并,成立抗日军政大学第五分校。分校成立大会和第一期开学典礼是在海陆中学的大操场上举行的,刘少奇、陈毅、张云逸、邓子恢等领导都出席了大会。刘少奇在讲话中说:"抗日军政大学是为部队培养骨干的,你们都是各部队选送的优秀干部和老战士,毕业后就是一名大学生了,就是部队的基层领导和骨干了,你们的学习很重要,任务也是很艰巨的,希望大家努力学习,刻苦钻研,尽快地提高自己的政治水平和军事技术水平,为打败日本侵略者而英勇奋斗!"刘少奇在谈到办抗大五分校的目的时说:"为了实践而学习理论,为了打胜仗、提高工作水平而进学校,为了养成一批军队工作干部才办抗大的。"刘少奇同志的这些话,使学员们明确了学习目的,端正了学习态度。

其实,抗大五分校的前身是新四军一支队创办的抗日军政学校,这个学校是在 1940 年上半年期间,陈毅到苏北后指派冯定负责筹建的。当时,冯定两次去上海,通过上海的地下党动员和组织了一批进步知识青年来校学习。黄桥决战前,抗日军政学校在泰兴县的营溪正式开学了。1940 年 10 月初,东进新四军一支队和南下八路军五纵队在盐城会师。1940 年 11 月,刘少奇和陈毅找冯定谈话,刘少奇对冯定说:"我们党的事业在苏北又有一个大的发展,需要培养很多干部,现在办抗大,马上还要办党校,为革命事业培养干部。"1940 年 11 月,新四军以江北指挥部军政干部学校、苏北指挥部干部学校、皖东干部学校为基础在苏北盐城创办了抗大五分校,全称"中国人民抗日军事政治大学第五分校"。陈毅兼任抗大五分校的校长,赖传珠、洪学智任副校长,冯定任副校长兼政治部主任(后来由余立金任主任),谢云晖任政治部副主任。1940 年 12 月 1 日,陈毅签署招生启事,对招生目的、条件、人数、考试科目等做了详细说明。

抗大五分校共举办了两期,学员的来源多样化,一部分是部队连、营级干部,少部分为团级干部;大部分学员是本地或上海、杭州等地来的进步知识青年。抗大五分校共有学员 3004 人,毕业学员有 2519 人,分成 6 个大队,其中 2 个女生队,每个大队是 1 个营的建制,大队还分政治队、军事队,学习各有侧重。一、二大队为军事队,三大队为政治队,四、五大队是为部队培养文化、宣传、文艺骨干的队。陈毅在百忙中特地来分校做过形势报告。刘少奇还做了三次"论共产党员的修养"的报告,对学员们的教育影响很大。当时,学校还把《论共产党员的修养》印成小册子发给各党小组,在星期六党日活动时组织党员学习讨论。

在刘少奇、陈毅的直接关怀和领导下,抗大五分校培养出不少干部,向人民军队输送了大批骨干力量,提高了部队的军事素质和战斗力;为根据地输送了大批人才,有力地支援了根据地建设。抗大五分校设在盐城,推动了盐城抗日根据地的发展,盐城有许多青年参加了抗大五分校的学习,毕业后成为盐城地方干部的有生力量。抗大五分校亦曾派出人员,深入盐城农村进行抗日宣传和民运工作等。抗大五分校办学的优良作风和传统,给盐城的干部群众留下了深刻的影响。1941 年 7 月,日伪对盐阜地区发动第一次大扫荡后,抗大五分校随主力转移。

抗大五分校刚建立时由华中新四军八路军总指挥部领导,1941 年 1 月以后,由新四军军部领导。1941 年 4 月 28 日,洪学智率抗大总校第二华中派遣大队的教职员工 100 余人,由河北邢台到达苏北盐城,增强了教学力量。冯定任第一副校长,洪学智任副校长。

由于冯定对马列主义理论有较深的造诣,所以他不只是军校的副校长,还是理论教员,承担思想政治理论课的教学任务。冯定讲课深入浅出,善于从具体事情讲起,最后上升到理论高度。这样的讲课方式,对于文化层次参差不齐的学员们来说,都很容易接受,而且他们的思想理论水平提高得很快。

四、担任淮北区党委宣传部部长

1942 年 11 月,冯定开始担任中共淮北区党委宣传部部长,主编《拂晓报》。《拂晓报》是 1938 年 9 月底在彭雪枫战斗的地区——河南省确山县竹沟创刊的。《拂晓报》与拂晓剧团、骑兵师成为彭雪枫的三件宝。1942 年元旦,《拂晓报》和中共淮北区党委机关报《人民报》合并,成为中共淮北区党委的机关报,冯定在 1943 年 1 月至 1945 年 9 月兼任《拂晓报》报社的社长,他离任后由邓岗同志接任。《拂晓报》现在为安徽宿州市委的机关报。

1942年3月16日,冯定撰写了《学习的中心堡垒》一文发表于《拂晓报》上,学习的中心堡垒就是认真做好调查研究。对政策、计划如果只凭主观的了解,是异常危险的,这种毛病一时不易察觉,但一旦发觉便可能已铸成大错。做好调查研究需要支部工作的教育与督促。怎样才能做好调查研究呢?一是增强对调查研究的认识。调查研究决不仅仅是技术问题,还是作风问题、党性问题、思想方法问题,要有调研精神,要有实事求是的作风。二是加强对调查研究的教育。对干部进行调查研究的教育是迫切而又需经常进行的任务。要让他们对调查研究的技术与方法熟悉,抓住各种各样的例子,分门别类、就地取材、由近及远、由小到大进行教育。三是完善对调查研究的实施。不应寄托于少数人或某个专门机关,而应由各个部门的工作人员分别对该部门的情况与工作进行调研。

1942年7月1日,冯定在《拂晓报》上发表了《论反省》一文。冯定认为人们的反省工作做得还不够深入和普遍。他认为反省有三条重要作用:一是整顿他人莫如先整顿好自己,整顿自己莫如反省。整风是要用马列主义的立场观点方法,来检讨思想和行动,使大家更能站稳立场、确定观点、领会方法。对每个干部来说,自己才是决定性的,己风不正,拿歪风去整人,不可能"治病救人"。二是整风对自己来说,就是要改造自己。反省不是改造自己而是认识自己,认识自己是改造自己的先决条件。通过反省认识自己,不但可以体会出观察问题的正确思想方法,还能对自己的历史发展有更为明确、更为系统的认识,由此"对症下药",进行改造自己的工作。三是改造自己要理论联系实际。怎么联系呢?当然需要经常的思考和练习,而要使思考和练习更有效果,就得找典型来作为思考和练习的对象。其实关于自己的材料是现成的,所以最好的典型就是自己。

冯定还指出了反省中的几种不正确现象:第一种是极少数仇恨、厌恶整风的人,他们有的是将自己放在整风圈外,认为整风只是对其个人过不去,或者自高自大地认为本人向来是"两袖清风",无须再整了。第二种是知道了整风的利害,但立场不正确,表现在反省上就不是真正为认识自己,以改造自己,而是为了表功讨好、文过饰非、卸责诿人、敷衍门面、试探口气、伏笔张本、放泼泄气。冯定认为:"这些都是个人主义的立场,是以个人利害作为出发点来进行反省的,所以开始总扭扭捏捏不肯反省,或者是发出反省只要自己明白自己改正就可以了的论调,或者是等待观望,看别人反省些什么再说,就是实行反省了也绝不会老老实实和坦坦白白,这对自己也不会有多大帮助。这种人首先要把立场改变过来才好。"第三种是存心整风,决意反省,可自觉文化不高,或理论不多或经验不丰,所以不敢反省、不能反省。

1945 年 6 月 23 日,冯定在《拂晓报》上发表了《教育改革中应防止"矫枉过正"与"因噎废食"》一文,同年 10 月 7 日和 10 月 8 日撰写了《认清形势 积极行动》一文,分为上、下篇发表于《拂晓报》上。冯定的所作所为正印证了冯定"是不可多得的教育人才"的评语。他用手中的笔把结合现实的所思所想表达出来、发表出来,呼唤更多的人,特别是年轻人投入到正确的社会行动中,走向正确的人生方向。

五、为俄文翻译家的"诞生"指点迷津

李俍民(1919—1991 年),中共党员,原名李恺,又名李星,镇海大碶横河小李家(今属宁波北仑区)人,是我国著名的俄文翻译家。1937 年读中学时,李俍民随兄长李侠民参加"横河乡抗日救亡工作团",表演抗日戏剧、歌曲。高中毕业后,李俍民先后担任小学校长、教务主任等职。1942 年 5 月,李俍民去淮北苏皖边区抗日根据地参加革命。

李俍民在冯定去世几年后写过一篇《回忆冯定同志》的文章,他在文章中说,回想自己 40 年来在文学翻译方面能够有所成就,跟当初冯定对他的鼓励与支持是分不开的。这到底是怎么回事呢? 他的翻译事业与冯定到底存在怎样的联系呢?

原来,在 1942 年 5 月,李俍民和后来成为冯定夫人的袁方,一起随当时新四军四师联络部的徐今强,从津浦路明光小站进入苏皖边老解放区参加抗日战争。正是来到新四军四师,李俍民才得以有机会向冯定求教。据李俍民的回忆,在他们到新四军四师后不久,冯定就被调到新四军四师师部担任政治部副主任。当时,李俍民按照大多数初进解放区的同志的做法,把名字改为李星,进入了抗日军政大学四分校第二队(政治队)学习。李俍民因为深受苏联作家尼古拉·奥斯特洛夫斯基的长篇小说《钢铁是怎样炼成的》(梅益同志 1939 年翻译的该书)的影响,立志自学俄语,准备将来像梅益同志那样,为我国读者翻译、介绍苏联的革命文学作品。

可是,在当时的老解放区,烽烟四起,生活非常紧张,根据地没有什么可以见到的俄文资料。幸运的是,抗日军政大学四分校的宣传科科长陈遗同志送给李俍民一本上海出版的《俄华小辞典》,虽然这本小辞典总共只有几千字,但还是让李俍民如获至宝。无论政治、文化学习及军事操练多么紧张,李俍民每天总要抽出一定时间来背诵十个生字,可是这种背诵辞典的学习实在太单调枯燥、太艰苦了。于是李俍民千方百计寻找俄文报刊。但在敌后方哪里会有什么俄文资料啊！正在"山重水复疑无路"时，他迎来了"柳暗花明又一村"。一天，新婚不久的袁方（冯定的妻子）兴冲冲地跑来告诉李俍民，冯定精通俄文，而且他们的新房里就有一大沓俄文刊物，由于袁方不懂俄文，也不清楚那些刊物是什么样的刊物。不过袁方说她已经跟冯定谈起过李俍民学习俄语的艰苦处境，冯定表示愿意与李俍民谈谈学俄语的事情。李俍民真是欣喜万分，自己不但有希望获得冯定在学习俄文上的指点，而且说不定还会获得一些俄文资料呢。在这种情况下，李俍民与冯定第一次见面了，他们是在冯定的"新房"见面的。李俍民看冯定的所谓"新房"，不过是向农民老乡借用的泥坯叠成的小房间而已，房内设施非常简陋，大致就是一片木板床、一张小桌子和几个凳子。但让房间生辉也让李俍民眼睛发亮的是，靠墙放的板架上放着不少书刊，墙脚边还放着一捆捆书籍，李俍民心里一阵欣喜，袁方所说的那一大沓俄文刊物肯定就在其中了，想不到自己渴望一睹"芳容"的资料就在眼前了，真是踏破铁鞋无觅处！

正当李俍民心潮澎湃之际，冯定亲切地招呼李俍民坐下，这时李俍民才注意到冯定穿了套棉军服，脸色微微有些泛黄，但瘦削的脸反倒让又大又黑的两眼显得炯炯有神。冯定又是给李俍民倒茶又是给他吃糖，让李俍民倍感冯定的热情。在当时无论是茶还是糖，在敌后环境中都已是很少能见到的"奢侈品"了，因为冯定刚刚喜结良缘才弄到这么点"奢侈品"。随后，冯定询问了李俍民学习俄文的情况："我听袁方说，你在俄文资料和辅导老师缺乏的情况下，依然在利用各种机会自学俄文，你的刻苦精神真让人佩服啊！我稍稍懂点俄语，可是我的工作很紧张又太繁忙，抽不出时间来对你进行辅导，真有些遗憾啊。不过我这里倒有一些俄文资料。"说到这里，冯定起身从他那一大堆报刊中翻捡出三本俄文刊物，并对李俍民说："这是上海出版的三本俄文版《时代周刊》。靠你那本小辞典，可能查不到大部分生字，但是比啃辞典要好，在目前条件下，这大概也是苏皖边区仅有的几本俄文读物了。现在我把它送给你，希望你好好学习，将来为革命的文学翻译工作做出贡献来。"接下来，冯定又跟李俍民谈起他当年学习俄文的情况："我 1925 年在上海商务印书馆任文学编辑时，自学了俄语，边学边用，翻译一些小品。通过翻译来做到学用结合，真是学一门语言的好办法。"冯定从与李俍民的交谈中了解到李俍民是因为深受梅益同志翻译的《钢铁是怎样炼成的》一书的影响而发誓自学俄文的，因此告诉李俍民："听说梅益同志也有可能要到解放区来①,不过梅益同志翻译的《钢铁是怎样炼成的》好像是从英文转译的……"李俍民当时真想跟冯定一直谈下去,但考虑到冯定是首长,工作非常繁忙,休息时间又很少,不忍心继续打扰下去,就赶快起身告辞。当袁方把那三本俄文版的《时代周刊》塞到李俍民手里时,李俍民真是高兴得心都飞起来了。这时袁方才想起来告诉李俍民,冯定还是他的宁波老乡呢。李俍民拜见冯定时没有"老乡见老乡,两眼泪汪汪",反倒是体会到了"好男儿志在四方,为了革命事业的万丈热情"。

1945年年底,李俍民因病回到上海,凭着那本《俄华小辞典》与冯定赠送的三本俄文版的《时代周刊》所奠定的俄文基础,李俍民进入了俄国东正教堂办的华俄夜校学习俄文,经过一段时间的俄语语法的学习,李俍民在1946年考入沪江大学外文系,两年后辍学。李俍民阅读了《铁流》《毁灭》《恰巴耶夫》《钢铁是怎样炼成的》四部俄文长篇小说,完全掌握了俄文,终于跨入了文学翻译工作者的行列,开始翻译苏联儿童文学作品。

李俍民一生从事文学翻译工作,翻译的长篇小说有《牛虻》《斯巴达克思》《孔雀石箱》《学校》《柯楚别依》《游击老英雄》《白奴》《伊格纳托夫兄弟游击队》《鹿童泪》等,翻译的中短篇小说有《一朵小红花》《游击队的儿子》《绿蚱蜢》《下雪了》《生命之爱》《斯巴达克》《两个不听话的小姑娘》《新来的》《近卫军战士马特洛索夫》《黑宝宝》《总工程师》《白桦树下的茅屋》《红海军和小黑熊》《尼尔斯奇游记》等,翻译的短篇小说有《聪明的小鸭子》《性格和真实》等。

让李俍民非常遗憾的是,1981年冯定因病在上海的华东医院住院治疗期间,他却因为种种原因错过了与冯定再次交流的机会。那时,李俍民认为去医院探访冯定的人已经够多了,像他这样只有一面之缘的人也去凑热闹,定会妨碍冯定休息,于是心想还是等他康复后待自己有机会去北京时,再去拜访冯定和袁方夫妇俩。谁知不久之后便传来噩耗,李俍民竟再也没有机会跟可亲可敬的冯定见面交谈了。

如果真是人生事业途中的贵人,不在于相见次数的多寡,不在于谆谆教诲的多寡,而在于求知若渴之际给予的哪怕是一小口甘泉。对于李俍民而言,冯定在他俄国文学翻译事业的启程之际,给予了他一口值得久久回味的甘泉。

---

① 梅益同志1942年来到解放区,筹办了江淮大学,并任教导主任.

六、担任中共中央华东局宣传部副部长

1945年12月,山东分局和北上的华中局合并组成中共中央华东局,中共中央华东局在山东临沂成立,负责领导华东各解放区的各项工作。原中共华中局书记饶漱石任书记,陈毅、黎玉任副书记,张云逸、舒同为常委,统一领导山东、华中两大战略区的党政工作。1947年3月,冯定担任中共中央华东局的宣传部副部长,这时的华东局还在山东。1947年秋,冯定因患严重的胃病赴大连医治,手术后疗养期间,冯定撰写了多篇普及哲学知识的短文,在《大连日报》上连载,文章的总标题是"平凡的真理",以平凡的真理之一、之二的形式进行连载。1948年,光华书店将连载于《大连日报》的这些短文辑成《平凡的真理》一书正式出版。该书是冯定的主要代表作,被誉为"20世纪五六十年代流传最广、进步青年最为喜爱的一部马克思主义哲学的通俗读物。"

1949年,中共中央华东局迁往了上海,第一书记是饶漱石,冯定继续担任中共中央华东局的宣传部副部长。这时的华东局负责领导中共上海市委、山东分局、南京市委、浙江省委等地方党组织和各项工作。1952年,冯定除任华东局宣传部副部长外,还兼任华东军政委员会文化教育委员会副主任。

1951年年底开展的针对干部的反贪污、反浪费、反官僚主义的"三反"运动,到1952年年初变成了针对资本家的行贿、偷税漏税、盗窃国家资产、偷工减料、盗窃国家经济情报的"五毒"行为的"五反"运动("五反"运动后来的结果表明,初期揭发出来的那些"五毒"行为许多被夸大其词了),斗争矛头从干部转向了资产阶级。由于当时正处于抗美援朝时期,在输往志愿军的军需物品中发现有资本家的"五毒"行为,这很快激起全国人民的义愤,大家纷纷起来声讨,"反击资产阶级的猖狂进攻"。正是在这样激烈反对资产阶级的高潮时期,《学习》杂志发表系列文章认为资产阶级已经没有进步作用了,自然得到了广大群众的热烈响应。《学习》杂志1952年第1期发表了杨耳(许立群)的《只有马克思列宁主义才能领导资产阶级思想改造》一文,主张用无产阶级思想来"根本否定"资产阶级思想;第2期发表了吴江的《论资产阶级的"积极性"》一文,把资产阶级在新民主主义革命中的积极性描写为一种欺骗的手段;第3期发表了艾思奇的《认清资产阶级思想的反动性》和于光远的《明确对资产阶级思想的认识,彻底批判资产阶级思想》,对民族资产阶级在新民主主义革命和建设中的地位和作用加以抹杀。这一系列文章

是由当时著名的几位理论家连续发表的,他们一致认为资产阶级已经没有什么两面性、积极性了。正是在这个时候,因为长期在上海工作,对资产阶级的行动及其所起的作用有实际且全面深入的了解,冯定力排众议,于1952年3月24日在《解放日报》上,以读书笔记的形式发表了题为《学习毛泽东思想来掌握资产阶级的性格并和资产阶级的思想进行斗争——读〈毛泽东选集〉的一个体会》的文章,对当时理论界普遍存在的对民族资产阶级"左"的看法及实际工作中"左"的政策提出了不同意见并给予了理论的说明,明确提出"反击资产阶级的进攻,不是要立即消灭资产阶级",坚持认为资产阶级还存在一定的积极性。冯定的这篇文章是对上海进行"三反""五反"运动的深切体会,该文送给华东局常委审阅时得到了华东局领导的重视,认为对当前的运动有指导意义,就指示上海的党报《解放日报》予以发表。这篇文章的发表成为当时轰动理论界的一件大事。冯定本着实事求是的精神写了此文章,这在当时的情况下是要有勇气的。

文章发表后,不仅受到了大家的注意,而且引起了毛泽东的注意。毛泽东称赞了冯定的文章并批评了当时任中宣部部长的陆定一。陆定一是中宣部部长,写文章的于光远、许立群也是中宣部的,毛泽东的批评从某种意义上讲等于否定了中宣部的工作,高级党校也间接受到了批评。

根据毛泽东的批示,1952年4月份的《学习》杂志转载了冯定的文章(是经过毛泽东修改后的文章),《人民日报》也在4月10日转载了此文。

第三节　在马列一分院时的不平常经历和不平凡收获

正是冯定发表的《关于掌握中国资产阶级的性格并和中国资产阶级的错误思想进行斗争的问题》引起了毛泽东的注意,受到党中央的肯定,他才会在1952年冬,被调往北京的马列学院一分院工作,担任中共中央马列学院一分院副院长,主持全院工作。

冯定在1952年至1957年这段时间是在中央马列学院一分院工作的。这五年左右的工作虽然算不上很长,但对于冯定的一生而言,特别是对他所从事的革命工作和事业却有着极其重要的意义。从客观上的政治环境而言,这一时期我国的政治生活相对来说尚属正常;从主观上的个人因素而言,由于冯定当时还是知天命的年龄,无论身体状态还是精神状态都比较良好。这两方面的有利因素使得这几年成为冯定事业上的灿烂时期。

一、勇担重任：任中央马列学院一分院副院长

中共中央马列学院是怎么一回事呢？在此有必要对其进行简单的介绍。马列学院是中共中央的直属单位，下设两个分院。一分院组建于1952年，于1957年撤销，由连贯担任院长，冯定任第一副院长，许力任副院长。一分院的院址即现在的北京市玉泉路中国科学院研究生院所在地，归中联部领导。当时马列一分院有高墙相围，墙上还有电网，校门口有军人站岗，戒备森严。马列一分院与中国人民解放军政治学院仅一街之隔，政治学院的将军学员不少是冯定在新四军时的老战友，如梁必业、莫文骅、袁渊、邓逸凡等，常来马列一分院与冯定交谈，冯定也常被邀请去解放军政治学院给学员讲课、做报告。二分院当时的主要任务是培养具有相当独立工作能力的领导干部，后来成为现在的中央党校。

马列一分院的主要任务是培训东南亚、澳大利亚等国的共产党干部。由于连贯还担任着中央联络部部长的职务，工作非常繁忙，因而马列一分院的日常工作是由冯定实际负责的。

冯定长期以来担负党的宣传工作和干部的培训工作，这种工作性质和他自己对马列主义的刻苦钻研使他成为一个马克思主义的理论家，但是与他后来在北京大学时期所做的贡献比较而言，冯定在马列一分院期间，还是作为一个党的宣传鼓动家、活动家和革命活动的实际组织者发挥自己的作用，而在北京大学时期他作为一个理论家和学者的特色则更加突出。

众所周知，马克思主义不仅是一种思想学说和思想理论，而且也是指导无产阶级革命运动的思想，是由千百万革命群众自愿参加并由无产阶级的先进分子所领导的汹涌澎湃的革命运动。冯定作为一个马克思主义者，就是这个运动中的一名积极的革命活动家。马列学院一分院存在的时期正是中国革命刚刚取得胜利，中国周边国家的共产党纷纷以中国共产党为榜样的时期，那个时候他们受到中国革命胜利的极大鼓舞，积极开展革命活动。那个时候也是国际上无产阶级与帝国主义处于斗争漩涡中心的时期。在这种形势下，马列一分院的工作是繁重且特别复杂的，这就造成冯定所担当的责任也是十分重大的。

冯定在此期间的主要工作是处理每天的日常院务，定期向学员做国际国内的形势报告、讲课、接见学员并与他们谈话、看文件、做指示等，同时也开展马克思主义的理论研究。与经院式的理论研究不同，学员们学到的理论立刻就会化为真刀真枪的革命实践。冯定在繁杂的日常事务管理工作

中,也不忘把如何更好地工作当作理论探索与思考的对象。冯定在马列一分院期间以及以前在抗大五分校期间进行理论研究的这种背景,对他的哲学思想的形成有明显的影响,他的工作经历使得他的著作本身具有很强的实践指导意义。带着研究的眼光干工作,带着思考的头脑干工作,自然就会形成理论的成果。

二、对待友党学员需要教育智慧

与冯定以前在抗大五分校时期所做的干部培训工作相比,他在马列学院一分院的干部培训工作则具有某些新的特点。

冯定在一分院时期的工作,为我党在如何处理与兄弟党的关系、如何正确处理我们的国际主义义务与国际阶级斗争策略的关系等一系列问题上都积累了宝贵的经验。

冯定在马列学院一分院工作期间,言教身教并重,他的为人与品格本身就是一本无声的教材。与冯定共事过、听过他的报告与讲课的同志都有这样的印象:冯定是一个感情色彩比较丰富的人,他对社会主义事业的成功与胜利欣喜如狂,对不正之风十分厌恶,对他所信仰的马克思主义和投身的革命事业以极大的热情去鼓动、演说,许多同志愿意听他的演说,认为他的讲话有很强的感染力和说服力。

三、在马列学院一分院工作期间理论硕果累累

冯定在马列学院一分院工作期间及以后的一两年内写出了丰富的作品,在其一生的著述中占有非常重要的地位。在马列学院一分院工作期间,冯定撰写的《中国共产党怎样领导中国革命》于1952年11月由华东人民出版社(后改称上海人民出版社)出版,以后又多次再版,并译成少数民族文字。1953年10月,冯定撰写的《工人阶级的历史任务》由华东人民出版社(1955年更名为上海人民出版社)出版,于1960、1961年又出了第二、第三版。1956年10月,冯定还对中国青年出版社出版的《平凡的真理》一书的再版进行了修订工作。1956年11月冯定撰写的《共产主义人生观》由中国青年出版社出版,这是宣传和普及马克思主义的一本小册子,首印发行了57万册。冯定先后发表了《论中国工人阶级对民族资产阶级既联合又斗争的基本特点》(1956年7月)、《关于我国当前阶级矛盾的性质和斗争的形式问题》(1956年10月)和《关于中国工人阶级和资产阶级的矛盾性质和斗争形式论争的关键》(1956年12月)三篇有关中国社会主义革命的政策和策略问题的文章。

从冯定在这一时期出版和发表的著述来看,他的著作侧重于讨论有关中国革命的一系列问题。他在 1957 年发表的《中国在过渡时期的辩证发展》一文可以说是他对这一问题的研究总结。冯定在马列学院一分院期间所写的著述绝大部分与他在一分院的讲课内容有关,一些著述就是在他相关讲稿的基础上形成的。当时国内的政治环境也为他提供了探讨这些问题的舞台。

当然他发表的文章也有其他主题的。1956 年 8 月,冯定撰写的《谈"百家争鸣"》,发表于《哲学研究》1956 年第 3 期,是冯定等二十人撰写的《百家争鸣笔谈》的首篇。在此期间,冯定还是没有忘记关心青年的思想道德,1956 年 12 月,冯定撰写的《爱养父母在社会主义社会里也是必要的美德》发表于《中国青年》1956 年第 24 期。从此以后,他讨论的主体转向了青年思想问题和哲学问题,发生这种转变的原因可以从他的工作经历中找到。1957 年 5 月,马列一分院的历史使命宣告完成,中央宣布将其撤销。毛泽东提名冯定调入北京大学任教授,什么职务都不要担任。毛泽东的本意是要让他这个唯物主义哲学教授去与冯友兰那个唯心主义哲学教授唱对台戏。但对冯定来说,工作的性质、工作的对象、周围人员的成分都有很大的转变,同时,当时的国内外形势也都有较重大的变化,这种转变对冯定的各个方面包括写作主题,都产生了重要的影响。

四、出访苏联并做多场报告

1955 年 4 月 27 日,冯定作为马列学院一分院的领导参加中国五一劳动节访苏代表团访问苏联,同行的还有艾思奇、许涤新等同志。在访问期间,冯定于 5 月 13 日到苏联高级党校做总路线的报告。冯定对新中国社会主义过渡时期的总路线进行了清楚的阐释。过渡时期的总路线即规定了要在一个相当长的时期内,逐步实现国家的社会主义工业化,并逐步实现国家对农业、手工业和资本主义工商业的社会主义改造。5 月 21 日,冯定到镰刀斧头工厂做报告,5 月 23 日到莫斯科大学给党的积极分子做报告。冯定所做的这些报告生动形象,受到了在场听众的热烈欢迎。代表团于 6 月 12 日返回北京。

五、严于律己,宽以待人

据与冯定共事过的同志回忆,冯定严于律己,对同志暂时的误解能够委曲求全,而对其他同志的困难却极富同情心,同志们都感到冯定是一个党性很强的人。在马列一分院初期实行供给制时,他严禁家属去小灶打饭。有一次,工人到冯定的家中安装玻璃,冯定的儿子想利用余料做玩具,被冯定发现,当即受到他的严厉批评,他教育儿子不许动用公家的一针一线。冯定自己平时除购买书籍和一些必要的生活用品外,从不花钱,但当冯定得知自己的警卫员家乡受灾时,却立即拿出一笔数额不少的收入给予支持,后来,当这位警卫员病危时,他又利用自己的保健待遇尽力挽救其生命。还有其他许多同志在遭遇困难时都曾得到过冯定的帮助。不少人在谈起冯定时都提到他心胸开阔、为人宽厚、淡于名利。在国家由供给制转入工资制时,在确定八届中央委员入选名单时,在工作调动时,他从未提出过任何个人的要求,从未向党和人民伸过手,但当需要他对国家贡献什么时,他却总是毫不犹豫,有时甚至会表现出"正义的冲动"。冯定之所以会有这样的为人,与他长期以来参加革命斗争所形成的共产主义世界观分不开,即使晚年遭受了长达十年之久的磨难,他仍然怀抱崇高的社会理想,他这样写道:"人是要有一种精神的,这种精神就是理想抱负,就是兴趣志向,就是革命的爱和憎,就是摆脱了低级趣味的为人民服务的热忱。"

他在《青年的苦闷从何而来?》一文中写道,"人的生活中,最能吸引人的力量,最能激发人的经久不衰的热情是什么呢? 那就是事业","人一旦热爱了他所从事的工作(也就是事业),懂得了他所从事的工作的意义,那么,他的生命力就会为这个事业所燃烧,所溶化。他就会愈活愈有意义,哪怕是有两次生命也是不够用的"。对于冯定来说,他的一生都贡献给了其所热爱、所追求、所信仰的共产主义事业。

六、在马列学院一分院工作期间的其他荣誉

1955 年 1 月 17 日,冯定出席《哲学研究》编辑委员会第一次会议,自《哲学研究》创办起,冯定就开始担任编委。

1955 年 6 月 3 日,冯定被批准成为首批中国科学院学部委员之一。这个文件是由周恩来总理签署公布的。

1956 年,冯定被选为第二届中国人民政治协商会议全国委员会委员,历任全国政协第二、三、四届委员,第五届常务委员会委员。1956 年 2 月 3 日,在第二届全国政协第一次代表会议期间,赴中南海怀仁堂参加晚宴,受到毛泽东、刘少奇、周恩来的接见,并会晤了陈云同志。这里还有他本人的日记为证:

> 二月三日,雾霭,阴沉。早起。上午出席小组会,之后回家午餐,想好好地睡一下,但仍没有睡好。下午出席大会;之后至怀仁堂赴宴。宴

前,先晤了陈云同志,他还记得 1926 年间在宝山路和我开过支部干事会的事;不久毛主席等来了,和宾客一一握手。毛主席握着我的手,看我一下,问我现在在哪里工作;刘少奇同志说我是他的老朋友,周恩来同志说他读过我的文章;都使我铭感不忘!宴会直至十一时余才散;回院就寝,已很晚了。

1956 年 6 月 14 日,冯定参加中国科学院拟制订全国长期科学规划工作会议期间,与全体代表一起受到毛泽东的接见,并合影留念。也有他本人的日记为证:

> 六月十四日,晴而暑;薄云常复。起得很早。上午办事。午后二时,去西苑大旅社等候开重要会议;三时余,接通知去怀仁堂;四时余,毛主席、朱副主席、周总理等十来人出来,与科学工作者们合摄一像;我被预先告知站在毛主席的背后左侧,他就座前和我及其他二三人握手。

第四章　初到北大任职时的教育人生

从1957年被毛泽东点名调入北大任教授起,至1983年去世,冯定共做了26年的北大人。冯定刚到北大工作的那几年,颇受北大领导的重视和礼待,同时也受到学生的青睐。孟子说人生有三乐,"得天下英才而教育之"是人生的第三乐,这或许也是冯定任教北大时的体验。

第一节　初到北大颇受礼遇,生活工作顺心如意

一、成为北大的一级红色教授和校党委副书记

1957年1月由毛泽东提名,调冯定到北京大学哲学系任教授并不担任任何领导职务。当时毛泽东认为,唯物主义和唯心主义可以争鸣,冯友兰可以讲唯心主义,冯定可以讲唯物主义,两人可以唱对台戏。由此北大校园流传着一种多少有点调侃意味的说法:学唯物主义找冯定,学唯心主义找冯友兰,学帝王将相找翦伯赞。1957年1月29日冯定去北大报到,与校长马寅初和党委书记江隆基见面。1月31日,冯定即率中国科学院社科代表团访问苏联,同行的有任继愈、贺麟、张镛等人,3月14日返回北京。1957年4月1日,经北京大学哲学系系务委员会一致通过,校务委员会批准冯定评为一级教授,马寅初校长签名并颁发聘书,冯定开始在北大担任教授工作,被称为"红色教授"。与此同时,北京市委彭真和北京大学党委认为,冯定这样老资格、党的高级干部,不担任领导职务不合适。因此,北京大学校党委会议

在 4 月 1 日全体通过,增补冯定为校党委委员,并报上级批准。尽管冯定在党内只担任党委委员、常委职务,但北大却经常让他参加校党委书记的碰头会,这种情况一直继续到 1958 年。陆平就任北京大学党委书记后,于 1958年 4 月提名冯定为党委副书记,并报上级批准。这以后冯定一直担任北大党委副书记这一职务,直到"文化大革命"初北大党委被撤销为止。

二、连升三级式的居所变换,住进了书香气十足的燕园

1. 暂居临湖轩的日子:迎来高朋满座

1957 年 3 月 14 日,冯定访问苏联结束后返回到北大,学校安排冯定在北大临湖轩暂时居住。临湖轩坐落在未名湖南面的小山坡上,离钟亭不远,那时还有敲钟人按时定点敲钟,经常听到晚钟钟声在未名湖畔回响。临湖轩的格局是坐北朝南的四合院形式,院北墙沿山坡下去就是未名湖畔的鲤鱼塑像处,往南向下是有竹林草坪的缓坡,东南方向就是图书馆,是当时北大附小的所在地。冯定家住在西厢房,有三居室。在东侧沿山体往下还有房间,为阿姨和警卫员住所,以及厨房。北厢房当时住着马寅初校长,冯定告诉家人马老每天淋浴,先用热水再用冷水,因而从不感冒。冯定的儿子听了很惊讶,也很佩服,后来他看到马老先生时,见他红光满面,说话声音洪亮,身体果然健康,认为就是这个独特方法锻炼出来的好身体。

尽管冯定在临湖轩只住了不到一年时间,但因事务众多,人来人往十分频繁,可谓经常高朋满座。随便列上几条,可见一斑。1957 年 5 月 5 日,邓小平总书记陪同苏联最高苏维埃主席团主席伏罗希洛夫参观北大,冯定与其他校领导在北大西门迎接并随同参观北大,再听伏罗希洛夫的演讲。1957 年 10 月 16 日上午,任继愈带着所写的文章来向冯定征求意见,又有《中国青年报》的曹冰峰来访谈了很长时间;同一天下午冯定的本家堂弟,《世界知识》杂志社社长兼主编冯宾符陪同赵朴初老先生来看望冯定,交谈了很长时间;晚饭后,当时刚从铁道部调来新任副校长的陆平来交谈工作。冯定在日记中这样写道:"这里本来需要更多的行政领导人,但我已被确定在学术岗位上工作,于是就又另调人来了,他也临时住在临湖轩,正好对门。"冯定到北大"确定在学术岗位上"是毛泽东定的调子,住对门的就是另调来任行政领导人的陆平。1957 年 11 月 20 日,当时的中共中央文教小组副组长和理论小组组长康生来北大,冯定陪其在办公楼、哲学楼、化学楼、文史楼看大字报,还在临湖轩家中谈了一会儿。

冯定住在临湖轩时不只是与一些高层领导有往来,与北大教授也建立

起了融洽的关系。由于毛泽东让冯定来北大与冯友兰唱对台戏,开始时北大哲学系的教授们见到冯定还比较紧张、心存疑虑。冯定觉察到了这一点,便经常抽空去拜访教授们,谈古论今,谈历史谈文化,交谈十分亲切融洽,因而打消了教授们心中的疑虑,建立了良好的关系。冯定和这些教授们成了朋友,他们经常是冯定家中的座上客。比如说,黄子通老先生收藏的字画一般从不拿出来给外人看,但来临湖轩冯定家中谈得十分高兴,竟然回到朗润园家中,拿了三幅古画折返回来,请冯定鉴赏,之后还非要冯定选一幅,让冯定苦辞不得。1957年搞"大鸣大放"①时,冯定听到东语系教授马坚对他的意见,说有一次他和冯定、周培源坐同一车入城,马坚教授问冯定贵姓,冯定回答说"姓冯"后,就没再说话,马坚教授心里想他是不是瞧不起人。冯定听到这个反映后,于11月的一个夜晚,从临湖轩走到燕东园的马坚教授住处做了解释,马先生听后马上释怀了,他又和冯定谈了一些阿拉伯文的问题,让冯定颇获教益,后来两人成了朋友。

冯定在临湖轩居住时,他在新四军时的一些老领导对他依然十分关心,还来此看望过他,可谓共生死共患难的部队情缘让人割舍不掉。比如说,当时任国务院副总理的陈毅一次路过北大时来看望了他。陈毅见到临湖轩前面的草坪上长着郁郁葱葱的竹林,便笑着对冯定说:"你像贾宝玉住进了潇湘馆。"新四军将领粟裕也来北大看望过冯定,也说过与陈毅类似的话。这个在新四军时被项英评价为"不可多得的教育人才"的冯定,确实名副其实。

---

① 大鸣:大鸣是相对于以往言论自由的小鸣而言的。以往言论自由的三重门槛决定了只能是极少数精英的小鸣,现在既然是绝大多数人的自由,就需要与绝大多数人相适应的大鸣,只有大鸣才能形成和适应大众政治。一是发表言论自由的主体大,大到包括中华人民共和国所有公民的程度,而不像以前那样只包括极少数政治精英、经济精英和文化精英。二是言论自由覆盖范围大,公民不仅有权表达自己的利益诉求,同时有权表达对本单位、本地区、本部门乃至本国家所有问题的政治诉求。三是容纳言论自由的渠道大,大众政治的广泛性决定了言论自由渠道的多样性,而传统媒体的狭窄渠道只适合于精英政治,无法适应广大普通劳动者自由表达言论的大众政治。大放:无论是封建社会的为民做主,还是资本主义社会的以民为主,人民始终都只是被管理的客体,而"文化大革命"所要建立的由民做主,则破天荒地使人民第一次成为政治管理的主人,成为社会管理的主体。

从对"大鸣大放"的这个解释来看,中共中央实施"大鸣大放"政策的初衷是美好的,只是当时民众的政治素养、文化修养和个人修养的水平参差不齐,在实施"大鸣大放"政策的时候出现了偏差.

2. 再搬教授聚居的燕东园

1957 年 12 月 17 日,冯定家搬到了燕东园,住在 31 号,冯定在这里住了将近一年时间,又于 1958 年 11 月搬到了燕南园。冯定在燕东园住的时间虽然不算长,但令人难以忘怀。

燕东园 31 号是带有花园的独栋两层小楼,周围用松墙隔开,冯定家住东边,一楼有客厅、餐厅、厨房、杂物间以及保姆和警卫员的房间,客厅朝南连着玻璃花房。楼上有三间房间,是冯定夫妇和三个儿子的卧室及冯定的书房。

燕东园的气氛跟冯定曾在上海居住的康平路政府大院及来北京住的马列一分院是完全不一样的,这里弥漫着浓浓的书香气息。燕东园和燕南园住着的大都是知名的学者教授,还有学界泰斗。燕东园 32 号住着西语系的高明凯教授,巴尔扎克的《人间喜剧》就是他翻译的。36 号住着生物系的赵以炳教授,40 号住着中国计算机界的元老徐献瑜教授。当时住在燕东园的还有法律系的陈守一教授、化学系的邢其毅教授等。燕东园 31 号西首住的是著名美学家蔡仪,搬到燕东园 31 号东首的冯定首先去拜访蔡仪却数次不遇,便由任继愈老师陪同拜访了贺麟和洪谦。

1958 年年初冯定夫妇在燕东园 31 号寓所花架下

1958 年冯定在燕东园 31 号家中客厅与哲学系青年教师亲切交谈

冯定住在燕东园时,家中常高朋满座,来拜访的有著名的学者教授、社会名流、冯定夫妇昔日的战友和同事,还有北大哲学系的青年教师和学生。冯定有时也会带夫人袁方拜访住在燕东园的教授们,冯定与教授们的关系十分融洽。

顺便提一句,冯定刚到北大时是配有警卫员的。给首长配备警卫员是沿袭战争时期的做法,解放初期政府部门部级以上干部都配有警卫员,北大当时只有冯定和陆平副校长有警卫员,陆平是从铁道部副部长的位置调到北大来任职的。

3.再搬燕南园

冯定家在燕东园住了差不多一年的时间,又于 1958 年 11 月 14 日举家搬到了燕南园 55 号住。1968 年"文化大革命"时期被批斗时,冯定被赶到蔚秀园一间小屋子里居住了近一年时间,再在燕南园 64 号住了一段时间,其余的时间冯定都是住在燕南园 55 号的,他在这里住了大约 20 年。燕园是冯定身心栖居之所。

第二节　北大哲学系开门办学时冯定的因材施教

1958 年 4 月,党的八届二中全会提出"鼓足干劲,力争上游,多快好省地建设社会主义"的总路线,又开始掀起一场轰轰烈烈的"大跃进"运动。那时有个口号叫"一天等于二十年",全国人民大比干劲,"一万年太久,只争朝夕"。在北大哲学系的会上,有教授提出要在一个月内贡献几十万字的著作,有些学生说要在一年内完成几卷本的《中国哲学史》。当时中宣部在原北大的子民纪念堂每周都会召开一次小型的座谈会,相当于是给理论界如何落实总路线做动员工作,北大参加会议的是陆平、冯定和汪子嵩三人。对会上的某些宣传,他们虽感到疑惑,但在当时也只能疑惑而已。

一、冯定在开门办学时的因材施教

大学在"大跃进"的形势下,为紧跟形势,实行开门办学。1958年的暑假,哲学系组织二、三、四年级的师生到大兴区芦城乡开门办学。在下乡之前,冯定先调查了解了学生的思想状况,然后以"改造我们的学习"为题,给全体学生讲了两次课。冯定第一次讲课时从理论上讲得多一些,他强调:"知识分子要同工农大众相结合,教育要同生产劳动相结合,不要认为大学生参加体力劳动就降低了身份,不要认为党员工作了几年再去劳动就吃了亏。要下决心做普通劳动者,先成了普通劳动者,才能做普通劳动者当中的专家。"他进一步举例解释说:"大革命时期,汪精卫要'反水'之前,对共产党人说:'你们这些口号写写文章是可以的,怎么能真做呢?'但马克思主义者不是那样的假革命,只要真学习马克思主义,就要付诸实践,懂得了就要兑现。"冯定第二次给学生讲课时既动员鼓励学生到农村参加锻炼,又布置了学习任务:"你们要注意在实践中调查研究,解剖麻雀。参加一季农业生产的全过程,很有必要。这是一门学问,不是浪费时间。搞过基层的人才比较有办法,讲话人家才要听,因为他解剖过麻雀,情况吃得透。你们到农村劳动几个月以后,要是一口气能举出农村实际生活中的一二百对矛盾、三四十对矛盾的转化,那就很有收获了。"

这次下乡劳动,哲学系的师生包括体力尚可的老教授都一起下乡了,冯定也经常下乡讲课。他们去的农村是有名的京西大米产区,那年农村正是一派丰收景象。哲学系师生下乡时正好参加割稻劳动,虽然非常辛苦,但丰收的喜悦冲淡了辛苦感,大家还热情地参加当时号召的"人人作诗"比赛。不过,大家参加劳动没几天就听说要建立人民公社,跑步进入共产主义义了,难怪大家发现刚从地里收摘的花生都堆在路边,问生产队长为什么不拉到仓库去,队长回答说"横竖是大家的,摆在哪里都一样"。很快大家便敲锣打鼓迎接人民公社的建立,开设公共食堂,哲学系师生可以和农民一起,放开肚子吃大米和白面馒头,公社还宣布对农民生活的许多方面实行十几"包",真是让人感觉很快就要进入共同富裕了。

由于系主任汪子嵩坚持认为既然是开门办学,学生参加劳动后还得要学习,所以同学们在农村参加劳动期间,同时继续学习马克思主义哲学、外语等四门课程,实行半耕半读。在这期间,冯定专程来给学生讲了六七次历史唯物主义课,还做过下乡两个月的小结报告。冯定在讲课中总会把这次的劳动结合进来,比如他说:"你们这两个月参加劳动,对于养成劳动习惯,增进对劳动人民的感情,用唯物辩证法的观点看事情等方面,是大有帮助的。这些方面是社会的根本,也是马克思主义的根本,这些基本收获,将来的作用是累进的。我希望同学们把苦修苦炼的成果发扬光大,不要有'镀金'思想、'苦熬一阵子'的思想。""你们要一边参加劳动和基层工作,一边刻苦学习四门功课,用学到的理论去调查研究、总结经验。理论就是对实践的总结,理论水平就表现为总结的能力,表现为对一切事物的评价及其改造上。懂哲学,就是对大大小小的东西都能总结起来。空心糖豆是滚不远的,有了实际作为核心,才能逐步扩大。""你们要注意总结自己的点滴体会,写写小文章;要到群众中搞哲学普及工作,可以从有没有狐仙讲起,可以用讲故事的办法,还可以附上插图。"

二、学生活学活用哲学,成绩显著

开门办学在当时被认为是一种最理想的教育方式。"最理想的教育取决于几个不可或缺的因素:教师的天赋、学生的智力类型、学生对生活的期望、学校外部(邻近环境)所赋予的机会,以及其他相关的因素……教育的成就取决于对诸多可变因素的精妙调整,因为我们是在与人的思想打交道,而不是与没有生命的物质打交道。"[①]北大有学问丰富、思想深刻的教师,有勤奋好学、喜欢思考的学生,更有学好本领为社会主义建设做贡献的极大热情。因此,在冯定的鼓励与引导下,哲学系1956级二班的同学不仅写了一些调查报告,而且还集体编写出版了《说三国,讲哲学》《说水浒,讲哲学》等通俗读物。什么是哲学?哲学是能用来分析问题和解决问题的学问。什么叫懂哲学?用冯定的话说,就是能对大大小小的东西做总结、做评价。在此,来看看1956级的同学们是怎样通过学哲学、用哲学来"说三国,讲哲学"的吧:

---

① 怀特海.教育的目的[M].庄莲平,王立中,译.上海:文汇出版社,2012:9.

张绣追曹军先败后胜——谈谈用发展、变化的观点看问题

张飞夜袭曹营——谈谈克服片面性

诸葛亮隆中献策——谈谈人的正确认识和才能从哪里来

博望坡军师初用兵——谈谈实践是检验认识是否正确的标准

诸葛亮舌战群儒——谈谈用全面的观点看问题

从蒋干盗书到周瑜打黄盖——谈谈假象与本质

草船借箭——谈谈必然与自由

连环计——谈谈必然与偶然

借东风——谈谈认识规律和运用规律

赤壁之战——谈谈正确发挥主观能动作用

诸葛亮智算华容道——谈谈主观必须符合客观

刘备南征降四郡——谈谈内因和外因

甘露寺刘备招亲——谈谈坏事与好事的相互转化

曹操冰城拒马超——谈谈认识和利用条件

徐晃背水为阵——谈谈正确对待别人的经验

关云长败走麦城——谈谈因果关系

关公"显圣"和曹操"感神"——谈谈唯物主义的鬼神观

张飞阆中遇害——谈谈非对抗性矛盾与对抗性矛盾的转化

火烧连营七百里——谈谈主观主义的危害

诸葛亮智破五路敌——谈谈具体问题具体分析

三江城下撮土成梯——谈谈量变与质变

孔明南征不耻下问——谈谈向群众学习与正确认识的关系

马谡拒谏失街亭——谈谈反对本本主义

空城计——谈谈矛盾的特殊性

诸葛亮二攻陈仓——谈谈反面经验的作用

邓艾大破姜维军——谈谈一分为二

再来看看同学们是怎样通过学哲学用哲学来"说水浒,讲哲学"的:

三打祝家庄——谈谈调查研究

巧夺华州府——谈谈怎样发挥人的能动性

智取生辰纲——谈谈用计和巧干

三阮芦荡斗官军——谈谈利用有利条件

宋江大破连环马——谈谈抓主要矛盾

林冲棒打洪教头——谈谈事物发展的曲折性

吴用为什么弄巧成拙——谈谈具体情况具体分析

逼上梁山——谈谈物极必反

武松打虎——谈谈对抗性矛盾要用对抗的方法解决

黑旋风为什么斗不过浪里白条——谈谈事物的条件

时迁偷鸡和打祝家庄——谈谈必然和偶然

武松中计——谈谈假象和本质

从李逵接娘说起——谈谈好事与坏事的互相转化

李逵错砍杏黄旗——谈谈犯错误的认识论根源

看到60多年前的北大哲学系本科生交出的这份作业,真让人感慨万千。一方面,冯定的启发性教学对他们起到了启而便发的作用。冯定把马克思主义哲学称为新哲学,学生学习时不应当认为马克思主义哲学只存在于马克思主义的著作和哲学教材里,而是广泛地存在于人们的生活领域、经济领域、政治领域、社会领域以及自然科学领域。新哲学是"应用哲学",能在现实中被活生生地应用,是人们天天能见到和经常使用着的"法币",它不但可以应用而且还应用得极其广泛。另一方面,学生们学习的主动性和自觉性应该是相当强的,不但做到了学思结合,还做到了学用结合,《说三国,讲哲学》和《说水浒,讲哲学》就是学用结合的成果。《说三国,讲哲学》和《说水浒,讲哲学》的出版前言中讲到一百四十年前马克思就说过,"哲学把无产阶级当作自己的物质武器,同样地,无产阶级也把哲学当作自己的精神武器"。从此以后,无产阶级的先锋队——共产党人,就一直自觉地把马克思主义哲学作为自己思想和行动的理论基础。但是,要真正使辩证唯物主义为全体人民所掌握,成为人人都能自觉遵守和运用的思想方法和工作方法,至今还是一个理想。特别是在我们这样一个人口众多、平均文化水平较低的国家,人民学习哲学不但受到文化水平的限制,而且还受到几千年来各种旧的习惯传统和愚昧、落后的精神枷锁的束缚。要想普及和提高全民的哲学修养,使人人都在思想上真正获得解放,这是一个比建设物质文明更为艰巨的任务,是只有经过几代人的持续努力才能逐步实现的伟大理想。

三、冯定做下乡两月总结报告——"方针是正确的"

1958年10月22日,冯定给哲学系师生做了下乡两个月的劳动与教学相结合的总结报告。此总结报告以"方针是正确的——哲学系师生下乡两月的总结报告"为题目发表在了《北京大学学报》1958年第4期上。冯定在总结中提出了四大收获。他认为第一个收获是"我们切切实实进行了劳动生产,其中参加了麦田深翻和割稻,就好像是参加了两大战役"。同学们参加劳动后,思想开朗了,精神愉快了,体力增强了,患神经衰弱的很多同学也都有起色了;至于吃饭比以前更香、睡觉比以前更甜更是普遍现象。同学们对农村环境已开始适应。会劳动、懂劳动,就有了接近劳动人民和体会劳动人民的路径。第二个收获是联系群众和从事社会工作方面的。和群众一起劳动、一起生活,消除与群众之间的"墙"和"沟"就能很好地接近群众。现在几乎每个人都负担些社会工作,这使我们的学习和研究能真正有条件去联系实际,这很好。第三个收获是教学与科学研究方面的。各队都进行了社会调查,或多或少得到一些材料,也结合实际讲过课,主要是进行思想总结。第四个收获是思想上的,也是最主要的。许多人对劳动已有所体会,对劳动已有了感情,这很好;因为对劳动有了感情,就会增强对劳动人民的感情。冯定认为,大家在劳动中如能对劳动、对劳动人民产生感情,而且在自身中对世界事物也产生了对劳动人民那样的感情,那就是立场和观点在改变了。在劳动中,在人和人的相处中,发现了劳动人民的高贵品质,这是很大的收获。以教学结合劳动为中心的收获是很大的,已足以证明教学改革方向的正确。

冯定对今后怎么做还提出了几点建议:

第一,最根本的还是要对劳动和劳动人民有更好的认识。共产主义社会有一条最基本的原则,即每人都要劳动,也只有这样才能实现"各尽所能,各取所需"。真正的劳动人民是习惯了劳动的,一天不劳动就会觉得不舒服。劳动是教学改革中最基本的,我们必须坚持。劳动能锻炼我们的身心,创造和群众接近的最好机会,便利于我们的调查研究,便利于我们做好社会工作,给我们的教学和科学研究提供了材料,奠定了基础;而最重要的是使我们能有劳动群众的思想意识。所以我们在劳动中的前途是无限光明的,切勿自暴自弃。年轻人必须学会劳动,学懂劳动。

第二,对干部和群众要有更进一步的认识。我们必须认识到农民有他进步的地方,也有他不够进步的地方。我们如果发现干部有缺点,更应分清一个指头与九个指头的关系。总之,对于群众也好,对于干部也好,我们必须从各方面,从整个趋势来看,而不要单方、片面来看。除劳动之外,做社会工作是联系实际的主要环节。要积极主动搞社会工作,始终为群众着想,帮助群众进行"文化革命"、技术革命,但决不"喧宾夺主",包办代替。要土洋结合,要因地制宜,就地取材。文化教育工作,我们可以多搞些,但也不要离开当地的干部而独搞,更不要因工作有些成绩而骄傲起来。

第三,对教学工作还要继续增强正确的认识。我们参加劳动,除了好去接近和体会劳动人民以外,主要是要在结合实际中来巩固立场和学习方法(发现问题、解决问题)。我们必须养成自觉、主动的学习习惯。学习方法多种多样,劳动是学习,看书是学习,辩论是学习,学文件、听报告是学习,总结经验也是学习。

第四,对科学研究工作也还要继续增强正确的认识。真正的理论,就是从劳动生产中,从实际工作中,发现问题、总结问题,再去指导生产和其他实践。

第五,对思想改造还应有深刻的认识,必须注意思想问题。共产主义萌芽的出现,说明我们的社会已在起急剧的变化;我们的劳动、学习、研究和工作等等,都是为了社会主义的迅速建设而一步一步为实现共产主义创造条件。共产主义革命,是每一个人必须经过的自觉的革命。共产主义要求个人的本位的近小利益,必须服从集体的、全民的远大利益。共产主义革命,一方面要使知识分子成为劳动者,一方面要使劳动人民获得知识。现在还想一己、一生做个"知识分子""大学生"而高人一等,不积极改造自己,是完全违反社会发展必然趋势的。

第三节　应邀赴福建讲学的趣事

1962 年的年末,冯定应中共福建省委书记叶飞的邀请去福建讲学 50 多天,1963 年春才返回北京。当时,北大哲学系派李存立(后来在铁道部党校做教授)作为他的助教,根据冯定的意见,李存立需要以通信方式协助冯定指导其在北京的 7 位研究生。由于每天都和冯定生活在一起,李存立对冯定的想法、研究问题的思路、为人处事的态度和方法都有最为直观、最为切身的了解。在同冯定的日常接触中,李存立一点也察觉不出他作为名家和高级干部的架子,对李存立而言,冯定更像一位慈善祥和的忠厚长者,一位循循善诱的良师。当时冯定的一句座右铭是一位中央领导同志说过的"不求谋政于朝,但求论道于世"。冯定专心致志地研究和声情并茂地宣传马克思主义,这种"论道于世"体现出来的是有独立人格和独立见解的学者风范,没有半点追名逐利的官场政客的影子。

一、门上的字条为什么不见了

李存立记得冯定到福建讲学的首站是福州。在福州讲学时,他和冯定夫妇是住在同一个招待所的。冯定和他的夫人住在楼上,李存立则住在楼下。每天来拜访冯定的老战友、老朋友很多,每次冯定都热情相迎,亲切交谈,恭敬相送,有时会迎送到很晚。李存立作为冯定的助教,担心冯定这样太累,会影响他的休息和工作,就擅自在一楼门上贴了个比较醒目的字条:"请来访者先与一楼李助教联系。"李助教之所以请来访者先跟他打声招呼,是从利于冯定的休息和工作安排的角度着想,是想挡掉一些人的"打扰"。可是第二天早上,李存立开门一看,发现自己贴在门上的字条已没了踪影。吃早饭的时候,冯定和蔼地告诉李存立:"小李,你肯定在想门上的纸条哪里去了吧,是我昨晚送客人出门后回来把它撕掉的。我知道你的用意是好的。可我们不能这么做,条子一贴,我的架子就大了。来看我的都是一些多年未见的老朋友,也有一些其他的热心人。只要我在,不管他们是什么身份,随时来我随时见,你千万不要挡。""我知道了,冯老师,是我考虑欠周,还请原谅。"李存立有点儿不好意思地说。"小李,你是好意,为我的工作和休息着想,你没有错。"冯定笑了笑随和地说道。冯定的待人之道,毫无官气,让李存立十分感动。李存立清楚地知道,冯定白天要在大礼堂做报告,晚上还要一批一批地接待来访的客人,真的十分辛苦。平凡的真理来自平凡的人、平凡的事、平凡的物,平凡的真理写进书,握在手,讲在口,落在行。这就是典型的襟怀坦荡的学者形象。

二、浅出的故事,深入的哲理

李存立陪冯定在福建讲学期间,在休息的时间里他们去参观过一些名胜古迹或风景优美的景点。在游览的途中,冯定常给李存立他们这些陪同在身边的青年工作人员讲些笑话故事之类的,让大家在一笑之后还若有所悟。让李存立印象最深刻的是冯定讲的关于一个胡作非为的赖皮鬼的故事:

> 从前有个称霸一方的波皮,他总是胡作非为,无人敢碰。这个波皮不但面目狰狞,贼眉鼠眼,而且头长得异常不光滑,疙疙瘩瘩的,十分难剃。这个波皮每次去理发店剃头,都让老板和剃头师非常害怕。因为

他经常扬言,如果谁剃不好他的头,甚至只要碰破一点皮,谁的头就别想要了。因此为这个难剃的头挨打甚至丧命的已大有人在。这一次,他走进一家理发店要求剃头,一些师傅唯恐避之不及,可是一个小伙计却手持剃刀欣然应对:"这个头我来剃。"泼皮厉声问道:"你可知道规矩?"小伙计回答说:"不就是剃不好你的头,或弄破了你的头,就割下我的头吗?"于是,小伙计开始静静地给泼皮剃头,不一会儿就剃好了,连一点儿皮也没有碰破。这个泼皮感到非常惊讶,就问小伙计:"你怎么敢接这活儿的?"小伙计从容应答道:"我已经想好了,如果剃头时碰破了一点皮,反正难免一死,我就立刻照你的脖子上狠来一刀,看谁先割谁的头。横下一条心,心静了,也就敢接了。不怕了,手也就不抖了,结果这头就剃好了。"泼皮听了这些话后,心中不免一怔,以后再剃头时,气焰就没这么嚣张了。

这个故事虽然简单,但寓意很深刻,冯定是想告诉大家做事不要怕这怕那的,就是面对杀头的危险,也不要害怕。只要横下一条心来,想好应对的计策,胆子大了,心静了,事情反倒能做好。

第五章　风雨二十年:磨难中的冯定

一般就自然现象而言,"飘风不终朝,骤雨不终日",可就中国 20 世纪五六十年代的社会现象而言,社会运动的狂风暴雨不要说可"终朝""终日"了,甚至可"终数月""终数年"。人不讲理时,是没有任何行为规律可循的。人要无端损人时,也是没有任何人性人情可以阻止的。这正应了一句诗语:"有人问我事如何? 人海阔,无日不风波。"

第一节　"反右派斗争"中的态度和"主观能动性"讨论埋下的隐患

一、"反右派斗争"中的不应和态度

"反右派斗争"是于 1957 年发起的一场波及社会各阶层的群众性大型政治运动。1957 年 4 月 27 日,中共中央公布《关于整风运动的指示》,决定在全党进行一次以正确处理人民内部矛盾为主题,以反对官僚主义、宗派主义和主观主义为内容的整风运动,发动群众向党提出批评建议。

但是,由于对 1957 年春夏的国内阶级斗争形势估计得过于严重又采取了大鸣、大放、大字报、大辩论的形式,在全国开展了一场群众性的政治运动,致使"反右派斗争"严重扩大化。

在 1957 年夏的"反右派斗争"和 1958 年处理右派的工作中,冯定参加过一些校领导的会议,他当时所持的观点是赞同批评青年学生中的错误思想,但认为解决青年人的问题主要依靠教育和引导,而不是批判和做组织处理。在这点上,冯定与江隆基副校长的观点比较接近,但当时被认为是

"右"。带来的直接后果就是,江隆基由于领导反"右"不力,被撤职调离北大。

"反右派斗争"还未结束,进入20世纪60年代后,"反修防修"①的问题又被提了出来。在哲学界、历史学界、经济学界,不断有学者的观点被指斥为修正主义思想。比如说,马克思主义经济学家孙冶方②只是因为说了一句"千规律、万规律,价值规律是第一规律"就被申斥为宣扬修正主义观点。冯定不完全赞同这些指斥,觉得这很不公道,但又没有公开表达自己意见的机会。

二、1959年关于"主观能动性"的讨论为冯定的思想遭批判埋下了隐患

1957年下半年以来国际国内出现了一些复杂情况,党在指导思想上发生了"左"的偏差,在经济建设上急于求成,在"左"的狂热下提出了"人有多大胆,地有多大产"的主观唯心主义的口号,忽视了经济规律,夸大了主观意志和主观能动性的作用。在"以阶级斗争为纲"的思想指导下,"左"的错误在政治和思想文化方面也有发展。"主观能动性和客观规律性问题"的讨论与当时国内的政治、经济形势紧密联系,已不仅仅是单纯的学术争论,政治色彩越来越浓,也影响到以后的学术争论,把不属于阶级斗争的正常的学术争论问题看作阶级斗争,把争论中出现的不同意见"上纲上线",视为"路线斗争""阶级斗争",在学术研究的讨论方面开了一个极为不好的头。

1959年3月25日,中科院哲学所召开小型学术讨论会,邀请冯定参加这次讨论会。哲学所的吴传启忽然心血来潮,发表了一个自认为的"妙论"。他说"我看主观能动性,要符合客观规律,否则不叫主观能动性。反动派就没有主观能动性……",冯定听到这里实在按捺不住,立即予以反驳:"强调

---

① "反修"指的是"反对修正主义",20世纪60年代初,由于苏共领导人挑起中苏两党论战,并把两党论战扩大为两国之间的争端,对中国施加政治、军事、经济压力,在对苏共理论的意识形态界定上,中共认为是"修正主义",因而提出了"反对修正主义"的口号,并以此在党内开展"反修防修"的斗争。在一些重大的理论问题上,将本来是马克思主义、社会主义的东西当作"修正主义"、资本主义来批判,把坚持马克思主义原则的领导干部指责为"反革命修正主义分子".

② 孙冶方(1908—1983年)原名薛萼果,化名宋亮、孙宝山、叶非木、勉之等,无锡玉祁镇人,模范共产党员,我国著名的马克思主义经济学家,老一辈无产阶级革命家。新中国成立后担任过上海财经学院院长、国家统计局副局长、中国科学院经济研究所所长、中国社会科学院经济研究所顾问和名誉所长、中国社会科学院顾问、国务院经济研究中心顾问;也是政协第五届全国委员会委员、国务院学位委员会评议组成员和中共中央顾问委员会委员.

人的言行,要符合客观规律,这是对的。但不能无限夸大,竟说反动派没有主观能动性,蒋介石是反动派,他同我们打了几十年,杀了我们多少人,难道说蒋介石没有一点主观能动性吗?"这时吴传启急了,也许是一下找不到反驳的理由,就信口开河指责冯定说:"你这是替蒋介石辩护、擦粉!"冯定这时拍案而起,直指吴传启的鼻头痛斥:"你是什么东西! 我们闹革命、同国民党打交道时,你在干什么?"就这样你一言我一语的相互指斥,弄得大家不欢而散。实际上,认为"反动派就没有主观能动性"不是吴传启一个人的看法,而是吴传启、关锋和林聿时他们"三人小集团"的一致认识。后来为了掩盖这次讨论落下的话柄,又大大小小开了多次关于"主观能动性"的讨论会。北大有位年轻老师查阅经典著作后指出:"主观能动性是人区别于物的特征,连其他高级动物也有主观能动性,如猿猴等。反动派是人,当然也有主观能动性。"对这个问题的讨论最后不了了之。从此,冯定同吴传启等三人关系破裂。"主观能动性"的讨论让关锋、林聿时、吴传启"三人小集团"耿耿于怀,他们指使其爪牙在《平凡的真理》一书中找突破口,煽风点火,大肆讨伐冯定。

第二节　教科书风波:在北大首次遭受批评

一、任北大本主编,突击编写哲学教科书

1959 年冬天,按照中宣部的部署,中央、北大、人大、上海、吉林、湖北都要编出一部哲学教科书。北大本由冯定担任主编,参加编写工作的人很多,除了辩证唯物主义和历史唯物主义教研室的绝大部分教师之外,还从哲学系的学生中抽了一批人参加。冯定作为主编,就以他向新生讲授马克思主义哲学的思路为基础,提出了一个打破把辩证唯物论和历史唯物论分为"两大块"的方案。一开始讲总论,把唯物论与辩证法统一起来,历史唯物论的基本观点也渗透在里面;然后按照辩证唯物主义自然观、辩证唯物主义历史观和辩证唯物主义认识论来展开论述;最后讲作为自然、社会、人类思维一般规律的唯物辩证法及其范畴。写出的教材初稿分为九章,冯定亲自执笔撰写绪论部分。后面的各部分由师生们分头编写,因为时间太紧,大家各自为战,集体研究讨论并不充分,主编也没有时间统稿审改。编写组内部的思想认识也没有统一起来,各章初稿的水平参差不齐,不尽符合冯定提出的体

第五章　风雨二十年:磨难中的冯定

系方案。中间讲辩证唯物历史观那一章,从劳动生产、人民群众、阶级和阶级斗争、国家与革命、战争与和平,讲到教育、文艺、道德、宗教、科学技术等方面,内容包罗万象,篇幅很长,鼓出了一个大肚子。在很多问题的表述上,又尽量为当时的政策、方针做解释和辩护,因而难免带上"左"的时代烙印。讨论会议要求各本书继续修改,不要搞成"陆定一"(六本定为一本)。

二、教科书"原则性的缺点"引发的冯定专题检讨会

可惜,思虑严谨、学风独特的冯定似乎并不为北京的哲学圈所容纳。

1960 年反对现代修正主义的斗争开展以后,冯定色彩浓厚的人生观哲学很容易招致异议。1960 年 3 月,在中央高级党校召开了讨论六本书稿的哲学教科书讨论会,在当时"左"的氛围下,会上的某些意见有些偏激,包括对北大本绪论的意见,有人说它有"原则性的缺点",这种评断其实是缺乏客观公正性的。听到"原则性的缺点"这样几个字,到会的北大哲学系的人员大惊失色,而这部分正是冯定所撰写的内容,哲学系党总支部书记王庆淑紧张得急忙递纸条给助教高宝钧,让他发言时说事前没看过冯定写的那一章。哲学系党总支部在中央高级党校揭发冯定主编的教科书有问题后,在教学检查活动中抢先布置对冯定的专题检查。可笑的是,就在这之前不久,哲学系还高调总结了冯定的教学经验,并在校刊上醒目刊出。当然,在那个把一切都上升到政治高度的年代里,在人人自危的环境下,为了赶快划清界限来自保,知识分子群体里有如此可悲可叹的自相矛盾的举动一点也不奇怪。哲学系一而再、再而三地开冯定的专题检查讨论会,让冯定无法冷静面对。

讨论会后,冯定虽然因为受到批评而颇受打击,但并不气馁,他在 1960 年 5 月 29 日提出了修改的设想。冯定肯定了这次编书的收获:

> 打破了旧的传统,在理解和体现毛泽东思想上作了努力。他说,就好像演戏新出场的人,打扮得虽然不够好,但红脸总还是红脸。冯定认为初稿有三个问题修改时需要注意,一是世界观决定人生观,不要单独讲人生观,如果把个人提出的种种人生问题,帮他一个个解释,那样比较被动。二是讲任何一个问题都要把辩证法和唯物论结合起来。三是马克思和恩格斯创立历史唯物主义,出现了很多独立的新的范畴。讲哲学要以今天为中心,立足于当代现实、当代的阶级关系,在这个基础上继承以往对它有用的东西。全书的结构要以历史唯物主义为中心,原来只作为一章还不行,各章之间太不平衡。

从中他归纳出三条原则:一是讲任何问题都要把辩证法和唯物论结合

起来,贯穿社会实践;二是以历史唯物主义为中心,讲自然科学问题是为社会实践服务的,此书要与专门的自然辩证法教材有区别;三是历史唯物主义的范畴要分章专门讲。他这次设计的书稿结构共 24 章,其中有 11 章是历史唯物主义问题,居于全书中心地位。

但是就在冯定提出修改的设想之后没有多久,除他本人之外,参加北大编书的骨干都奉命集中到北京市委党校同人大和市委党校的同志一起另编一个"北京本",北大本的修改就被搁置了下来。后来"批判"浪潮接踵而至,也使编哲学教材之事化为泡影。

第三节 《共产主义人生观》被批判时的困局

一、被批判的直接原因:拒写批杨文章

在 1963 年开始的"四清运动"中,国内阶级斗争以及资本主义、社会主义两条道路的斗争被定为中国社会的主要矛盾。国际上要反对修正主义、帝国主义和各国反动派,反映到哲学界就是主张矛盾是绝对的,同一是相对的,"一分为二"的斗争哲学必定占主导地位。对此,党内一位理论家杨献珍的解释是"合二而一",强调统一是事物的常态,对立存在于统一的框架里。1964 年 7 月 17 日,理论界秉承上面的意旨,《人民日报》点名批判中共中央高级党校前校长杨献珍的"合二而一"论,康生称其为阶级调和论。接着《红旗》杂志发表了《哲学战线上的新论战》一文,批判杨献珍在国内外阶级斗争尖锐化的时候,有意识地适应国际现代修正主义和国内资产阶级、封建残余势力的需要,宣传矛盾调和论,批杨"是一场意识形态领域中的阶级斗争"。报纸上陆续发表了一系列的批判"合二而一"的文章。在这个批判中虽然发表的文章很多,但著名哲学家里只有一个人写了文章,对此康生很不高兴,为了壮大声势,要求找当时极有影响的人物来写文章。于是康生就派《红旗》杂志的编辑去找冯定。冯定知道这是强人所难,又不好直接拒绝,只是推说对这个问题尚无研究,写不出有分量的东西,实际上是婉言拒绝,令来者大失所望。当那位编辑走了之后,冯定非常生气地对妻子袁方说:"'一分为二'与'合二而一',这是唯物辩证法的常识,有什么好批判的?"

这次拒绝在一些人看来,就是拒绝将功折"罪",这成为冯定政治命运中的一次大转折,他隐隐意识到批判的矛头早晚会落到自己的身上,但他没想

到来得如此之快。

曾任《光明日报》副主编的张义德是冯定的学生,他曾看到光明日报社在1964年编的《情况汇编》中有一篇材料,说北大哲学系青年教师郭罗基、孙伯揆赞成"合二而一"的观点同冯定有关。材料中提到,北大哲学系教师在冯定主持下编写哲学教科书,在拟定编写提纲时,有一节原题是"'一分为二'是事物发展的普遍规律",冯定看后说:"一分为二,一分为二,分到什么时候才算完?"他表示不同意这样的表述,还是以对立统一规律为宜。冯定有这样的想法,不愿写批评"合二而一"的文章是很自然的。当时,《光明日报》的内参是要送康生的。康生知道冯定是因为有这样的想法,所以不愿意写批判文章。冯定这等于是宣告自己赞同杨献珍的观点,被批判也就在劫难逃了。

二、冯定的"共产主义人生观"思想遭到批判

1964年下半年开始,冯定遭到了批判。1964年9月23日,党中央办的理论刊物《红旗》杂志第17、18期合刊上,发表了一个叫张启勋的人撰写的批判冯定的文章——《评冯定的〈共产主义人生观〉》。这是第一篇公开发表的点名评判冯定的文章。《红旗》杂志在批判文章前面刊载了张启勋给《红旗》编辑部的来信。据来信称,他先向《中国青年》投稿,结果遭到了退稿,他不甘心,又把稿子投到了《红旗》杂志。《红旗》杂志不只是在文前刊载了张启勋的来信,而且还刊载了编者按。编者按说:"张启勋同志给本刊的一封来信,对冯定同志的《共产主义人生观》的一些重要观点,提出了原则性的批评,这是一件很好的事情。据编者所知,在冯定同志所著的另外两本书中,即《平凡的真理》《工人阶级的历史任务》中同样存在着张启勋同志来信中所批评的这类观点和其他还需要批评的观点,我们希望读者和作者一起对此进行研究和讨论。"《红旗》杂志的这个编者按首先肯定了批判冯定"是一件很好的事情",由于《红旗》杂志是党中央办的理论刊物,这等于是正式表明了中央对批判冯定的态度。其次,根据这个编者按,对冯定批判的范围将不局限于《共产主义人生观》一书中的个别观点,而是要扩大到他的另两本著作《平凡的真理》和《工人阶级的历史任务》中。从此就开始了在全国范围内对冯定长达几个月的批判。

1964年9月25日,北大校党委召开扩大会议,讨论《红旗》杂志署名文章对冯定著作的批判,周培源副校长传达了毛泽东对冯定著作的批评——"你们那里的冯定,我看就是修正主义者,他写的书里讲的是赫鲁晓夫那一

套。"那么,周培源是怎么知道毛泽东对冯定的批评的呢？这与 1964 年 8 月北京科学讨论会的召开有关。

1964 年 8 月在北京召开了北京科学讨论会。8 月 23 日,毛泽东同党和国家的其他领导人接见了参加讨论会的全体科学家。8 月 24 日,毛泽东又约于光远、周培源谈话。本来是谈自然科学的,但毛泽东突然话锋一转,对周培源说了"你们那里的冯定,我看就是修正主义者,他写的书里讲的是赫鲁晓夫那一套"这句话。作为副校长的周培源听了这句话,心里的震颤应该不小。不过,《红旗》杂志发表的批判冯定的署名文章是在 9 月 23 日,从这个时间点上讲,康生授意《红旗》杂志批判冯定应该是在 8 月份已通过某种方式把冯定有问题的风吹到毛泽东的耳朵里去了,或许康生判断毛泽东已经知道了他们批判冯定的事情,所以在 9 月就大胆地发表了那篇文章。

其实,要批判冯定的事,北大党委在 9 月初就已知情。当时,北京市委大学部通知北大党委将要揭露冯定的修正主义。9 月 13 日,北大党委会进行研究,并于 9 月 18 日向市委、中央宣传部撰写了《关于批判冯定同志的修正主义观点的请示报告》,表示这是一场严肃的马克思主义与修正主义的斗争,北大党委决心在中央、市委的领导下,尽力把这场斗争搞好。北大党委还秘密组织了一个班子,查阅了冯定 1932 年起所写的所有著作、文章和报告稿,编写有关冯定错误论点的资料。而对于这一切,当事人冯定恐怕是被蒙在鼓里的。

1964 年 9 月 25 日,在讨论《红旗》杂志批判冯定文章一事的党委扩大会上,冯定本人也到会发言,他说:"对这次批判我是有精神准备的,反修以后,我自己也知道过去写的书是匆匆忙忙临时应付,有许多不对头的地方。不过我自己有自由主义,觉得书出版了也就算了。""我一共写了五本书,另外两本书《红旗》杂志按语中没有举,可能也有问题,问题最多的恐怕是《共产主义人生观》。反修以后,我没有清理这些书,没有做消毒工作,也没有向党委报告,这是错上加错。"

三、自己违心"狠批"《共产主义人生观》中的错误

在政治高压下,冯定被报刊点名批判后,已经被剥夺了发言和申辩的权利。他只能以沉默来表示不同意和心中的愤怒。好心的朋友和同志劝他多做深刻检讨,这样对自己有好处。常言道"听朋友劝,得一半",冯定这次听从了朋友的劝告,1964 年 10 月 15 日冯定写好了一篇题为《从头做起——我的思想清理和检查》的文章,送交北大党委和《红旗》杂志社,希望能够发表。

冯定根据张启勋的文章指出的问题,狠批《共产主义人生观》中的错误,不惜达到了全面上纲上线的程度:

> 在国内方面,片面强调建设而不强调革命,片面强调经济而不强调革命政治,片面强调生产而不强调思想改造;在国际方面,片面强调社会主义国家和帝国主义国家之间的外交关系,而不强调支援资本主义国家工人阶级的革命和殖民地半殖民地国家的民族解放斗争;片面强调和平外交,而不强调用革命的两手去对付帝国主义的反革命两手;片面强调世界大战可以避免,而不强调帝国主义的本性不改;等等。

> ……当斯大林死后不久,苏联理论界大谈其反对个人迷信的时候,我毫未察觉这是赫修的最大阴谋。我就认为个人的作用总是不能和群众的作用相比,个人迷信总是不好的。

> 我觉得像斯大林这样有些缺点的领袖固然需要群众,就是最完善的领袖也需要群众。这样,我在个人、群众、领袖的关系问题上,就出现了似是而非的糊涂观念。在《共产主义人生观》中就只强调领袖不能脱离开群众一面,说领袖离开了群众就会寸步难行,一筹莫展;如果还要一意孤行,结果不是经常碰壁,便是永远垮台之类的话。没有分析、区别各种不同的领袖,对好的领袖应该爱护,只说了简单的几句话,片面从不应神化大做文章。忽视了人民领袖的革命对每个人的指导意义和服从人民领袖的必要性。

> 中国并无个人迷信问题,自己就没有想想究竟是写给中国青年阅读还是写给苏联青年阅读的吧,这种脱离中国实际的教条式的理论,结果就不能不犯最严重的政治错误。

> 世界观方面最根本的错误,是往往站在个人主义的立场去反对个人主义,至少是对个人主义让了步,再去反对个人主义。我总是强调,当社会尚未到达共产主义而物质生活尚未非常充裕时,个人主义的出现终是难免的,这就降低了反对个人主义的斗争。

虽然冯定已经如此违心地批评自己的《共产主义人生观》的思想,但在那个复杂的年代,他并没有能够轻松过关,后来还是遭受了一波又一波的折磨。不过学哲学的人多数都挺过来了,或许是因为哲学在无法拯救非理性的疯狂运动分子时,可以拯救遭受磨难的人,能伸能屈也是君子。

四、好在人间还存有救人于危难之际的温情

在冯定遭受批判后,也有仗义执言的,比如季羡林在一次批判冯定"为

了生活而实干"的个人主义哲学的会上,曾说"我同意冯定同志的观点,所以我没有什么话说"。这在当时,是需要大无畏的精神的。有些平常本来与冯定熟识的人却唯恐给自己带来麻烦,采取了避而远之的态度。

不过来往"稀"不等于没有,当年资助冯定上学、支持冯定人生前程的冯君木的两个儿子冯都良和冯宾符及其家人仍然来看望冯定及其家人,由此看来,年轻时就培养起来的情谊本来就不是建立在功利基础上的,因而更经得起岁月与苦难命运的检验,更何况他们还有一层亲情关系。亲情关系恐怕在人危难之际更容易显示出其弥足珍贵。

冯定的孩子称呼冯都良为大伯伯,叫冯宾符为胖叔叔。新中国成立后冯都良和冯宾符两家也住在北京,冯都良在新华社做文字工作,冯宾符担任《世界知识》杂志社的社长。冯宾符家住在东城区无量大人胡同,冯都良家也住在附近。冯定夫妇带三个儿子进城区时常去冯宾符家探访,每逢这个时候冯都良一家也来相聚,大家一起吃家乡菜,喝绍兴黄酒。他们两家也常来冯定家看望,彼此十分亲切。冯定被批判后,冯都良和冯宾符专程来北大看望冯定夫妇,冯宾符还跟冯贝叶、冯宋彻、冯方回三兄弟说要正确认识和理解这件事情。在"文革"中,冯都良和冯宾符及其子女也受到冯定问题的牵连。但就是在这种严酷的环境下,冯都良在新华社做内参的儿子冯彬,仍然时常来看望冯定,与冯定说故论道,不仅在精神上安慰冯定,还带来一些可口的食品给予物质上的补给,冯定曾跟儿子们说:"与冯彬的交谈是我活下去的支持力。"

第四节　"文革"时期遭遇的磨难

一、"文革"时期遭遇非人性的批斗

1966 年 6 月,"文革"开始,冯定被扣上"反革命修正主义分子"的帽子,成为批判斗争的重点对象。在冯定居住的燕南园住宅周围,人们声嘶力竭地高喊着"反革命修正主义分子冯定,赶快交代你的罪行!"冯定住宅的周围墙壁上贴满了诸如"打倒反革命修正主义分子冯定"之类的五花八门的大字报,看大字报的人群一拨接一拨,走马灯似的,还争先恐后地喊叫着"打倒反革命修正主义分子冯定"。冯定只能站在住宅门口的台阶上,整天动也不敢动,连吃饭喝水的基本需求都几乎没有了。

根据冯定二儿子冯宋彻的回忆,冯定曾跟他讲起过在"文革"中挨批斗时的一次经历。一天下午,在"五四"操场接受批斗的冯定和冯友兰,好不容易挨到批斗完,两人相互搀扶着走回燕南园家中。当时冯定已经筋疲力尽,血糖降低,头冒虚汗,走到燕南园小上坡时支持不住,幸亏被冯友兰一把拉住才没栽倒。当时冯定家里也没有人,冯友兰就先扶着冯定到他家休息,冯友兰的老伴正好在家,看到这种状况,立即冲了一杯白糖水给冯定喝下去。冯定说糖水一喝下去立刻就觉得浑身舒畅、精神好转了,真如甘露。这哪里是白糖水,这是恢复生命活力的救命水。

想当年,点名冯定调到北京大学哲学系任教唯物主义哲学,为的是同教唯心主义哲学的冯友兰唱"对台戏",结果倒好,二冯的"对台戏"不但没有唱成,他们反而成了"文革"中的难兄难弟。冯定由于不愿附和,只能顶着"假马克思主义""修正主义分子"的帽子挨批斗,冯友兰也被扣上"资产阶级反动学术权威"的帽子。当时北大哲学系成立了"批判冯定、冯友兰联络站",哲学系这两位最有名的教授双双被推上了受批斗的台子,被关在同一间"牛棚"中。有一次,冯友兰问冯定:"过去不是一直说你是'马克思主义哲学家',怎么现在说你是'反革命修正主义分子',也关到这里来了? 对此我不能理解。"冯定回答:"就像现在说你是'资产阶级反动学术权威'一样,我也不能理解。"

二、冯定被批斗还牵连到了妻儿

"文革"中不只是冯定本人被批斗,妻子袁方也受到牵连被批斗。根据袁方大儿子冯贝叶的回忆,那时,所谓的造反派往他母亲的脸上和衣服上泼满了墨水,还给他母亲戴上字纸篓当高帽子,并殴打、折磨她母亲整整一个上午。接下来,袁方作为"黑帮分子"被抄家,被强制劳动,被要求交代问题,可以说也跟冯定一样,受尽了折磨。

冯定被批斗时,他三个儿子的名字也成了批判他的子弹。冯定三个儿子的名字叫冯贝叶、冯宋彻、冯方回,大字报说连给三个儿子取的名字都是"封资修"的。尤其二儿子的名字非常"大逆不道",宋彻是俄语 Солнце"太阳"的谐音,毛主席是大家心中的红太阳,谁敢以红太阳自居,亵渎伟大领袖毛主席,那还了得。有一阵子冯宋彻被迫用化名,去了"宋"字的宝盖,"彻"字只留右边的"刀"字,叫"木刀"。有人给冯宋彻写信,信封上写的就是"木刀同志收"。《钢铁是怎样炼成的》的译者、中央广播事业局局长梅益的儿子梅京,是冯方回的中学校友,英语很好。他建议冯宋彻把名字改为英语 Sutra,发音跟"宋彻"类似,是经文、经卷的意思,这样就避免了俄语里带来的

"大逆不道"。"文革"之后冯定的三个儿子方才能堂堂正正用自己的名字。

三、自身难保之时依然坚持革命信念

1966 年 10 月 25 日,毛泽东在《林彪同志在中央工作会议上的讲话》稿上"近年来对杨献珍、冯定的批判"处,删去了冯定的名字并批示:"对冯定的批判我没有与闻。"这说明了什么呢？说明下面的人私自批斗冯定,并没有上报批斗材料或并没有人向毛泽东汇报批斗冯定的情况。

1967 年 4 月 1 日,北京大学"文化革命委员会"作战部资料组编辑和印刷《反革命修正主义分子冯定反动言论选编》,向校内外散发,冯定继续受到批斗。

冯定受批判以来,虽然身心受到了极大的摧残,但就是在这种情况下,仍未消极厌世。冯定曾多次跟妻子袁方说:"我出身贫寒,参加革命一辈子,仍然是一介寒儒。我寄希望于你的,就是把孩子培养好。我们为了追求真理,干了一辈子革命,我不希望我们的后代走向反面。现在许多人死后都把骨灰撒到家乡去,我看北大是我的第二故乡,我死后你们就把我的骨灰撒在校园里,作为一个园丁所加的最后一把肥料吧。"冯定对教育园地的眷念,对真理的执着追求从未动摇过,正如黑格尔所言:"精神上的道德力量发挥了它的潜能,举起了它的旗帜,于是我们的爱国热情和正义感在现实中均得施展其威力和作用。"冯定最终用他自己正直的人品、清醒的社会良知、高尚的知识分子人格、问心无愧的坦荡心态度过了信念坚定的一生。

第六章　风雨过后见彩虹："文革"后的新生

对于冯定而言，经得起风雨，最后才能见到彩虹。冯定的人生可谓是"同于道者，道亦乐得之；同于德者，德亦乐得之"。

第一节　任职北大副校长

也许人生里最有趣味的事情，并不是人生的外在美丽与绚烂，而是人生咀嚼不尽的酸苦滋味。对于冯定而言，体验了无数次的酸苦滋味之后还有机会尝到甜蜜的滋味，那是因为他内心有坚定的信念，对社会、对国家、对教育事业一直怀抱希望。冯定生命历程中的一贯表现就是"人生就是进击"，不管有何种磨难，只要最后一次站了起来，人生就是成功。冯定在"文革"中坚韧地挺过来了，终于见到了人生中新的曙光。

1975 年 8 月 5 日，北京大学校党委常委会议审议了对冯定专案的意见，最后得出了这样的结论："冯定没有自首变节问题，决定予以解放，恢复其党组织生活。报上级党组织批准。"

"文革"宣告结束后，1977 年 9 月 23 日北京大学校党委常委会开会，宣读了北京市委同意北京大学校党委"关于解放冯定并恢复其党组织生活的决定"。1978 年 7 月 20 日，北京大学接到教育部党组《关于周培源等同志任职的通知》，通知内容是经党中央批准，周培源为北京大学校长，高铁、汪小川、冯定等为副校长。

冯定除了担任北京大学副校长一职以外，同时兼任北京大学哲学系的系主任,为北京大学的拨乱反正做了大量的工作。虽然12年的政治诬陷,使冯定的身心受到很大的折磨,但是冯定仍然以"老骥伏枥,志在千里"的精神,奋力投身社会主义新时期的理论宣传和精神文明建设工作中。

1978年10月15日,冯定同妻子袁方及北京大学哲学系的教授朱德生等,到安徽省芜湖市参加全国首届西方哲学讨论会,冯定做了《哲学工作者的历史使命》的学术报告,受到全体与会者的热烈欢迎,引起了学术界的积极反响。会议间隙,冯定还与妻子袁方赴云岭访问皖南新四军军部旧址,此时冯定离开皖南已经40年了。回顾这40年来国家的种种变化和个人的种种经历,真是感慨万千。1979年1月18日至4月3日,中央根据叶剑英的提议,召开理论务虚会议,邀请冯定参加。冯定因为身体状况欠佳,没能全程参加会议,只出席了其中的若干次会议,对于十分关心国家理论建设的冯定来说,不能不说是一个遗憾。

第二节　用新的理论篇章激励迈进新时代的青年

1976年,"四人帮"被粉碎,"文革"宣告结束,冯定好比是"枯木逢春发新芽",思想和行动得以恢复自由,精神枷锁得以解开,沉寂了14年的学术生命如"凤凰涅槃浴火重生"。冯定重拾马克思主义哲学的思想号角来呼唤青年朋友们在新的时代乘风破浪,展示自我和贡献社会。

1978年8月15日,冯定在北京大学做了"实践是检验真理的唯一标准"的学术报告,这是冯定在北京大学开始拨乱反正工作的重要组成部分,报告受到与会师生的热烈欢迎。冯定做的"哲学工作者的历史使命"报告被整理成文后发表在了《安徽劳动大学学报》1978年第4期上。冯定在此文中首先从青年的思想现状谈起,他根据青年的思想状况把青年分为"看穿派""现实派""动摇派"和"坚定派",认为"坚定派"的青年虽然人数不多,但代表了正确方向。此文发表之后,冯定在接下来的四年里,陆续发表了系列的理论文章,为新时代的青年提供了理论修养和人生发展的素材。

冯定撰写的《让共产主义道德深入人心是理论工作者的神圣职责》一文发表于《北京大学学报》1980年第4期。冯定在此文中认为:对青年加强共产主义道德教育之所以成为突显的问题,是"十年动乱打乱了人们正常的生活秩序,破坏了人与人之间关系的准则,人们的言论和行动在一段时间内越出了正常的轨道",而共产主义道德教育是社会主义精神文明建设的重要组成部分,是提高青年道德修养的重要手段;对青年加强共产主义道德教育既要反对道德万能论,又要反对道德虚无主义,还要了解道德与法的相互关系,与此同时分析目前道德水准下降的原因并树立信心,让共产主义道德深入人心,重塑社会主义良好的道德风尚。

冯定撰写的《吸取人类思想文化中的一切有价值的东西——兼谈研究外国哲学的态度和方法》一文发表于《外国哲学》1980年第15期上。1980年8月29日,《人民日报》全文转载了这篇文章。这篇文章在学术界引起了较大的反响。当时正在召开第五届全国政协会议,许多社会科学界的政协委员都感到这篇文章说出了人们多年想说而未说的观点。冯定认为:"人是有思想的高级动物,特别是能够进行像哲学这样的抽象思维的高级动物,而思想总是通过交流才能不断丰富与发展。凡是对人类做出较大贡献的民族,都是同他们善于从其他民族或其他国家那里吸取养料以滋补自己的肌体分不开的。而且学习得越是自觉,越是得体,越是充分,收效就越大。"[1]善于学习和吸取他人、他民族的思想养料是不断丰富与发展自己的良好途径,但是"只有善于向外国的好东西学习,并把学习与独创相结合,才能使自己民族的文化繁荣发达"[2]。善于学习外国的好东西,在学习基础上有自己的创造性理解和创造性实践,才能创造自己民族文化的繁荣昌盛。而值得注意的是,"人类社会越向前发展,人与人、国与国之间的思想文化技术的交流便越是广泛,越是频繁,越是丰富。现代的科学技术飞速发展,社会面貌日新月异,更促进了这种交流"[3]。哲学是时代精神的精华,"历史上各个国家的哲学家以及他们的哲学思想,像灿烂的群星布满了人类思想的太空,不停地闪耀着智慧之光。又像是用珍珠连接起来的彩带,架起了一道精神彩虹,使人振奋,使人探索。缺少思想交流,尤其是缺少哲学思想交流的民族,是不会有强大生命力的"[4]。由此看来,富有哲学思想交流的民族,在思想领域才会有强大生命力。

冯定认为,对人生意义的探索,是自古以来都存在着的一个问题,其中又以青年为最主要探索者。青年是最富有创造力的,充满着青春活力,如果他们在一进入社会生活的时候,就有一个比较正确的方向和生活态度,那么

---

[1] 冯定.冯定文集:第二卷[M].北京:人民出版社,1989:350.
[2] 冯定.冯定文集:第二卷[M].北京:人民出版社,1989:350.
[3] 冯定.冯定文集:第二卷[M].北京:人民出版社,1989:351.
[4] 冯定.冯定文集:第二卷[M].北京:人民出版社,1989:351.

他们将会在成长的道路上更快地前进,也将会为社会做出更大的贡献。但青年人又往往缺乏经验,因而认识问题容易主观片面,甚至还有盲目自大的倾向。因此,他们一方面会吸收、参考前人的各式各样的经验,同时又会在这些经验中彷徨徘徊,有的甚至走上歧途。冯定出于一个马克思主义哲学家和思想家的使命感、责任感,对青年爱想、爱谈、关心的问题尽量用青年感觉轻松的漫谈方式进行解答,这便是冯定《人生漫谈》一书的内容。《人生漫谈》除第一谈是讲"怎样谈法"外,其余的 15 谈内容包括"自由""实践""真理的标准""劳动""革命""党""生活""学习""工作""意志""感情""道德""生死""自觉能动性"和"人生观"。

1983 年 6 月,冯定撰写了《精神文明在社会主义建设中具有特殊的重要地位和作用》一文,他在文中指出,社会主义物质文明的顺利到来是需要社会主义精神文明建设来支持的。社会主义青年要在精神文明建设中平等互助,要为理想、为集体、为他人、为事业贡献力量。冯定在 1983 年 6 月,也就是在他去世前的四个月,还发表了《把马克思主义哲学送到人民手中——论哲学的普及》一文,这是冯定有生之年撰写的最后一篇文章。冯定自始至终耕耘在理论战线上,为青年的人生修养和理论修养提供精神养料,可谓"春蚕到死丝方尽,蜡炬成灰泪始干"。他在《把马克思主义哲学送到人民手中——论哲学的普及》中认为:"要全面开创社会主义现代化建设的新局面,把马克思主义的普遍真理同中国的具体实际结合起来,走自己的道路,建设有中国特色的社会主义,就需要运用马克思主义的立场、观点和方法去研究新情况,解决新问题。同时由于十年内乱的流毒至今还没有完全肃清,也由于在新的情况下各种剥削思想的腐蚀作用有所增长,这些都需要我们用马克思主义哲学对人民群众进行教育,克服落后、愚昧的现象,向盲目崇拜西方的资产阶级自由化思想作战,需要帮助较为年轻的朋友学习历史和哲学,用无产阶级的世界观武装一代新人。广大干部也非常需要哲学的思想武器,以便更好地克服形而上学和主观主义。因此,大力开展马克思主义哲学的普及工作,使广大干部和群众中有愈来愈多的人能够掌握和运用马克思主义哲学武器去观察和解决问题,那就会对我们的改革、对社会主义现代化建设带来巨大的影响和作用。"① 其实从事哲学的普及工作并不是一件轻而易举的事情,做普及工作的人需要具有深厚的马克思主义理论基础以及丰富的生活实践,更需要有对共产主义事业的极大热忱,才能使普及工作做得

---

① 冯定.冯定文集:第二卷[M].北京:人民出版社,1989:530.

更好。冯定认为："哲学的普及工作是一项极其严肃的工作。我们所说的通俗，并不是意味着降低质量，也不是流于庸俗，而是把哲学的科学原理，用准确、精练、好懂的语言文字阐述清楚。并且善于联系我们党的当前政策和任务，联系群众的思想动态，把基本原理赋予和时代相关的生命力，使得群众乐于接受，有所共鸣，得到启迪。"①

冯定始终关怀着青年一代的成长，他经常接受一些青年的拜访，经常收到许多读者的热情来信，有的和他探讨哲学问题及人生，有的把自己的文章寄给他看。"文革"后，当冯定听到一些背离马列主义原则的论调在青年中引起思想混乱时，他立刻做出反应，比如写就《把马克思主义哲学送到人民手中》一文。冯定在和青年的交谈中反复阐明自己的观点，他说："如果社会主义在中国是早产儿，那么我们这一辈子革命不是白干了吗？就算是早产吧，那么还能把他塞回娘肚子里去吗？如果我们看问题脱离了实际，从抽象到抽象的来空谈理论，那实在是有害无益的文字游戏，这往往是和知识分子爱思考的优点相联系的一个弱点。"

回顾冯定的理论人生可以发现，冯定十分重视利用最新的科学成果来丰富自己的理论头脑，对于社会科学方面的新成就他也极为重视，认真学习。冯定对马克思主义经典烂熟于心，但从不照抄照搬，而是注意灵活运用。对资产阶级、小资产阶级的理论也不一概否定，而是注意吸取其切合实际的思想观念。冯定把哲学的观点渗透在有关伦理道德、人生观、文化教育、政治、经济、党的建设的论著里。冯定认为搞哲学研究应该要多懂得一些自然科学的知识，才能更好地搞好哲学研究。他进入北京大学工作之后，就利用北京大学科系齐全、人才济济的优势，经常把一些数学系、物理系的专家、学者和教员，如孙晓礼等同志请到家里给他上课，讲解最新的科学理论，冯定对有些问题的掌握度使有关专家都颇感惊讶。比如说，《平凡的真理》修订本出版后不久，曾有一位社会名流在政协开会时对冯定说："你的书我已经看过，你过去是不是当过医生？不然，怎么会对大脑皮层活动那么熟悉？"其实，冯定并未做过医生，这缘于冯定一生的好学不止，即使到了晚年，在经受了长达十年之久的磨难之后，他的求知热情仍然毫未衰减，总是能在学习中体验到欢乐。正如苏联教育家苏霍姆林斯基所说的那样，一个人在学习活动的实践中，能够感受到自己是一个发现者、研究者和探索者，就会体验到智慧的力量和创造的欢乐。

---

① 冯定.冯定文集：第二卷[M].北京：人民出版社，1989：530.

第三节　无悔的人生让人充满怀念之情

1981 年,冯定由于身体原因,主动申请卸去北京大学领导职务,只做顾问。1981 年 3 月 17 日,根据中央文件,冯定任北京大学校务委员会顾问。据冯定的二儿子冯宋彻回忆,当时石家庄的一位青年看见报上刊登的这个消息后非常感慨,给其父亲冯定来信表示问候和敬意。冯定看过信后,信手在一片纸上写下了这样一段话:"人生的途程有如接力赛跑,每个人在跑完他的路程后,就应将接力棒交给下一个人。而自己还可以退在一旁做啦啦队,为正在奔跑的呐喊助威。"冯定的一生就是这样,怀抱一颗革命到底的决心,在革命年代,为革命胜利而努力奋斗;在社会主义建设年代,为建设呐喊助威。

1983 年 10 月 15 日,冯定因脑软化医治无效,在北京友谊医院病逝,享年 81 岁。1983 年 10 月 27 日,冯定的追悼会在八宝山革命公墓礼堂举行。邓小平、陈云、彭真、胡乔木、邓力群、陈丕显、胡启立、粟裕、谷牧、姬鹏飞、张劲夫、张爱萍、陆定一、刘澜涛、韩天石、洪学智、周培源、杨献珍、周扬、夏衍、何东昌、钱正英、陈国栋、汪道涵等同志和政协全国委员会、中央组织部、中央对外联络部、文化部、新华社、中共浙江省委、浙江省人民政府、宁波市人民政府、商务印书馆、中国人民解放军政治学院、北京大学等单位送了花圈。邓力群、陈丕显、韩光、韩天石、洪学智、周培源、夏衍、张承先、黄辛白、彭佩云、刘导生、汪家缪等同志参加了追悼会。中共中央书记处书记、中宣部部长邓力群同志致悼词。

邓力群同志在悼词中介绍了冯定革命的一生,高度赞扬了他在长期的革命和建设过程中,刻苦钻研和积极宣传马列主义、毛泽东思想,对马克思主义哲学的传播、宣传和普及做出了贡献。

在冯定的追悼会上,他的老战友匡亚明书写了这样的挽联:"桃李满门,满门桃李,再看四海多弟子;平凡真理,真理平凡,留得人间一瓣香。"冯定的一生,主要的时间和精力都是从事马克思主义哲学的理论宣传工作和教育工作。他毕生都执着地追求真理,他毕生的事业是把真理像火炬一样传递给青年。

遵照冯定的遗愿,他的部分骨灰被撒在北大校园中,化入燕园美丽的湖光山色中。冯定生为北大的"四海弟子",生传真理之道、授真理之业,死亦希望自己守望北大的莘莘学子。

第七章　冯定的婚姻与家庭生活

俗话说,男大当婚,女大当嫁,一个人的恋爱婚姻生活是人生经历的重要组成部分。冯定先后共有四次婚姻经历。

冯定与第一任妻子俞襄生有三女,大女儿叫冯惠,是安徽省人民广播电台播音员,与卫宝文结婚,生有两女两子;二女儿叫冯钧,与程钱孙结婚,生有三子一女。三女儿叫拉娇,被寄养在苏联,没有找到。

冯定的第二次婚姻非常短暂,已无从考证。

冯定的第三次婚姻是与革命女青年饶友瑚结合的,没有子女,这次婚姻时间也非常短暂。1938年10月之前,冯定在中共上海省委宣传部工作,任党刊《真理》的编辑,遇到了对革命富有满腔热情的女青年饶友瑚。饶友瑚是黄花岗七十二烈士之一饶国梁的侄女,即饶国梁弟弟饶国材的女儿。饶国材在抗日战争初期就加入中国共产党,女儿饶友瑚也于1936年在上海加入中国共产党。1938年,冯定与年轻的饶友瑚在上海结婚。婚后不久,冯定就去皖南新四军军部工作,当时饶友瑚由于不幸得了肺病而未跟冯定一起去新四军军部。饶友瑚先后在上海、重庆治病,与冯定通了一年的信,终因肺病吐血无法治愈在1939年病逝于重庆红岩,现葬于红岩公墓。

冯定的第四次婚姻是与志同道合的革命战友袁方结合的,他们是典型的革命夫妻。他们生有三个儿子,大儿子叫冯贝叶,是中国科学院应用数学研究所的研究员,与妻子张清真生有一儿一女;二儿子叫冯宋彻,是中国传媒大学的教授,与妻子梁燕飞生有一子;三儿子冯方回,是国家卫生和计划生育委员会的研究员,与妻子王学军生有一女。

第一节　母亲做主的第一次婚姻及生活

一、冯定的第一次婚姻生活

1921年夏天,冯定在浙江省立第四师范学校毕业后,由母亲做主,与俞襄结婚,这是冯定的第一次婚姻。

俞襄是慈城俞家的女儿,生于1906年,没有文化,不认识字。据说是俞家与冯家的两个父亲赌博,俞襄的父亲输给了冯定的父亲,俞襄的父亲就把女儿作为赌债抵给了冯家的儿子做妻子。冯定和俞襄结婚时,冯定19岁,俞襄才15岁。

1921年秋天,冯定考入刚成立的宁波证券花纱交易所,在会计部任传票记账员,随后把妻子俞襄接到宁波。冯定给俞襄安排了教育计划,他下班后就教俞襄读书和写字,让她练习算术。后来冯定还鼓励俞襄报考宁波女子师范学校,结果名落孙山,又争得机会去补考,但最后还是冯定请族叔冯君木写信说情,才把俞襄录在备取生的最后一名,勉强录取。可人间事并非一帆风顺,往往好事多磨,正当俞襄被录取有书可读之时,交易所破产,冯定失业,只好随冯君木到上海修能学校教书。但是当时冯定年轻气盛,因为家中兄弟姐妹的不幸人生遭遇,他看待事情颇像愤青,因此与创办修能学校的慈城乡贤秦润卿产生隔阂,结果就是辞职不干了。

冯定和俞襄结婚的第五年即1926年,他们的大女儿冯惠出生了;1928年,他们的二女儿冯钧出生了。就在1926年年底,黄埔军校在武汉招收女生班,俞襄在冯定的极力鼓动下,成为黄埔军校武汉女生班①的一名学员。大概是在军校接受过短暂的军事训练的缘故,俞襄的外孙程珉对俞襄外婆

---

① 黄埔军校武汉女生班:1926年10月,北伐军攻占武汉之后,便在武汉筹建了一个500多人的政治训练班,即黄埔军校武汉分校。1927年年初,分校开始在全国一些大中城市招收学员,并决定开始招收女学员,经严格审查,录取了183名,成为黄埔军校武汉分校女子队学员。这些女学员中有在校大学生,有中学生,也有少数已婚者,也有的已做了母亲,有的还缠过足。"四一二"反革命政变后,这些女学员和男兵一样,全副武装,沿途张贴标语,自编歌谣,向群众宣传并调查情况。1927年7月,汪精卫公开发表声明反共,黄埔军校武汉分校决定提前结业,向每个学员发一张黄埔军校第六期的毕业证书。女学员除极个别被送到苏联学习外,大部分被分到叶挺和张发奎的部队,也有不少人回到家乡或从事地下工作。(袁文良:《黄埔军校的第一批女学员》)

的印象是:"外婆虽是大家闺秀,胆子蛮大,敢钻坟地,会骑马,还会打双枪,从小我们都很怕她。"①

也许因为俞襄是黄埔军校武汉女生班学员,1927年8月冯定去莫斯科中山大学留学时,她得以有机会与冯定一同前往莫斯科。他们去莫斯科之前,把大女儿冯惠和二女儿冯钧送回了慈城老家。据说冯惠小时候长得非常漂亮,可惜五岁时患骨结核,小腿被锯掉,成了残疾人。当时冯定的姐姐有个女儿叫瑞娣,跟冯钧同岁,据说冯定的母亲喜欢外孙女瑞娣却不怎么喜欢孙女冯钧。1930年,冯定和妻子在莫斯科生下了三女儿拉娇(是俄语"无线电"的音译)。同年,夫妻俩回到上海,还在襁褓中的拉娇不能带回国,只好被托养在莫斯科一家保育院,后来冯定和俞襄多方打听寻找,都没有拉娇的下落。回到上海后,冯定与俞襄的感情出现问题并导致离婚,冯定从慈城接回两个女儿,交给俞襄。冯定与俞襄分开之后,俞襄就没有了冯定的消息,幸亏冯定的一位姓林的朋友一直关照着俞襄母女三人的生活,才使她们渡过生活的难关。1932年,俞襄带着大女儿冯惠和二女儿冯钧去了北平。俞襄在宁波同乡张雪门的帮助下,在北平香山慈幼院做保育员,由于香山慈幼院与城区较远,冯惠和冯钧就住在北平城里的宁波会馆。冯钧先后在虎桥坊小学和贝满女中完成基础教育,后去日本箱根的一所大学留学,回到北平后,冯钧与海外同学一起参加了北平地下党外围组织的北平读书会。1946年,冯钧给读书会的朋友杨洁当伴娘时遇到了程钱孙,两人一见钟情,结为伉俪。

二、冯定女儿的工作与生活

上海解放后,报纸上刊登了冯定的名字,当时任华东宣传部副部长。俞襄那个时候没有工作,看到这个消息后,迫不得已就带着两个女儿去找她们的父亲,并求冯定给自己的女儿安排个工作。20世纪50年代,俞襄在上海公安局托儿所任所长,冯惠和冯钧被安排在上海广播电台工作。1951年年底,冯惠的丈夫支援芜湖电台工作,随后调到安徽省电台,冯惠一家随之搬迁至合肥。1952年年底,冯钧被调到杭州的浙江人民广播电台当播音员。自此,俞襄的两个女儿都与自己分居在不同的城市了。冯钧的丈夫程钱孙为人诚实,谈吐优雅,还能唱京戏,颇得岳母俞襄的喜欢。后来,程钱孙出事

---

① 王静.千年望族慈城冯家:一个宁波氏族的田野调查[M].宁波:宁波出版社,2015:564.

了,俞襄就辞去了工作,拿了一笔退休金从上海到杭州去照顾冯钧的三个孩子。

冯钧因受到丈夫的影响,从播音岗位调到电台文艺组。一次,冯钧所在的文艺部去北京交换节目,冯钧顺便去看望在北京的父亲冯定。据冯钧回忆,那天晚上冯定带她去参加了一次部级干部的聚会,碰到了不少大人物。冯钧在上海时已认识了陈毅,当时在电台工作的冯钧还同当市长的陈毅跳过交谊舞,但冯钧并没有对陈毅讲自己是冯定的二女儿,那一次在北京又碰到了陈毅。冯钧还碰到时任浙江省省长的沙文汉(沙孟海的二弟)。当时沙文汉对冯定说:"你在浙江还有这么一个女儿,我还不知道呢。"当时的干部都比较注意生活作风,冯定是个学者型的干部,就更加注意这方面的影响了。

冯钧回到杭州后就被借调到浙江省外办交际处。她在省外办交际处工作,有时陈毅陪外宾来杭州,看到冯钧就开玩笑说冯钧是他的干女儿,冯钧家有许多与陈毅的合影。

三、第一任妻子不堪折磨上吊自尽

1962 年左右,冯定一家去黄山疗养路过杭州,住在杭州的花港宾馆。当时花港宾馆属于浙江省外办交际处管,冯钧刚好在交际处工作,所以冯钧就带着孩子们去见她的父亲冯定和袁方阿姨及三个同父异母的弟弟。这次见面给冯钧的儿子们留下最深的印象就是,与外公一家一起吃饭时,吃的馒头雪白雪白的,馋得他们口水都快流出来了,恨不得一口气吞好几个呢。冯钧还记得,由于自己的孩子与几个弟弟年龄差别并不大,在一起会吵闹,在争抢一个玩具时就发生了小小的矛盾。冯定就对其中一个弟弟说"侬是舅舅,他是外甥,侬要让他",可孩子毕竟是孩子,说"我不要做这个舅舅"。这样的好景并未持续多久,1964 年冯钧家也因冯定被批判而开始跟着倒霉,到"文革"时就更惨了。所有照片,只要有冯定、俞襄头像的就全部要被烧掉。最为不幸的是冯定的原配妻子俞襄,1968 年隔壁的沙孟海夫妇被戴高帽子游街;而外调人员像要踏破二女儿家的门槛似的,不断来向她威逼挖材料,让俞襄不堪其扰,忍无可忍,最终选择在 9 月 18 日那天上吊自尽了。俞襄没有留下一个字的遗嘱,悄无声息地在 9 月 18 日这个中华民族的国难日自尽……

四、外孙到北京看望外公

1974—1975 年间,冯钧的三儿子程珉从插队的大兴安岭回家探亲,在北京中转时就去北京燕南园看望外公冯定。当时的冯定已被边缘化,特别的孤单凄清,三个儿子都远在异地。外孙程珉偶尔探望外公时,他看到外公不是坐在地上一人摆围棋,就是在读《虹南作战史》。冯定的围棋下得不错,据说陈毅喜欢下围棋或多或少与冯定有关。冯定还会打桥牌,由于外孙程珉与他接触相对较多,冯定还教会了程珉打桥牌。

程珉记得有一次去探望外公,外公陪他去颐和园玩。但出门前,外公换了一件旧衣衫,戴了一顶帽子,从北大后门走出去。当时,冯定的家在北大燕南园,对面是周培源的家,旁边是梁思成的家,70多岁的人还这样打扮,也许是怕别人看到"反动学术权威"的狼狈样吧。

第二节　志同道合的革命姻缘

一、与宣传小将袁方喜结革命良缘

1940年,在苏北黄桥决战前的郭村战斗期间,陈毅把司令部由江南移到苏北,成立了江北指挥部。这一年7月初的一天,陈毅从驻地来到黄桥战场上,与苏北行政委员会的管文蔚、陈同生等几位地方领导开会商定相关作战行动方案,同时写信给泰州的李明扬,做统战工作。

由于袁方写得一手好字,工整秀丽,陈毅就把这封信交由当时仅18岁担任机要秘书的袁方用毛笔誊录。陈毅交给袁方这封信稿时,看袁方年纪很轻,怕她认不清信中的草字和所引用的一些典故,就指着坐在旁边书生气十足的冯定,对袁方说:"你要是有看不清或看不懂的字句,就问冯定同志好了。他当过商务印书馆的国文教员,又留学苏联,有学问!"其实袁方早就读过冯定以"贝叶"署名的文章,"贝叶"这个名字她已经非常熟悉了。袁方加入新四军后才知道原来冯定就是"贝叶"。

袁方刚接到陈毅的这项任务时还有些顾虑,怕遇到看不清楚或看不懂的字句要打扰工作十分繁忙的陈毅。现在陈毅这样一交待,她就放心了,有个现成的老师坐在旁边当然方便多了。再说,能有机会结识这位大名鼎鼎的学问家并向他求教和学习,真是求之不得啊。说实话,这还是袁方第一次这么近距离见到心中的理论鼓动家冯定。袁方见他穿一身灰布军装,个头并不高,身材瘦削,剃了个光头,还戴着一副眼镜,脸上有很多皱纹。虽然他说话轻声细语,却也精力充沛,既有那么点军人的英武,又透着一股书卷气。

冯定会和颜悦色地耐心回答袁方的问题,在讲到一些典故时,既深入浅出又诙谐幽默,让袁方对他的学养大为佩服,又感到十分亲切。而袁方的聪敏好学也给冯定留下了美好的印象。这是袁方和冯定两人初次见面的情形。

1942 年 5 月,袁方和后来成为著名俄文翻译家的李俍民一起,跟随当时的新四军四师联络部徐今强,从津浦路明光小站进入苏皖边老解放区参加抗日战争。

冯定和袁方又在淮北相遇了,这次不只是偶然的相遇了,而是工作上的紧密配合。当时,冯定担任中共淮北区党委的宣传部部长,袁方作为宣传部主管的《拂晓报》报社的一个记者,每天都要送《拂晓报》的大样给冯定审阅。由于工作的原因,冯定和袁方有了更多、更频繁的接触,袁方的多才多艺、冯定的智慧干练,都给对方留下了深刻的印象。他们由相知到相爱,于 1944年喜结革命良缘。当时,任中共淮北区党委书记的邓子恢主持了他们的婚礼,并赠送延安大生产运动中手工编织的毛毯作为结婚纪念品,刘少奇等新四军主要领导出席了简朴的结婚晚宴,邓子恢的爱人陈兰还嘱咐袁方要好好照顾冯定的身体。

如果说陈毅在让冯定充当袁方的问字之师时无意中做了月下老人,那么《拂晓报》就成了冯定与袁方之间穿针引线的无言红娘,成就了一段荣辱与共的姻缘。冯定与袁方这对革命伴侣由于革命事业的需要,走南闯北,经历了成功与喜悦,也历经了人间沧桑,他们共度了 39 年。在这 39 年间,这对革命夫妻共同经历了社会和人生的风风雨雨,经受了时代的磨炼与考验,无论冯定处于顺境还是逆境,袁方都不离不弃,给予他极大的生活照顾和精神支撑,这种相扶相持、相伴到老的精神令人钦佩。

二、妻子袁方:"大宅门"走出的革命才女

袁方 1922 年 8 月 31 日出生于安徽省合肥市,祖籍是安徽省巢湖市。袁家在当地是有声望的大家族,其发迹与李鸿章密切相关。咸丰年间,李鸿章率肥东团练(即淮军前身)在运漕、东关、巢湖一带与太平军激战。一次东关战败后,李逃至运漕袁百顺家藏匿起来,太平军追至袁家搜捕未果,李鸿章有惊无险逃过一劫。若干年后,当李鸿章身为清政府直隶总督兼北洋通商大臣时,立即涌泉相报。

当年救过李鸿章的袁百顺的侄子袁世坦,淮军出身,宣统二年(1910 年)升任江西提督军门,民国初年授陆军中将。袁世坦在江西军旅生涯中受到两任湖广总督李瀚章、李鸿章兄弟的提携,这与李鸿章报救命之恩有一定的关系。袁世坦在运漕建有袁公馆,袁公馆是运漕民居中唯一一座拥有前后花园的深宅大院,前门从西街起,后门抵秦家塘,是三进的布局,有30余间房屋,气势恢宏,虽是徽派建筑,但主楼的拱门和廊柱上的浮雕仍透出几分西洋风。

然而,在这样一个清末功臣、民国将军的"大宅门"中却走出了一位革命才女——袁方。袁世坦是袁方的爷爷,袁方是袁世坦大儿子袁修荫的女儿,原名叫袁莲茹。袁方的外公为当时著名的乡绅,兴办实业,在上海有工厂,是当时的民族工商业者。袁方的母亲是袁家的偏房,加之袁方是女儿,所以在家中没有什么地位。这种处境也使袁方从小就对这种不公平的封建家庭产生了逆反的心理,这也可能是她后来投身革命的主要原因。

袁方从小性格开朗,活泼好动,爱好文体活动,尤其爱打乒乓球。跟随哥哥们一起上学时,她会拿着一副乒乓球拍,有机会就要和他们打上几局,在当地也算是行为比较前卫的女学生了。袁方的这种性格和她接受的新学教育,使她比较容易接受时代的新思想,在少女时期就受到了进步文艺的影响。1937年上海"8·13"的炮声震动了这位女学生的心灵,1938年袁方中学毕业,16岁的她没有随大家庭溯长江西上到重庆去躲避战乱,而是为了追求进步,毅然离开家庭。袁方只身顺长江东下,赴上海求学,就读于上海女子大学,同时义无反顾地投身到了抗日的洪流之中,就此一别再也没有回过家乡。

三、袁方积极投身抗战,成为宣传小将

1938年正是中华民族全民奋起抗战的时候,作为一名热血青年,袁方怀着满腔的爱国热情投入抗日救亡活动之中,参加了共产党外围组织的活动,开始比较多地接触和学习马克思主义理论,接受中国共产党的教育。在中国共产党的指引下,1939年8月,年仅17岁的袁方毅然决然离开优裕的生活和繁华的大上海,只身奔赴江南解放区,加入了新四军叶飞任司令员的挺进纵队战地服务团,投身于艰苦卓绝的抗日战争和解放战争中,并于1940年1月光荣加入中国共产党。据当年比她年长的同志回忆,袁方在战地服务团时,经常在部队中进行宣传。她小小年纪,脸上尚有一丝稚气,个头不高,腰上别着一个大闹钟,手上拿着报架,身穿偏大的新四军军服,但是情绪饱满、热情万丈、声音响亮坚定,她的鼓动宣传很富有感染力。

1940 年春,苏北江都地区新四军叶飞部,奉命西援淮北新四军罗炳辉部,作战于马家集、祝镇集、半塔集一线,击破国民党反动派对罗炳辉部后方根据地的包围和袭击,取得大捷,袁方当时也跟随由政治部主任陈同生直接领导的战地服务团参加了这次战斗。也就是在这期间,袁方有机会结识了后来成为她丈夫的冯定。

　　1940 年 7 月,袁方在苏北初次与冯定偶遇后,又先后担任过新四军苏北行署秘书、新四军 1 师政治干事、泰东分县县委秘书。据著名儿童文学家、儿童文学翻译家、儿童诗人任溶溶 2014 年发表在《世纪》杂志第 3 期的文章《我在苏北巧遇袁方》中的描述,袁方当时任县委秘书,非常活泼热情。

　　任溶溶回忆说,招待所对门便是黄桥县政府。县长秘书是他们到苏北后的第一个好朋友,是位女青年,名叫袁方,也是上海来的。她的家庭在安徽老家是名门望族,在上海有工厂等实业,可是她不愿意提起她的家庭。袁方非常欢迎跟自己一样年轻的任溶溶等青年的到来,一有空就到招待所找他们聊天,眉飞色舞地讲黄桥决战的经过。袁方穿一身军装,那时长得白白胖胖的,非常活泼。袁方介绍他们去见了泰东分县的县长,县长给他们讲了国内外的形势和新四军的情况。

　　过了一两天,上海又来了几位大学生。一天晚上,袁方请任溶溶等人和这几位大学生一起在县政府会议室开了一个联欢会。会上大学生唱了歌,记得其中一首歌是《夜半歌声》,歌里有"谁愿意做奴隶,谁愿意做牛马"的歌词。袁方也唱了一首,她唱的是"小白菜啊,地里黄啊,三两岁啊,没了娘啊"。虽然这首歌当时十分流行,可任溶溶第一次听这首歌居然是听袁方唱的。

　　任溶溶在新四军待了没多久,因为生病回了上海,就一直留在上海工作了。任溶溶再见到袁方已是近十年之后的事了。1949 年上海解放后,任溶溶经常去人民广播电台给小朋友讲故事,教汉语拼音,正是在外滩的电台大楼她再次见到了袁方。这时的袁方已是一个部门的负责人,已经不是过去那个鲜蹦活跳的样子了,而是一位沉着稳重的老干部了。可是没过多久,袁方就随丈夫调到北京去了。任溶溶后来才听说袁方是著名哲学家冯定的夫人。冯定在苏北盐城担任抗大五分校的副校长时,任溶溶也见到过冯定。任溶溶跟其他青年一样,也读过冯定曾用贝叶的笔名写给青年阅读的思想修养方面的文章和书籍,觉得深受教益。

第三节　冯定的家庭生活侧影

　　人们常说,一个成功男人的背后一定会有一个默默支持的女人。对于冯定而言,大力支持自己的妻子也是在社会主义事业中并肩作战的战友。正是在这样的家庭环境中,冯定与袁方的三个儿子都积极向上,最后都成了社会主义事业的建设人才。

一、妻子为广播事业奋斗"终不悔"

　　新中国成立后,袁方长期从事广播宣传工作,历任上海人民广播电台秘书、编辑部主任,上海联合广播电台台长,华东、上海人民广播电台秘书、主任。在上海人民广播电台工作期间,她精心策划办好她主管的专题节目,使这些节目吸引越来越多的听众。她作为上海联合广播电台的第1任台长,正确地执行了党的社会主义改造政策,发挥原有工作人员的作用,将上海的私营广播电台纳入了社会主义新闻宣传的轨道,并积累了成功的经验。1952年冬,袁方随冯定调到北京,在中央人民广播电台工作。在这期间,她主持文教组和科教部的工作,任中央人民广播电台文教组组长,致力于理论、文教和体育方面的宣传,参与重大政治活动的报道,积极主动地宣传党的路线、方针、政策,宣传新中国科教战线的成就和先进人物,有力地配合了党在不同时期的中心工作。

　　1956年,根据中共中央领导人刘少奇同志的指示,中央广播事业局创办培养广播干部的高等学校。中央广播事业局就在原广播技术人员训练班的基础上着手筹建广播学院。1959年9月,北京广播学院建成开学,中央广播事业局派去一批干部,担任院系的领导。袁方也在这个时候接受了新的任务,参与筹建我国第一所培养广播电视人才的高等学校——北京广播学院,从此就从广播宣传岗位转到了广播电视高等教育的岗位。袁方带领中央人民广播电台文教科学部理论组的原班人马,组建起马列主义理论教研室,并担任教研室主任,同时担任北京广播学院的党委委员、党委宣传部长。袁方从北京广播学院成立之初就一直在这片热土上辛勤耕耘。她凭着多年从事党的政治理论宣传工作的丰富实践经验,加之1955—1957年在中央党校新闻班学习打下的坚实理论基础,让广播学院的政治理论课的教学很快就步入了正轨。袁方主讲的哲学课和形势政策课也深受学生欢迎。袁方除在广播学院对学生讲课外,在20世纪60年代还受国际台的邀请,对外国专家个别讲授哲学与中国革命基本经验等课程,受到他们的欢迎。北京广播学院初建时期,急需吸收优秀的大学生充实到师资队伍中来。袁方作为党委宣传部长,常跟新分来的大学生谈话,鼓励他们安心待在广播学院,为中国广播电视事业的发展贡献力量。当时分来的有北大、人大等重点院校的学生,后来都成了专家、骨干,有的还成了广播学院的校、系领导和著名学者。这批"老广院人"成了北京广播学院初创及发展的奠基性人物。

二、妻子的乐观主义精神抵抗住了人生风雨,迎来了光明

袁方被批判是由于冯定受到批判而被牵连。冯定和袁方的儿子认为,父亲冯定受到的不公正对待,在很大程度上制约了母亲袁方在广播教育事业上发挥更大的作用。但袁方性格豁达、开朗,韧而不弯,她昔日的战友们称她为胸怀坦荡、气概豪放的才女。用今天的话来讲,她有那么一种泼辣的干练劲儿。"文革"一开始袁方就成为学校第一批被打倒的对象,遭到无理的批斗。北京广播学院也因为被江青定性为"彭真等黑据点之一"而被勒令停办,北京广播学院的发展出现了历史的断裂。

根据袁方大儿子冯贝叶的回忆,那时,造反派往他母亲的脸上和衣服上泼满了墨水,还给他母亲戴上字纸篓当高帽子,并殴打、折磨他母亲整整一个上午。后来他母亲在食堂吃午饭的时候,比平常多买了一两饭,还买了那天中午食堂最好的红烧肉。他母亲的同事见了都特别惊奇,问他母亲:"袁方,你怎么胃口还这么好?"他母亲一句话也不说,只是低着头狠狠地吃饭。后来他母亲告诉他们:"我就是要让他们知道,我才不在乎呢!我就是要吃得饱饱的,让身体有力气,好和他们斗。"接下来,袁方作为"黑帮分子"被抄家,被强制劳动,被要求交代问题,可以说也跟冯定一样,受尽了折磨。

但袁方似乎生性坚韧而不屈服,并不任人宰割。袁方有一辆26型女式自行车,在当时来说款式比较新颖又很漂亮,一个造反派看中了这辆自行车,就对她说:"袁方,你以前就过着资产阶级的生活,现在还不老老实实改造自己,就在学校里这么几步路,还要骑自行车。你现在的任务是好好改造自己,不需要再骑自行车,这辆自行车应该交出来,让革命群众干革命用。"就这样,自行车被造反派给抄走了。袁方后来看到了,自行车其实就是那个造反派自己在用。但袁方还有一把带在身边的车钥匙未被搜走。一天,她在院中打扫卫生,看见楼旁靠着一辆自行车,正是她被抄走的那一辆。袁方环顾四周,没有看到人,就上前打开自行车的锁飞快地骑车而去,当有人听见动静追出来时,她早已骑出去好远了。她一口气从东郊朝阳区定福庄骑到了西郊北京大学的家中,自行车从此留在家里成为孩子们的代步工具。再说那个造反派,由于要自行车是他自己的个人行为,并不是造反派的组织行动,所以他也没敢声张,袁方就这样把自行车给夺了回来。

袁方先是在北京广播学院接受造反派的批斗,1969 年秋又随北京广播学院的师生员工迁往河北望都县农村参加劳动,1970 年 11 月又同教职员工下放河南省淮阳中央广播事业局"五七干校"接受劳动改造。著名的相声表演艺术家侯宝林、郭启儒、郭全宝、刘宝瑞、马季等广播文工团说唱团的演员也都在此接受劳动改造。据一些老教授的回忆,在干校劳动时,有时见袁方吃饭时敲着饭盒唱歌,一下子就打破了当时那种压抑沉闷的空气,使他们原本郁闷的心情缓和了不少,感觉压力也减轻了一些。

"文革"期间,袁方遭受林彪、江青反革命集团的迫害,但她坚信马列主义,坚信正义必将战胜邪恶,进行了各种形式的抵制和斗争,始终保持捍卫真理的不屈精神和坚信光明一定会到来的乐观心态。袁方表现出无所谓的样子,造反派也奈何不了她。不管自己有多苦,袁方从不在儿子们和丈夫面前谈及个人不好的境遇,总是开导儿子们,让他们正确认识形势,好好把握自己,积极接受人生和社会的挑战。

狂风暴雨再猛,最终总会平息的。"四人帮"被粉碎后,党的十一届三中全会让一切开始正常起来,袁方重新主持北京广播学院的宣传工作和政治理论教育工作,于 1980 年 7 月至 1983 年 7 月任北京广播学院党委常委。

三、冯定为儿孙们取富有寓意与创意的名字

1946 年,冯定和袁方的大儿子冯贝叶出生了。大儿子冯贝叶名字的"贝叶"取自古印度写在贝树叶子上的经文的贝叶。那时没有纸张,贝叶耐磨轻便,古印度人采集贝多罗树的叶子,用来书写佛教经文,千百年后字迹仍可清晰辨认,因此"贝叶"有知识的意思。贝叶也是冯定 20 世纪 30 年代在上海发表文章时用的笔名,给大儿子做了名字。冯贝叶毕业于北京大学数理系,获得硕士学位,是中国科学院应用数学研究所的研究员,他与张清真结婚,生有一子冯东东、一女冯南南。1947 年 12 月,冯定与袁方的二儿子冯宋彻出生,冯宋彻的名字是他在苏联报刊发表文章时用的笔名,是俄语 Солнце(太阳)的音译。由于俄语有卷舌音,冯定开始用的是"宋尔彻",后来才改为"宋彻"。冯定给二儿子取名宋彻,希望他像阳光一样发光发热、普照大地,希望他乐观向上。冯宋彻毕业于青海师范学院,是中国传媒大学的教授,与

梁燕飞结婚,生有一子冯宁宁。冯定与袁方的三儿子冯方回出生于1949年,"方回"取自上古时代一个仙人的名字:相传于唐尧时曾隐于五柞山,尧聘为闾士,炼食云母,为人治病。道成,被劫持,闭于室中,求其传道。方回于是化身而去,以"方回"掩封其户。时人言得回一丸泥涂门,终不可开。冯定为小儿子取名"方回"是希望儿子健康长寿,能为社会多做事情。冯方回毕业于北京大学、美国布朗大学研究生院,后为国家卫生和计划生育委员会研究员,冯方回有一女,名冯畾磊。

冯定的三个儿子的人生道路与冯定工作单位的改变有很大关系。由于冯定1957年调往了北京大学工作,跟当年的新四军战友们走动自然少了,与教育界的人打交道就多了,所以冯定的儿子后来都走上了治学科研的人生道路。

后来,孙子辈的名字也是冯定给起的。大儿子冯贝叶生了女儿,对于第一个孙女冯定夫妇自然很是疼爱,取名叫"南南",出自唐代诗人王维的《相思》:"红豆生南国,春来发几枝?愿君多采撷,此物最相思。""文革"结束后,冯定家搬回燕南园55号,袁方买了一架钢琴供南南学琴,还请了中央广播文工团的首席钢琴师朱珊珊每周六下午来教南南学钢琴,并一起吃晚饭,吃饭时大家天南海北地聊天,觉得非常愉快。二儿子冯宋彻有了儿子后,也请父亲给孙子起名字,冯定说,就用"宁宁"吧,因宁宁出生在青海西宁,祖籍是浙江宁波,含两个地名,深层意思就是希望宁宁这一代能平安健康地成长。

四、以身示范什么叫热爱学习

冯定十分重视利用最新的科学成果,对于社会科学方面的新成就,他也极为重视。冯定的好学给孩子们留下了深刻的印象,而且也树立了一个生命不止、学习不息的好榜样。冯定的二儿子冯宋彻至今还记得,他们住在燕南园的时候,每周六下午,就有北大的教员来家里给他的父亲讲课,他们的客厅里还支着一块小黑板,冯定不但认真地听讲,还认真记笔记。讲课的内容包括物理前沿量子力学等方面的知识,冯定对有些问题的掌握度让有关专家都颇为惊讶。

五、其乐融融的家庭生活

人们有一个共识,一个家庭的和谐程度与其女主人的涵养、为人处事风格关系极大。冯定家亦不例外。

(一)难得的周末团聚

新中国成立初期,百废待兴,到处是一派欣欣向荣、昂扬奋进的气象。

袁方和那个时代的建设者一样,全身心投入新中国广播事业的建设中。为了工作,无论是在中央人民广播电台,还是后来在北京广播学院,她吃住都在单位。当时复兴门广电部外国专家楼有袁方的一间宿舍,只有到了周末,袁方才回家与家人团聚。冯贝叶兄弟三人从上小学起就住校,也是周末才回家。周末对他们一家来说是非常珍贵的。袁方一向热情好客,对同事们很好,星期天常常有同事、战友来家中做客,彼此间坦率、真诚,其乐融融。儿子们深受这种氛围感染,心情非常放松,和叔叔、阿姨们玩耍,倒也乐在其中。

(二)就近取材,生动施教

冯定给战士、干部、学生上课生动形象,可他给自己的儿子"上课"却差点让儿子们丈二和尚摸不着头脑。有一次,冯定和三个儿子探讨如何理解月亮自转一周和它围绕地球公转一周正好吻合的问题。冯定说,因为月亮自转一周和绕地球公转一周刚好吻合,所以我们只能看见月亮朝向我们的这半面,而永远看不见另一面。这样抽象地表述弄得冯贝叶、冯宋彻、冯方回三兄弟更不明白了,冯定越解释他们越糊涂。情急之下,冯定找到了一个酒瓶子,就当场拿着这个酒瓶当月亮,把客厅的圆桌当成地球,他举着酒瓶绕着圆桌转,这样演示给三兄弟看,这个形象的演示让他们兄弟仨一下子就理解了,而且至今记忆犹新。

(三)每周的家庭例会

冯定的家庭生活也很民主,一般每周日上午开一次家庭例会,就是进行批评与自我批评,主要是冯定夫妇对三兄弟的学习和操行提出意见、建议和期望,有时也会对儿子们的过失提出严厉的批评,他们主要关心的是儿子们的学业和品德。开家庭例会在冯定家是一件很严肃的事情。据冯定的二儿子冯宋彻回忆,每到开会前他都会有些紧张,但开完例会后都会感到无比轻松。兄弟三人也可以以平等的姿态向父母提出意见。当然小孩子提的意见大多幼稚可笑,但也有使冯定面红不高兴的时候。在一次例会上,冯宋彻说冯定打牌不守规矩,当时冯定就很不高兴,觉得被冤枉了,甚至觉得人格受到了侮辱。冯宋彻记得那次打牌,他把主牌调光了,冯定也出了副牌,可后来冯定又打出了主牌,冯宋彻说他牌出错了,冯定说是冯宋彻记错了,最后牌打不下去了。一次普通的扑克游戏为什么对冯定这么触动呢?因为诚实守信是他为人的原则,也是他教导儿子们的原则,现在儿子说自己打牌不守规矩,等于突破了他的做人底线,否定了他的为人原则,所以引起他比较大的反应。冯定一辈子无论是在大事还是在生活细节上都秉持着诚实守信上、讲真话的品德。

（四）过节猜谜语活动

袁方是极富生活情趣的人，逢年过节会在客厅摆上些小物件，在壁炉上方挂起一串彩灯，令家里透着浓浓的节日气息。有时家里办灯谜晚会，每个家庭成员都要提供一些谜语，可以是现成的，也可以是自己创作的。如果是儿子们自己创作的谜语，冯定夫妇还会加以点评。儿子们谁猜中了，谁就会获得巧克力一类的奖品。根据二儿子冯宋彻的回忆，记得有一次他抽了一条谜语，谜面是"黑格尔开汽车"，要求猜一人名。母亲袁方说这条谜语不是给他们兄弟三人猜的，而是专门让父亲冯定猜的。最后父亲给出的是什么答案，他已经不记得了，之所以给出什么答案没印象了，恐怕是因为当时根本不懂这个谜面的意思吧。但谜面给他留下的印象却非常深刻，一直还记得。冯宋彻觉得也可能就是那一刻触发了他的哲学兴趣，让他后来走上了哲学教学和哲学研究的道路。后来随着自己知识、见识的增加，他才知道黑格尔是唯心主义哲学家，开汽车就是司机，所以合起来就是苏联当时的外交部部长的名字"维辛斯基"。

六、提箱送子回边疆

1968 年的冬天，冯定的二儿子冯宋彻从青海地质队回家探亲，只能挤在蔚秀园小屋中的上铺睡。幸亏当时大儿子冯贝叶在河南，小儿子冯方回在云南建设兵团，如果三个儿子都在家，那就真没地方睡觉了。假期满了，冯宋彻要返回地质队了。晚上天空飘着小雪花，冯定坚持要送二儿子到蔚秀园外的公共汽车站，而且非要帮他提皮箱，皮箱里面装有书所以并不轻巧。冯宋彻几次要自己提，可父亲就是不让，在昏黄的路灯下，他就这样提着皮箱，磕磕绊绊地走在铺有薄雪的坑坑洼洼的蔚秀园的小路上，一直坚持提到了汽车站，才依依不舍地把皮箱交到儿子手中。冯宋彻上车后，见父亲冯定还在雪中目送他，车已走远了，父亲的身影还在冯宋彻的脑海中晃动着。此情此景一直深深地烙在了冯宋彻的记忆深处，清晰如昨。

写到这里，笔者想到了朱自清写的《背影》，还记得其中的一些句子："我与父亲不相见已二年余了，我最不能忘记的是他的背影"，"正是祸不单行的日子"，"这些日子，家中光景很是惨淡"。对于冯定而言，住在一间几平方米的小房间里，身心还要遭受批斗之折磨，家里亦正是祸不单行的日子。家中的光景有些惨淡，儿子从西北回到家来，差点连睡觉的地方都没有，不免对儿子有一丝愧意和怜惜。儿子这一离别,何时才能再见? 自己还有没有机会再见到儿子? 谁说得清呢。无论如何也要替儿子提一提箱子,心里才会觉得踏实一点吧。

　　对于冯宋彻而言,不见父亲已有一年了,这一年光景,父亲在种种批斗的折磨下,显然身体已大不如从前那样硬朗了。父亲提箱子走路的样子给他留下的记忆,就如同朱自清父亲穿过站台去买橘子给他留下的记忆一样,是无论如何也挥之不去的。父亲身体是衰弱了,可父亲对儿子深深的关怀之情永远不会有丝毫的衰弱。或许冯定当时有这样的感慨:父子之间的缘分就是今生今世不断地在目送他的背影渐行渐远,看着对方消失在远处转弯的地方,背影从视线里消失之际,心里却只能浮现出"不必追"。

第二部分　冯定青年教育
思想研究

第一章 冯定青年教育思想研究的文献综述

本书对与冯定学术思想相关的文献进行了检索,并将其分为两类:一是冯定本人的研究成果;二是对冯定思想进行研究的文章。

对冯定思想进行研究的文章大致可以分为否定批判与肯定颂扬这样两大类。否定批判的反面研究时段集中在 1964—1976 年,肯定颂扬的正面研究时段为 1977 年至今。

第一节 负面研究的文献综述

20 世纪 60 年代,冯定在新中国成立后出版的颇具影响力的《平凡的真理》和《共产主义人生观》中等理论成果,成为反对派攻击他的靶子。由于冯定在中央哲学所组织的"主观能动性"的小型讨论会上,批判了歪曲理解主观能动性的错误观点,从而得罪了关锋、吴传启、林聿时的"三人小集团",后者指使同伙从冯定的著作中寻找批判的突破口,准备对其进行攻击。加之 1964 年冯定"不识抬举"地拒绝了康生要求其写批判杨献珍"合二而一"思想的文章,于是在《红旗》杂志于 1964 年 9 月 23 日发表了署名为张启勋的《评冯定的〈共产主义人生观〉》的批判文章后,社会各界纷纷对冯定展开各种批判。据不完全统计,1964 年下半年至 1965 年下半年,有 10 种刊物刊登了批判冯定"错误思想"的文章:《红旗》(2 篇,如陆锋的《主观唯心主义的大杂烩——评冯定同志的〈平凡的真理〉》)、《中国青年》(3 篇,如张启勋的《反对冯定式的个人主义》和张风波的《评冯定同志的〈人生漫谈〉》)、《人民教育》

(6篇,如张启勋的《批判冯定的〈共产主义人生观〉》、皮明麻的《克服个人主义其名,宣扬个人主义其实》)、《前线》(3篇,如钱逊的《批判冯定同志"为了生活而实干"的个人主义哲学》)、《学术月刊》(3篇,如魏道履、赵伙来的《一九六四年若干学术问题讨论综述》)、《江汉论坛》(2篇,如言久思的《反对冯定同志对矛盾同一性和斗争性的歪曲》)、《西北师大学报》(2篇)、《哲学研究》(1篇,陈筠泉的《冯定同志怎样用相对主义来否定马克思列宁普遍真理》)、《心理科学》(1篇)、《自然辩证法通讯》(1篇)。① 当时中国的学术刊物的数量并不多,但仍有10家刊物发表了25篇批判文章,可以想见康生引发的批判力度之大。张祥浩对批判文章的内容进行梳理后发现,对冯定思想的批判主要有三个观点:批判冯定宣扬个人主义思想、抹杀阶级斗争和宣传主观唯心主义。② 孙婧对批判文章内容进行梳理后则将批判归纳为四个批判观点,即批评冯定宣扬阶级调和论、鼓吹个人主义、宣扬唯心主义和相对主义、贬低革命领袖。③ 事实上,各篇批判文章的指责无非是不顾前后文的断章取义、牵强附会和肤浅理解的表达,是对冯定思想理论的价值与意义进行的故意贬抑,扭曲了吉林大学哲学教授、博士生导师孙正聿所说的"冯定符合正统马克思主义的各个观点"。

第二节　正面研究的文献综述

"文革"结束后,冯定得到平反。人被平反,其被错误批判的思想理论也要得到"平反"。第一个跳出来对冯定的著述进行批判发难的《红旗》杂志,又成为"文革"后第一个站出来对冯定思想进行客观评价的杂志,这算不算一种变相的道歉?!《红旗》杂志在1980年第10期刊发了署名为李敏生、王晓强的对《平凡的真理》的书评,还加了编者按,明确指出《共产主义人生观》和《平凡的真理》是宣传马克思主义哲学的好书,过去的批判完全是"无限上纲,横加罪名"。黄楠森和陈志尚合写了《评1964年对冯定的〈共产主义人生观〉的批判》一文,对当年的批判一一进行了纠正性回应。1982年,冯定的

---

① 孙婧.冯定思想政治教育理论研究[M].南京:东南大学出版社,2015:131.
② 孙婧.冯定思想政治教育理论研究[M].南京:东南大学出版社,2015:131—140.
③ 张祥浩.马克思主义哲学在中国的传播、发展和走向[M].南京:江苏人民出版社,2008:283.

《人生漫谈》得以由吉林人民出版社正式出版。除"平反"性文章之外,平反之后学界对冯定及其思想的研究大致分为以下几个方面。

一、对冯定的生平及学术生涯的介绍和评析

《冯定文集》(人民出版社,1987 年和 1989 年)对冯定的生平、理论贡献进行了介绍。谢龙主编的《平凡的真理 非凡的求索——纪念冯定百年诞辰研究文集》(北京大学出版社,2002 年)从不同角度对冯定的经历、逸事、人品、学品、理论贡献进行了追忆和探讨,如评价冯定有"独立思考的优良品德"和"做人的高风亮节""正义感""襟怀坦白和正直诚实",等等。

北京大学哲学系的王东教授依托 2011 年度教育部哲学社会科学研究重大委托项目,于 2015 年 12 月在吉林人民出版社出版了研究成果《哲学创新的北大学派——李大钊、冯定、张岱年、黄枬森列传》。该书主要梳理了四位北大中国哲学家的思想,旨在总结新文化运动 100 年来,北京大学在"马克思主义哲学中国化——中国哲学现代化"进程中发挥的作用,其中对冯定的经历、主要学术研究成果及理论贡献、历史地位做了比较深入的剖析。

二、对冯定伦理学思想的研究

学者们对冯定伦理学思想的研究主要集中在他的"人生观""共产主义人生观""修养"方面,而且大都是在纪念冯定诞辰时所写的纪念文章。《道德与文明》1993 年第 3 期发表了许启贤的《论冯定为社会主义伦理学作出的主要贡献》,魏英敏的《冯定论修养给我们的启迪》和陈瑛的《人的精神生活更重要》,以纪念冯定诞辰九十周年。

夏征农等在《论冯定同志的理论贡献》[《学术月刊》,1994(4)]一文中将其伦理学贡献概括为重视人生观教育,推陈出新、批判创新,重视伦理德目建设。

陈瑛在《平凡蕴含真理 真理指向高尚——冯定关于人生观问题的论述》[《湖南师范大学学报》(社会科学版),2002(7)]一文中对冯定的个人国家社会责任感、婚姻家庭观、个人幸福观以及调动多种科学理论综合解决人生观问题进行了探讨。

黄楠森和陈志尚撰写的《共产主义人生观的基本特点和当代价值——重读冯定关于共产主义人生观的论著》[《北京大学学报》(哲学社会科学版),2003(1)]一文系统剖析了冯定共产主义人生观的特点。文中指出共产主义人生观是先进的人生观,是科学的人生观,是自觉的人生观,是与时俱进的人生观。

冯定的最大贡献就是使马克思主义的人生观成为一门完整、系统的科学,使其成为系统化的人生哲学理论。

三、对冯定哲学思想的研究

邢贲思于 2002 年 8 月 13 日在《人民日报》上发表了《让哲学走进大众——读〈平凡的真理〉》一文,对《平凡的真理》进行了权威的评价。他认为,《平凡的真理》虽然是一本通俗化的哲学著作,但很有独创性,它贴近现实,贴近生活,毫无教条主义习气。《平凡的真理》在对马克思主义哲学进行独特理解的基础上,把辩证唯物主义和历史唯物主义结合了起来,把世界观和人生观结合了起来。

袁方和张文儒在《冯定的学风与哲学思想的特点》[《社会科学》,1985(7)]一文中指出,"冯定的哲学思想,有一个重要的特色是坚持理论和实践相统一,反对纯粹的书本哲学"。冯定把马克思主义哲学看成是"应用哲学"——不仅明白自然和社会规律,还要用其分析活生生的现实,在活生生的现实中去活生生地应用。冯定哲学思想还有一个特色,就是注重哲学本身的解放、创新、开拓,以及哲学的群众化和通俗化。

夏征农等在《论冯定同志的理论贡献》一文中对其哲学贡献做了这样的概括:对马克思主义哲学体系的探索;在矛盾的斗争性和同一性的关系上,贯彻了彻底的唯物辩证法精神;在物质和意识关系上的彻底唯物主义。

姚惠龙的《冯定应用哲学的主要特征》[《北京大学学报》(社会科学版)1993(2)]一文认为冯定应用哲学的特点在于运用哲学去认识宇宙和社会,改造社会,解决人生问题。

《对 21 世纪哲学、伦理学创新给予的启示——评析冯定学术理论贡献综述》一文指出冯定的学术理论贡献包括:治学和做人兼重的品格与执着追求真理的实事求是精神;以生活实践为基础的马克思主义哲学及辩证唯物主义和历史唯物主义之融为一体;以马克思主义世界观和历史观为指导的共产主义人生观与个人价值、自我价值;"百家争鸣"中相互要有"实实在在的理解"与"兼容并包"。

另外,在作为国家哲学社会科学"十一五"规划项目的"冯定的哲学与伦理学思想"的最终成果《平凡的真理 非凡的求索——纪念冯定百年诞辰研究文集》中,除了陈瑛的《平凡蕴含真理 真理指向高尚——冯定关于人生观问题的论述》和黄楠森、陈志尚的《共产主义人生观的基本特点和当代价值——重读冯定关于共产主义人生观的论著》之外,还收录了这样一些文章;邢贲思的《重读〈平凡的真理〉》、肖前的《真理是朴素的》、周辅成的《〈平凡的真理〉就是劳动人民心目中的真理》、罗国杰的《在改造客观世界中加强主观修养》等等。

2015 年 8 月 13 日《人民日报》发表了《冯定：大力宣传普及马克思主义哲学》一文，认为冯定是马克思主义哲学的开拓者之一，是中国马克思主义哲学的主要创建者，是不可多得的教育人才，并对冯定的理论历史地位进行了概要的评价。

四、对冯定思想政治教育理论的研究

孙婧在其博士论文的基础上出版了《冯定思想政治教育理论研究》的专著，除导论外包括六章内容：冯定思想政治教育理论的递演进程；冯定思想政治教育理论的内容撷要；冯定思想政治教育理论的成功要素；冯定思想政治教育理论的卓越创见；冯定思想政治教育理论的错误批判；冯定思想政治教育理论的当代借鉴。这是除谢龙主编的《平凡的真理 非凡的求索——纪念冯定百年诞辰研究文集》之外的第一本研究冯定思想的专著。

北京大学马克思主义学院的李少军于 2015 年 10 月 8 日在光明网上发表了《北大马克思主义教育散记——忆黄枬森老师》一文，李少军在文中提到冯定为北大马克思主义理论教育的第二座里程碑。

五、《冯定文集》反映了其主要的思想理论

人民出版社 1987 年和 1989 年先后出版了《冯定文集》的第一卷和第二卷，收录了冯定的主要理论文章和学术著作，为人们进一步研究其思想和理念提供了一手资料。书中体现其伦理学、人生哲学思想的著述主要包括《青年应当怎样修养》《新人群的道德观》《谈新人生观》《共产主义人生观》《人生漫谈》《修养无时可息 学习终生不停》《生命的价值——谈谈革命人生观》《让共产主义道德深入人心是理论工作者的神圣职责》《人活着究竟为什么?》《个人主义与个人利益》《关于"红专"》;体现其马克思主义哲学思想的主要著述有《平凡的真理》《哲学的应用》《哲学工作者的历史使命》《论自然哲学和历史哲学》《论反省》等等。

作为一个马克思主义哲学家，冯定的坚定信仰令人钦佩！

作为一个马克思主义伦理学家，冯定为人类幸福勾画的理论蓝图令人敬仰！

作为一个马克思主义教育家，冯定为如何加强青年修养而呕心沥血的精神令人崇敬！

冯定集理想、学问、责任与实践精神于一身。本人选择研究冯定的青年教育思想，其实也是对自身心灵的净化和对自身理论水平的提升。

本书基于上述研究进行的探讨，旨在彰显冯定青年教育思想的历史价值与学术价值，进一步发挥其理论的实践指导价值。

第二章　冯定青年教育思想发展的四个阶段

对于一个学者的学术思想的形成与发展的考察,既要追溯其人生经历中形成其学术思想的契机,也要考察其著述本身,这样才有助于本真地理解一个学者的学术思想的进程。正如学者林逢祺、洪仁进所言:"要了解一位学者的学术思想的发展或进程,大致有两种取径:一是通过叙明这位学者的学思之旅,将其生活历练与学术发展连结起来;二是借对这位学者的著作之序,将其论述内容与学术进路连结起来。"①本书对冯定青年教育思想发展进程的考察,采取两者相结合的方式,通过对其相应的著述内容及其形成背景的考察来分析其青年教育思想的几个阶段。

尼采说:"生命敢于承受生命的无意义而不低落消沉,这就是生命的骄傲。"胡适曾说过:"生命本身没有什么意义,你要能给它什么意义,它就会有什么意义。与其终日冥想它有何意义,不如试用此生做点有意义的事。"他们两人都是在说明生命的意义是通过积极作为来创造的。如果说慈善家们做的有意义的事是财布施的话,那么理论家们做的有意义的事就是法布施了。冯定就是这样一位无论自身处境如何都在"布施人间正道"的、有良知的知识分子和学者,他的生命意义是通过丰富的著述及其对青年朋友产生的深刻影响来成就的,这已不只是做对自己有意义的事了,而且是做对社会、对他人也极为有意义的事。一个国家青年的人生走向意味着国家未来的走向,从这个意义上讲,关心青年的修养与成才就是关心国家未来的繁荣

---

① 林逢祺,洪仁进.教师不可不知的哲学[M].上海:华东师范大学出版社,2009:290—291.

昌盛。从冯定在 1937 年 3 月 3 日正式出版的《青年应当怎样修养》到 1983 年 6 月正式刊发的《把马克思主义哲学送到人民手中——论哲学的普及》一文，在此 46 年间，除 1964—1977 年由于历史原因，冯定被迫沉默未发表任何著述外（但其对青年教育和修养问题的思考却从未停止过），他在青年思想教育战线上的学术著作和文章加起来超过了一百万字，辛勤耕耘后的理论成果收获颇丰。《冯定文集》（第一卷、第二卷）收录的文章有 45 篇、著作有 4 部，其中最主要的成果是关于青年各个方面的修养的。冯定作为坚定的马克思主义者，把自己的绝大部分精力和生命都献给了青年思想教育修养的伟大事业。

对冯定学术理论思想进行阶段划分的目前有三位：一是冯定的学生张文儒；二是连子、冯贝叶和叶宁宁；三是孙婧。张文儒认为，研究冯定哲学思想发展的各个阶段和主要贡献，对于总结马克思主义哲学在中国传播的历史进程，对于推动当代中国哲学的发展，无疑具有重要的现实意义。[①] 张文儒把冯定的哲学思想分为四个阶段：初始、发展、总结和再发挥。初始阶段是 20 世纪 20 年代到 1937 年以前，这一阶段冯定哲学理论的特色已基本形成；发展阶段是 1937—1952 年，冯定的哲学思想和政治思想进一步成熟；总结阶段为 1953—1964 年，冯定系统地总结了多年以来学习和宣传哲学的成果；再发挥阶段为"四人帮"粉碎之后到冯定去世之前，冯定投身于新历史时期的理论建设工作。连子、冯贝叶和叶宁宁在《马列学院一分院时期的冯定——兼谈冯定著作的分期和哲学思想的一些特点》一文中，认为冯定在新中国成立后的著述思想可以分为两个时期：1949—1957 年和 1958—1983 年，理由是 1957 年前后冯定的工作性质、工作对象和周围人员的成分都有很大的变化，国内外形势也有重大变化，这些都对冯定的写作主题产生了影响。[②] 孙婧在其《冯定思想政治教育理论研究》一书中以思想政治教育为主线梳理了冯定在各个历史时期的学术文章和著作，将冯定思想政治教育理论的递演进程划分为三个阶段：初成阶段（1937—1948 年），成熟阶段

---

① 张文儒.冯定哲学学术思想初评[J].北京大学学报（哲学社会科学版），1985（3）：101—107.

② 连子、冯贝叶、叶宁宁.马列学院一分院时期的冯定——兼谈冯定著作的分期和哲学思想的一些特点//谢龙：平凡的真理 非凡的求索——纪念冯定百年诞辰研究文集[C].北京：北京大学出版社，2002：57—64.

(1949—1963年)和再发展阶段(1978—1983年)。①

　　本书以冯定青年教育思想为主线,对冯定不同时期发表的文章和著作进行整理分析,同时还考虑了冯定工作对象的变化情况,将冯定的青年教育思想的进程分为这样四个阶段:青年教育思想集大成阶段(1937—1948年);引导青年树立社会主义阶级观和政治人生观阶段(1949—1956年);面对高等学府知识分子及青年学子的理论贡献阶段(1957—1963年);重拾理论之号激励青年在新时代勇于前行阶段(1978—1983年)。

第一节　青年教育思想集大成阶段(1937—1948年)

　　冯定从1916年在浙江省第四师范学校就读时,就对理论的学习产生了浓厚的兴趣。冯定意识到,一个人要想成为一个学者,他就要"优先地、充分地发展他本身的社会才能、敏感性和传授技能。……他应当熟悉他自己的学科中那些在他之先已有的知识。……他应当不断研究新东西,从而保持这种敏感性"②。如果说冯定从冯君木先生处学习的是传统文化的学问的话,那么20世纪20年代,冯定踏入上海之后就开始有机会接触马克思主义进步思想了。

一、冯定青年教育思想产生的时代背景

　　20世纪20年代末,冯定在莫斯科中山大学学习,得以有机会系统地学习马克思主义理论,并对哲学产生了浓厚的兴趣。但由于以王明为首的宗派主义把持了莫斯科中山大学中国学员的党内生活,对意见有异的学员进行诋毁打击,冯定也因此受到严重的警告处分,于1930年被遣送回国。此事引发冯定的悲愤,同时也引起他的思考:在当前的中国革命中,为什么会产生这种现象呢? 中国的现实矛盾和人民的苦难如何才能得以解决呢? 要理清这些问题的头绪,只有借助哲学的力量才有可能,因此冯定开始钻研哲学理论。借助正确的哲学理论解决现实问题,这也是后来冯定把新哲学即马克思主义哲学界定为实践哲学的缘故。

　　1931年"九一八事变"发生,中华民族陷入水深火热的民族灾难之中。

---

① 孙婧.冯定思想政治教育理论研究[M].南京:东南大学出版社,2014:15—22.
② 费希特.论学者的使命、人的使命[M].梁志学,沈真,译.北京:商务印书馆,1997:42.

中国共产党领导的"左翼文化运动"以上海为中心如火如荼开展起来,成立了"中国左翼作家联盟""中国社会科学家联盟""左翼戏剧家联盟"等左翼文化团体。"左翼文化运动"是革命文化运动,是民众面对当时中国的时代问题而发出的怒吼之声。难怪爱尔兰剧作家萧伯纳会说,在 20 世纪 30 年代,"20 岁的中国青年,如果不思想左倾,那一定是没有出息的人"。

当时,在上海"左翼文化运动"战线上有一大批思想犀利、眼光敏锐的活跃分子,冯定也算是其中之一。为有力宣传革命文化,上海的各种进步刊物如雨后春笋般发展起来,如李平心担任编辑的《自修大学》、夏征农担任编辑的《文化食粮》、艾思奇担任编辑的《读书生活》。在这个时期,冯定开始以"贝叶"为笔名在《自修大学》《文化食粮》上发表文章,他的文章深受广大进步青年的喜爱,而他对青年产生革命思想教育的影响从这个时候就开始了。

像冯定这样的革命理论家有个共同的特点——他们都深深地陷入这样的努力,那就是用他们的思想方式改造别人的思维方式,不仅创造出革命的抗议活动,而且创造革命的意识形态,创造出一种以新的方式洞察现实的群众觉悟①。冯定正是通过充满洞察力的心灵和充满活力的笔力来产生思想的文字以"改造别人的思维方式"的。

二、冯定青年教育思想集大成阶段的著述简介

20 世纪 30 年代末至 40 年代末,是冯定青年教育学术思想最为活跃的时期,这一阶段著述极为丰富(参见表 2-1),其青年教育思想的四大代表作——《青年应当怎样修养》《抗战与青年》《平凡的真理》和《人生漫谈》中,有三部是在这一时期产生的,由此本书把这一时期判断为冯定青年教育思想的集大成阶段。

表 2-1　1937—1948 年冯定发表论著情况

名称	刊物或出版社	刊发或出版时间
《青年应当怎样修养》	上海生活书店(青年自学丛书之一)(1938 年再版)	1937 年 3 月 3 日
《英雄和英雄主义》	《自修大学》1 卷 1 辑 4 号	1937 年 3 月 6 日
《谈新人生观》	《自修大学》1 卷 1 辑 5 号	1937 年 3 月 20 日
《青年群》	《文化食粮》1 卷 1 期	1937 年 3 月 20 日

---

① 威廉·H.布兰查德.革命道德——关于革命者的精神分析[M].戴长征,译.北京:中央编译出版社,2004:26.

名称	刊物或出版社	刊发或出版时间
《新人群的道德观》	《自修大学》1卷1辑6号	1937年4月3日
《哲学的应用》	《自修大学》1卷1辑7号	1937年4月17日
《现阶段的中国青年问题》	《自修大学》1卷1辑8号	1937年5月1日
《青年在这个时候应该干些什么》	《国民周刊》1卷2期	1937年5月14日
《怎样自修外国语》	《自修大学》1卷1辑9号	1937年5月15日
《大话和小话》	《国民周刊》1卷4期	1937年5月28日
《论自然哲学与历史哲学》	《自修大学》1卷2辑10号	1937年5月29日
《问题解答》	《自修大学》1卷2辑11号	1937年6月12日
《往露天去》	《自修大学》1卷2辑11号	1937年6月12日
《问题解答》	《自修大学》1卷2辑12号	1937年6月26日
《我们对英美的谢意和戒心》	《自修大学》1卷2辑13号	1937年7月10日
《主战与主和》	《自修大学》1卷2辑13号	1937年7月24日
《抗战与青年》	上海光明书局初	1937年12月20日初版;1938年1月5日再版
《脑子还得磨砺》	《译报周刊》1卷3期	1938年10月26日
《陈毅将军访问记》(上)	《译报周刊》2卷1期	1939年4月20日
《陈毅将军访问记》(下)	《译报周刊》2卷2期	1939年4月27日
《美国与世界大战》(上)	《抗敌》1卷7期	1940年2月15日
《美国与世界大战》(下)	《抗敌》1卷8期	1940年3月1日
《忠奸辩》	《抗敌》1卷9期	1940年3月16日
《学习的中心堡垒》	《拂晓报》	1943年3月16日
《论反省》	《拂晓报》	1943年7月1日
《教育改革中防止"矫枉过正"与"因噎废食"》	《拂晓报》	1945年6月23日
《认清形势 积极行动》(上)	《拂晓报》	1945年10月7日
《认清形势 积极行动》(下)	《拂晓报》	1945年10月8日
《平凡的真理》	光华书店	1948年

（一）特殊时代造就的理论"喷发"

从表2-1可以看出，仅就1937年而言，冯定除出版了《青年应当怎样修养》和《抗战与青年》这两部著作之外，还发表了一系列与青年教育、修养有关的文章：《英雄和英雄主义》《谈新人生观》《青年群》《新人群的道德观》《哲学的应用》《现阶段的中国青年问题》《青年在这个时候应该干些什么》《怎样自修外国语》《大话和小话》《论自然哲学与历史哲学》《问题解答》《往露天去》《我们对英美的谢意和戒心》和《主战与主和》。

由于《青年应当怎样修养》和《抗战与青年》有专门的一章内容进行探讨，此处就不再赘述。在此主要对其他文章进行一些分析。

冯定在《青年群》一文中说："因为要替青年写文章，所以我才决定把青年这个概念弄得更清楚一些，于是我便想出青年群三个字来了。"①冯定是经过深思熟虑后决定使用"青年群"这个概念的，他通过分析，排除了使用"青年阶级"和"青年们"而选择了"青年群"。"阶级"要根据在生产关系中所居地位而划分，青年却有穷有富，有学生、学徒、工人、农民等；而"们"只是表示多数而已。"群"则不同，"物以类聚，人以群分"，"群"表示有共同特征，而又不是阶级的意思。"青年群"之青年的共同特征是什么呢？冯定认为，青年不但会对现状不满，还想立即改革它。但青年对社会的不满往往是凭直觉，而对社会坏在什么地方不能透彻分析，对于如何改革也没有仔细考虑和周密计划，行动容易遭受挫折，容易产生灰心失望的情绪。"然而青年的激进和兴奋的情绪终究是推动社会的一种巨大力量"②，青年不但是旧家庭的捣乱分子，也是摧毁旧社会的先锋队。

虽然青年是社会的突击队、先锋队、敢死队，但一些反动的老年人会看不顺眼、会说闲话，甚至利用青年知识不多、经验不丰的特点分化、麻醉青年，叫他们不要到黑魆魆但快要出太阳的地方去，叫高贵青年不要与贫贱青年交往，把青年的直觉认识说成是错觉。冯定在文中告诉青年，世界上有不怕青年的地方，那就是苏联，所以"青年应该不要自馁，不要失去自信力，不要变做了少年的'老成'"③。但青年要扩充关于前途的知识，做事不要莽撞。

冯定写于80年前的《英雄和英雄主义》一文，今天读来依然是那么明晰和激动人心，可想而知在当年对中国有志爱国青年产生了怎样的影响。冯

① 冯定.冯定文集：第一卷[M].北京：人民出版社,1987：99.
② 冯定.冯定文集：第一卷[M].北京：人民出版社,1987：101.
③ 冯定.冯定文集：第一卷[M].北京：人民出版社,1987：103.

定在文中写道：

> 英雄，这个词儿好像酒，听着使人会兴奋得怪醉醺醺的，尤其是青年，当这个大变乱的年头儿，谁不对英雄起几分敬慕之心呢？谁不想自己也来英雄一下子呢？英雄在历史上的作用，确乎非常重要，历史如果没有英雄的点缀，那么历史将枯燥、沉闷、停滞得怎么样，简直是不可想象的了，但"英雄是历史的产物。各时代有各时代的英雄，时代不同，英雄也就不同；英雄无论怎样的出类拔萃，终究还是脱不了历史的限制的"[①]。历史是靠人干出来的，进步的英雄会促进新社会的早日实现。同是一个英雄，如果开了历史和社会的倒车，那么对社会不但无益而且会有害。开倒车的英雄是在逆水行舟，而进步的英雄却是在顺水推舟。"干"是英雄最主要的条件；每个人只要努力干，谁都有成为英雄的可能。"英雄不但要有健全的体格，并且也要有清楚的头脑、坚强的意志、精密的思想、丰富的情感、百折不挠的精神。"[②]

冯定认为，英雄是多方面的，并不限于一种形态，只要能替新社会斗争，那么醉卧沙场固然是英雄，政治上、文化上、艺术上也可以产生英雄。不过社会环境不同，各方面的需要也有缓急的不同，英雄也就有大小之别了。我们现在的主要敌人是侵略我们的恶魔和受其玩弄的汉奸、准汉奸，中国的主要任务就是肃清封建势力和打倒帝国主义，"中国现在需要的，最主要的便是民族英雄；凡是能看清当前的情势，能适应大多数民众的迫切要求，能消除中华民族当前的大危难，这便是中国真正的英雄"[③]。正是由于理论家们震动心灵的理论呐喊唤醒了无数民众和青年，当时中国出现了无数的大大小小的真正英雄，是他们的努力让灾难深重的中国走出险境，得以重见天日。

在《谈新人生观》中，冯定认为旧的人生观是"人上人"的人生观，带着宿命论思想，认为富贵贫贱或自由不自由都是命。新的人生观对人的力量看得比较重，人生的意义就是要看清社会发展的方向，尽一分子"人"的力量去服务社会，使历史不停滞、不倒转和不后退。人只要认识清楚社会发展的趋势，顺势而为总会实现理想的，自由也就会跟着来临。人越能认识必然，做人就越自由。推动社会可以从各方面去进行，不过每个时代有每个时代的

---

① 冯定.冯定文集：第一卷[M].北京：人民出版社,1987：87.

② 冯定.冯定文集：第一卷[M].北京：人民出版社,1987：90.

③ 冯定.冯定文集：第一卷[M].北京：人民出版社,1987：92.

中心任务需要牢牢把握。中国遭受着外敌侵略,民族面临着生死存亡的问题,青年不必悲观,同时要尽各种各样的力量促使抗敌获得胜利,击退敌人收复失地,我们的社会才有向前跃进的机会,我们的青年才不失做人的意义。

冯定在《新人群的道德观》一文中指出,新人群是在人口稠密的大都会里产生和形成的,新人群的主要德目是"自己人群的团结,因为新人群只有团结,才能成为一种不可毁灭的伟大力量,也就是这样,才能负起改革社会的大责任来"①。旧道德偏重个人修养,注重个人名誉和地位;新人群的新道德是从社会出发的,是活的,不但承认个人的道德修养,而且对个人过分放纵的行为加以谴责。新道德观脱离不了时间性,现在处在民族生死存亡之际,善恶就要以有利于民族还是有害于民族为标准,那些替帝国主义侵略者充当爪牙的就是汉奸,公开或暗中反对抗战的就是准汉奸。冯定作为坚定的布尔什维克,作为革命的知识分子,作为社会良知声音的发出者之一,"代表着这个社会和民族的精神取向,能够从全中国、全社会,甚至全人类的利益出发来思考问题"②。由此冯定在《现阶段的中国青年问题》一文中指出,我们生下来便做了现在这样中国的青年,正是幸也是不幸。假使我们说人类进化是在演奏一部万古千秋的大进行曲,那么现在我们正是在奏着空前急剧和空前紧张的一段,随着这段而来的必将是新社会的光明曲,将是全社会男女老幼和谐而美妙的合唱,然而现在的一段奏出来的却是被侵略的民族的怒吼,是劳苦大众的呼声,是千千万万男女青年的"不平鸣",是枪声、炮声、鞭策声、饥饿声、抽筋声、剥皮声、弱肉强食的啧啧声、女子在重压下的呻吟声汇萃和衬托起来的。要在这样的社会里苦斗、肉搏,我们真是不幸,但这也许也是我们的幸运吧!我们处在这样复杂而繁乱的社会中,我们的脑子不得不受最严厉的洗炼,我们的肩上也自然而然落下了一个人类社会空前的大责任:我们必须用"快板"来奏完这一段旧世界和新世界间的"过门",接着替我们的儿孙们建立起"你呀,能做什么呀,就什么吧!你呀,要使什么呀,就什么吧"的前奏曲来。冯定进一步指出"未来世界虽然开着鲜花,结着美果在等我们去采",但现阶段中国青年面对的现实却"是压在心窝儿的一块石头,是碍手的链子和缠住脚跟的网","好像是处身在最热闹的,可是没

---

① 冯定.冯定文集:第一卷[M].北京:人民出版社,1987:109.
② 赵康太.当代思想理论教育前沿问题纵论[M].武汉:武汉大学出版社,2007:211.

有红绿灯的十字街头,这边去也不好,那边去也不好,动也不好,静也不好"①。

那么,青年在这个时候应该干些什么呢?冯定认为中国的炮声从"九一八"以来就没有停止过,青年的耳朵是最敏锐的,青年常常有一种直觉的正确思想,然而同时也有许多歪曲的思想阻挠着这种正确思想。青年自然不大明白正确的思想为什么总是要碰到更多的"煞神",自然不大明白困难和阻碍正是形式上同原来的思想相反,实际上却是成事必须经过的高级阶段。今天青年的出路就是参与到火热的现实生活中去。要使社会不散漫、不松懈,首先就得有组织,组织就不该脱离群众。你得在你的生活范围里面,尽可能地推动其他的人。为了国家,当然要过着有组织的生活,为了自己也非要过着有组织的生活不可,只有在有组织的社会中,才能更广泛地了解社会,慢慢学得对社会有益的做人的"艺术";也只能在这样的条件下去开拓、去获得个人生活。只有组织能将自己的生活同别人的生活打成一片,一方面这才可以对准时代的中心目标,开始切实而有效的初步工作,另一方面个人的生活也才有发展和开拓的机会。人只有同人相处的时候才能使感情融化,也只有同人相处的时候才能使能力显出来,并且团结正是最不可攻破的力量。"我们要拿社会事业做先提,我们能在现有的地位上立定脚跟,对准着一个当前的目标努力去干,人生的意味就在这里,要说是已获得了初步的胜利也并不过甚。不过问题是在今后要多多开展我们的生活,不要使生活一天一天地狭窄起来才好。"②人生的意义就是要拓展生活,使其一天天广阔起来,敞亮起来。

冯定在《大话和小话》一文中告诫青年满腔热情地投入救亡宣传工作中去是要讲求方式方法的,只是大话连篇可能根本达不到想要的效果。冯定认为,救亡是大事,但是"对那些不懂得大事的人,要是你要灌输救亡的知识,固然非先说小话不可。就是对那些懂得大事的人,也不可尽说大话,不带小话"③。而"热心救亡的青年,免不了要对人表示救亡的意见。表示意见的方法,无论用笔,像起草宣言、通电和传单,写标语,描画报,做论文也好;无论用嘴,像谈话、演讲、唱歌也好;无论用表演,像演剧也好;总不外乎要把救亡的意思表达出来,所以其中就有一个共同的要诀,便是大话不能离开小

---

① 冯定.冯定文集:第一卷[M].北京:人民出版社,1987:117.

② 冯定.冯定文集:第一卷[M].北京:人民出版社,1987:124.

③ 冯定.冯定文集:第一卷[M].北京:人民出版社,1987:126.

话,小话不能离开大话"①。冯定认为,大话一下子就可以说完,如果大话不脱离小话,那么当然就不是一次两次或一天两天可以说完的了,"所以说话更需要有耐心,说时更要注意对方的心事,对方的兴味和性格。大话离不了小话,同样大事也离不了小事;你要达到使人家听你的话而大家起来救亡的大事,就非注意种种小事不可。我们必须从小处着手去说服他们,使他们知道即使一个很小的生活欲望或心愿和救亡大事有关然后'救亡'大事才会成功"②。冯定的这些见解可谓是对青年如何做好救亡宣传工作指点迷津。

从上面这些著述可以看出,冯定身兼革命家和理论家的双重身份:作为革命家,他写的东西充满激情,能唤起人们的斗志;作为理论家,他写的东西具有深刻性和系统性。冯定总是有激情地表达理论的观点,所以他的著作、文章"没有丝毫学究气,最大特点就是有的放矢,不讲空话,文字则生动活泼,浅显易懂。读他的著作,好像听一个长辈或者一个老朋友同你谈话,恳切而无教训味,细致而不嫌絮叨。读了之后,使人感奋,令人回味"③。

(二)从事革命宣传与教育工作所产生的理论成果

1936年中共江苏省委正式恢复后,冯定就任江苏省委宣传干事兼党刊《真理》的主编。1937年7月7日卢沟桥事变发生后,中华民族掀起全民族统一的抗日战争。1937年12月,冯定的《抗战与青年》一书由汉口光明书局作为"民族解放丛书"之一出版发行。《抗战与青年》与《青年应当怎样修养》算得上是姊妹篇。正如冯定在《抗战与青年》一书的序言中所讲:"曾经为青年写过一本《青年应当怎样修养》,然而那时抗战还没有实现,比较还是平时的。抗战是长时期的事业,这本小书正适应青年在这时期的参考。""这时期"也就是指抗日战争全面爆发之后的时期。冯定在《抗战与青年》中以敏锐的历史眼光和高昂的精神状态阐述了抗战和青年的关系。他结合抗战斗争,阐述青年应当如何去做、怎样提高自身修养。

《抗战与青年》共分五章,从"青年在抗战中的特殊意义和作用""青年在抗战中的修养""青年与武装""青年和群众工作"和"抗战的前途与青年的出路"来论述抗战与青年的关系,大体可分为三部分:第一章讲的是青年在抗战中的特殊意义和重要作用;第二、三、四章从青年个人生活的角度及抗战

① 冯定.冯定文集:第一卷[M].北京:人民出版社,1987:126.
② 冯定.冯定文集:第一卷[M].北京:人民出版社,1987:127.
③ 谢龙主编.平凡的真理 非凡的求索——纪念冯定百年诞辰研究文集[M].北京:北京大学出版社,2002:196.

工作的角度出发讲青年的修养;第五章讲的是抗战和青年的光明前途。冯定首先从抗战的伟大意义及青年的特点来说明青年在抗战中的历史使命和神圣职责。他说明抗战的意义是"为民族争生存、为世界争和平",因而是伟大而神圣的,所以青年肩负着无比光荣的历史使命。冯定指出,青年要完成这个历史的伟大任务,在抗战中需要干也需要修养。青年有特殊的长处即有高尚的理想和热烈的情感,可也有自己的短处即生活往往不够丰富且经验比较贫乏,一旦失败容易沮丧消沉,青年只有发扬长处,克服短处,才能肩负抗战的历史使命。这就需要青年一方面要干,一方面要提升修养。冯定认为青年的哲学同军事学一样要提升修养,因为哲学是要求理论和行动一致的,世界是个整体,我们应找出主要的矛盾和彼此错综复杂的关系,才能很好地解决问题。

冯定在说明抗战中青年提升修养的必要性之后,结合青年在抗战中的日常生活、抗战中的恋爱问题、抗战中的家庭关系等十分具体的问题说明了正确对待这些问题的方法,这等于是肯定了青年私生活的存在及其合理性。另一方面,冯定认为青年的私生活应以有利于社会生活和有利于抗战大局为标准,于是就与抗战直接相关的方面用专章来阐述了"青年和群众工作"。冯定认为,抗日救国是青年群众组织的中心任务,青年组织必须要有民主精神,青年组织更需适合青年的利益要求和兴趣,组织青年工人、青年农民、青年学生、青年妇女工作、职业青年和儿童难民的工作,等等。这就把抗战中青年的个人修养与整个民族的抗战紧密联系了起来,并对做群众工作的方方面面的认识和方法讲得十分具体,不仅仅是大道理,还有具实际操作性的意义,理论和实际结合得极为紧密。最后讲到抗战的光明前途与青年的出路,冯定说明青年生活的彻底解决需要抗战的彻底胜利,需要建立独立自主的民主共和国,由此把青年个人价值的实现与社会价值的实现高度统一起来。

1938 年 10 月,冯定转至皖南新四军政治部宣传部工作,先后任宣传科长、《抗敌报》主编、教育科长、干部教育科长等职。1940—1947 年,冯定担任过江南澄武锡区军政委员会副主任、苏北抗日军政学校副校长、抗日军政大学第五分校副校长、中共淮北区党委宣传部部长和中共中央华东局华中分局宣传部副部长。在动荡不安的战争环境中,冯定选择的道路是用自己的嘴(做报告、讲课)和笔(写文章)来对青年战士等进行形势政策教育和马克思主义哲学教育。在此期间,除冯定的《抗战与青年》和《青年应当怎样修养》再版让更多的青年受到影响外,冯定还撰写了《脑子还得磨砺》《陈毅将军访问记》《美国与世界大战》《忠奸辩》。冯定在任淮北区党委宣传部部长期间,正值全党整风运动时期,冯定为淮北区党委领导成员小组写了《学习的中心堡垒》和《认清形势 积极行动》,另外他还撰写并发表了《论反省》和《教育改革中防止"矫枉过正"与"因噎废食"》。

冯定在《论反省》一文中认为反省有三大作用:一是整顿他人莫如先整顿好自己,整顿自己莫如反省;二是整风对自己来说,就是要改造自己;三是改造自己要理论联系实际。他还在文中指出了反省中的几种不正确现象并进一步提出了反省的正确方法:(1)反省的主要目的是反省短处和缺点,但不能抹杀自己的优点和长处,不要因为反省而悲观失望。(2)反省最好是将当时在内心里的思想斗争情形及其演变过程还原出来,这样才能深刻。(3)进行反省的时候,向熟识的人虚心求教。(4)反省最好是先从点滴的反省、局部的反省开始,然后再来综合、全面、整个地反省。(5)当点滴反省稍有成绩而要进入全面或整个反省的时候,最好能在历史上挑选一两个自己觉得印象最深、对自己的发展影响最大、内心思想斗争最为激烈的环节,对前因后果、经过演变、思想的转折、行动的反映做彻头彻尾的检讨,这是进行中央突破、把握中心环节的方法。冯定提出的这些反省方法对今天的青年进行自我反思、自我提升依然有指导意义。

冯定在此阶段的另一重要成果也是冯定的代表作,就是《平凡的真理》。有人称《平凡的真理》是"具有中国特色的共产主义 ABC"①,由于本书后面有专章探讨《平凡的真理》一书,在此只做简要的评介。《平凡的真理》有两个版本,第一个版本是冯定于 1947 年秋在大连治胃病期间以"平凡的真理之一、之二、之三……"连载于《大连日报》上的文章,后由光华书店结成集子用"平凡的真理"作为书名在 1948 年出版发行的。初版的《平凡的真理》分为上、中、下三编:上编为"信不信由你——基本知识";中编为"宇宙的钥匙——普遍的规律";下编为"当战士与做学生——真实的生活"。1955 年中国青年出版社出版了冯定重写的《平凡的真理》。新版的《平凡的真理》分为四篇:第一篇为"真理和智慧";第二篇为"真理和谬误";第三篇为"真理和规律";第四篇为"真理和实践"。"无论哪一种版本的《平凡的真理》,都是以'认识和实践的关系'为主线,从理论联系实际的角度来阐述辩证唯物主义和历史唯物主义,都是冯定自觉运用马克思主义原理对青年的世界观、人生

---

① 谢龙.平凡的真理 非凡的求索——纪念冯定百年诞辰研究文集[M],北京:北京大学出版社,2002:157.

观、政治观、道德观进行系统化的成果"①。

第二节　引导青年树立社会主义阶级观和政治人生观阶段(1949—1956 年)

新中国成立之初,冯定在当时经济发展水平居全国之首的上海任中共中央华东局宣传部副部长一职,从 1952 年到 1957 年这段时间在中央马列主义一分院工作。冯定的工作性质都算是宣传,只不过一个是对内宣传,一个是对外宣传而已。其实,无论是在抗日战争时期还是在解放战争时期,或在新中国成立之后,冯定从未停止过对马克思主义哲学的研究与思考以及用其引导青年树立正确的世界观、人生观的工作,冯定在 1949 年至 1956 年期间发表的著述如表 2-2 所示,是十分丰富而且比较有影响分量的。

表 2-2　1949—1956 年冯定发表论著情况

名称	刊物或出版社	刊发或出版时间
《平凡的真理》	由三联书店(东北新中国书局)作为《新青年自学丛书》之一印造初版	1949 年 5 月
《平凡的真理》	由三联书店在上海印造第二版(重排),为上海第一版,增补 1950 年 1 月写于上海的"沪新版序"	1950 年 5 月
《学习毛泽东思想来掌握资产阶级的性格并和资产阶级的思想进行斗争——读〈毛泽东选集〉的一个体会》	上海《解放日报》	1952 年 3 月 24 日
《关于掌握中国资产阶级的性格并和中国资产阶级的错误思想进行斗争的问题》	根据毛泽东的指示,《学习》杂志编辑部对发表于上海《解放日报》的冯定文章作了个别地方的修改,以此为题,转载于《学习》杂志	1952 年第 4 期
《关于掌握中国资产阶级的性格并和中国资产阶级的错误思想进行斗争的问题》	《人民日报》转载此文后,由人民出版社出版单行本,全国发行	1952 年 4 月 10 日

---

① 孙婧.冯定思想政治教育理论研究[M].南京:东南大学出版社,2014:18.

续表

名称	刊物或出版社	刊发或出版时间
《中国共产党怎样领导中国革命》	华东人民出版社	1952 年 11 月
《中国共产党怎样领导中国革命》	华东人民出版社第四版	1953 年 3 月
《工人阶级的历史任务》	华东人民出版社	1953 年 10 月
《平凡的真理》	中国青年出版社北京第一版第一次印刷	1955 年 10 月
《谈"百家争鸣"》	《哲学研究》1956 年第 3 期	1956 年 8 月
《关于"平凡的真理"》	《文史哲》1956 年第 4 期	1956 年 8 月
《关于我国当前阶级矛盾的性质和斗争的形式问题》	《大公报》	1956 年 10 月 13 日
《平凡的真理》	中国青年出版社第一版第四次印刷	1956 年 10 月
《共产主义人生观》	中国青年出版社第一版第一次印刷	1956 年 11 月
《有关中国民族资产阶级的某些问题》	人民出版社	1956 年 12 月
《爱养父母在社会主义社会里也是必要的美德》	《中国青年》1956 年第 24 期	1956 年 12 月

20 世纪 50 年代,除《平凡的真理》一版再版、多次印刷发行继续影响青年之外,冯定在此期间还撰写发表了影响力遍及全国的"一文"和"一书"。"一文"指的是 1952 年 3 月 24 日在上海《解放日报》上首次发表的《学习毛泽东思想来掌握资产阶级的性格并和资产阶级的思想进行斗争——读〈毛泽东选集〉的一个体会》,"一书"指的是 1956 年由中国青年出版社出版发行的《共产主义人生观》。

1952 年,几位著名的理论家在中宣部主办的《学习》杂志上连续发表文章,认为资产阶级已经没有什么两面性、积极性了。冯定力排众议,发表了《学习毛泽东思想来掌握资产阶级的性格并和资产阶级的思想进行斗争——读〈毛泽东选集〉的一个体会》一文,坚持认为资产阶级还存在积极性的一面:新中国成立后正是由于当时上海的领导同志努力使资本家们安心下来恢复生产,使经济逐渐恢复,工人有了工作,社会秩序才得以安定。当时上海是工商业重镇,大众的日常生活用品大多产自上海,所以上海的经济发展促进了全国的生活稳定和经济繁荣。而冯定当时正担任华东局宣传部副部长,经常要给上海的干部做政治形式报告,关于如何看待资产阶级这个问题是他经常会谈到的主题,这也是他能看清资产阶级性质的主要原因。

此文发表后受到了毛泽东的高度关注,他做出"文章的观点是基本正确的"的批示,还亲自做了部分修改,并指示《学习》杂志以"关于掌握中国资产阶级的性格并和中国资产阶级的错误思想进行斗争的问题"为题进行全文转载,《人民日报》也进行全文转载,人民出版社还出版发行了单行本。冯定此文对中国工人阶级和民族资产阶级的矛盾问题分析透彻,纠正了党内否认民族资产阶级仍有积极一面的观点。此文与冯定1953年出版的《中国共产党怎样领导中国革命》《工人阶级的历史任务》,1956年发表的《关于我国当前阶级矛盾的性质和斗争的形式问题》,1956年出版的《有关中国民族资产阶级的某些问题》,对当时的青年如何树立正确的社会主义阶级观和政治观发挥了重要的引导作用。

冯定从中国是经济文化落后的东方大国这样的实际出发,始终围绕着"怎样对待资产阶级、怎样对待资本主义"这样的大问题进行思考。在新中国成立初期,他是赞同经过新民主主义的发展再进入社会主义的。在《中国共产党怎样领导中国革命》一书里,他说:"至于资本主义,在进行社会主义建设的准备工作时期,仍可让其发展,因为这是不可避免的,不过发展的方向必须要有限制,使其有助于国家的工业化,有利于国计民生,而不会妨碍社会主义建设的准备工作。所以资本主义的发展是允许的,不过必须受工人阶级与整个国家建设计划的领导罢了——这就是中国革命改进生产、改进社会、改进大家生活的途径。"由此,冯定在《工人阶级的历史任务》一书中说:"当工人阶级的革命已经胜利而专政已经实现的时期,工人阶级天字第一号必须完成的任务,莫过于建设了。"冯定认为,基于中国的国情,资本主义的发展仍然有空前良好的机会和空前广阔的道路,而且这个时期并不短,是比较长的。

冯定在此阶段撰写出版的《共产主义人生观》(1956年初版,1957年再版),是继《平凡的真理》问世后又一对青年产生广泛影响的力作。这也是该时期中国共产党作为执政党号召广大干部和人民群众,特别是广大青年广泛学习马克思主义哲学背景下的产物。毛泽东一方面要求理论工作者热心去做"关于唯物辩证法的通俗宣传"工作,一方面要求对干部、知识分子和青年尤其是青年学生加强马克思主义教育。《共产主义人生观》在科学的世界观和历史观的基础上,从抽象到具体地探讨人生观,全书分上、中、下三章。上章从总的抽象角度探讨人生观问题,引出"只有共产主义人生观才是正确而又积极的人生观";中章联系人生观来探讨世界观和历史观;下章具体探讨人生态度问题,如青年要脚踏实地做事和乐观做人。《共产主义人生观》

一书"更多考虑了多数青年的实际文化水平,更加注意抽象哲学原理与日常工作学习的结合,向青年浅显而又透彻地讲解了必须自觉做人和应当怎样自觉做人的道理。这部书的出版,既切合了广大青年追求真理、追求上进的需要,又较好回应了当时'要搞实际的哲学'、群众的哲学,要让不懂哲学的人了解一点儿马克思主义哲学'的中央精神"①。黄楠森和陈志尚还专门撰文《共产主义人生观的基本特点和当代价值——重读冯定关于共产主义人生观的论著》,对冯定《共产主义人生观》的特点和当代价值进行了阐释,该文指出:冯定提出的共产主义人生观是先进的人生观,是科学的人生观,是自觉的人生观,是与时俱进的人生观。研究共产主义人生观有助于我们进一步认识现代资本主义,进一步认识社会主义,进一步加深对共产主义理想的认识、加强对市场经济条件下人生理论和实践问题的研究。

在此阶段,冯定还撰写发表了《谈"百家争鸣"》和《爱养父母在社会主义社会里也是必要的美德》。在《谈"百家争鸣"》一文中,冯定认为,文艺方面的"百花齐放"和理论方面的"百家争鸣",都是客观实际所要求的,现在的问题就是大家怎样来"争"和"鸣"的问题。他说,"百家"不可能"自天而降",必须从"千家""万家"中涌现出来;而为了使其"衣钵"能够传授下去也必须依靠"千家""万家"。因此普及文化的工作,使某些理论成为社会常识的工作,大量培养青年学者的工作,还需要大家花费很大的力量。他还特别指出:"对于青年学者,自不应一味夸奖,好像只要年青,那么所说所想总都是好的和对的;然而青年学者只要有了任何一得之见,就该珍惜,就该鼓励和指导其继续钻研,以便更加完整和更加充实;青年学者如有任何疑问,也是值得珍惜的,因为这些疑问,可以启发大家来深思熟虑。"青年学者反应敏捷是优点,但也可能急躁冒进,所以对青年学者好的、对的思想观点要加以肯定和鼓励,当然对其不好的、不对的思想就应该批评指正。冯定认为,为了真正的"争"和"鸣",就要整顿"文风",批评首先要说理,要对被批评的东西先有实实在在的理解,批评才能中肯。这个看法对我们今天的批评与自我批评工作依然有借鉴和指导意义。另外,冯定针对当时一些年轻人只管自己、不赡养父母的不良风气撰写了《爱养父母在社会主义社会里也是必要的美德》一文,冯定认为在社会主义社会里,建立子女和父母之间的伦理关系,要根据理论,也要根据实际;要根据传统,也要根据新的情况;要根据人的生活,也要根据人的感情。子女对待父母,只有感情没有义务是不对的,只有义务

---

① 孙婧.冯定思想政治教育理论研究[M].南京:东南大学出版社,2014:20.

没有感情也是不对的。真正的道德应该是感情和义务的结合。在社会主义社会里,关爱父母、赡养父母是人的美德。

冯定在新历史条件下对国内、党内以及青年头脑内出现的新问题做出的剖析与解答,既涉及宏观层面的世界观、政治观的养成问题,又涉及微观层面的个人道德修养的问题。"无论针对哪一类问题所展开的分析,冯定都贯之以马克思主义,使马克思主义成为流动于青年新型世界观、人生观、政治观、道德观的精髓与血液"[①]。只有在马克思主义思想光芒的照耀下,社会主义的青年的世界观、人生观、政治观和道德观才会符合社会主义社会的精神要求。

第三节 面对高等学府知识分子及青年学子的 理论贡献阶段(1957—1963 年)

1957 年 1 月,冯定被毛泽东指定调入北大担任马克思主义哲学教授,冯定的身份从党的宣传干部转变为教授高等学府青年学子马克思主义哲学类课程的教授。冯定的工作单位发生变化,接触对象也就发生了变化,现在面对的是思想活跃、努力上进的青年学子了。"一个伟大的国家,必定有伟大的学校;同样,没有伟大的学校,也就成不了伟大的国家"[②]。1964 年冯定遭到无理的批判,从此在理论表达上沉默了长达 14 年的时间,因此本书把冯定从事高校教育工作以来有著述出版发表的 1957 年至 1963 年划分为一个阶段,即面对高等学府知识分子及青年学子的理论贡献时期,这一时期发表的主要论著如表 2-3 所示。

表 2-3 1957—1963 年冯定发表论著情况

名称	刊物或出版社	刊发或出版时间
《中国共产党怎样领导中国革命》	上海人民出版社第 3 版	1957 年 2 月
《从民主说起》	《青年共产主义者丛刊》第 1 辑《民主与自由》,中国青年出版社	1957 年 5 月
《访苏小记》	《北京大学学报》1957 年第 2 期	1957 年 5 月

① 孙婧.冯定思想政治教育理论研究[M].南京:东南大学出版社,2014:20.

② 奥尔特加·加塞特.大学的使命[M].徐小洲,陈军,译.杭州:浙江教育出版社,2001:48.

续表

名称	刊物或出版社	刊发或出版时间
《共产主义人生观》	中国青年出版社第 2 版，1958 年以后多次印刷	1957 年 6 月
《共产主义人生观》	朝文版，田丁译，延边人民出版社第 1 版第 1 次印刷	1957 年 10 月
《中国在过渡时期的辩证发展》	《北京大学学报》1957 年第 4 期 此文同年 12 月又以"十月革命的伟大思想在中国的胜利"为题目发表于苏联《哲学问题》杂志 1957 年第 6 期	1957 年 11 月
《个人主义的反动性及其危害》	《北大校刊》	1958 年 4 月 14 日
《略谈中国工人阶级和资产阶级的矛盾性质及其斗争形式》	《北京大学学报》1958 年第 2 期	1958 年 4 月
《谈马克思列宁主义普遍真理和民族特点相结合的原则》	刊于《青年共产主义者丛刊》第 6 辑《伟大的革命宣言》，中国青年出版社	1958 年 4 月
《中国共产党怎样领导中国革命》	藏文版，季永昌译，民族出版社，北京第 1 版第 1 次印刷	1958 年 4 月
《劲从何来》	《哲学研究》1958 年第 4 期	1958 年 5 月
《人类知识的大跃进》	《哲学研究》1958 年第 4 期	1958 年 5 月
《不容个人主义"负隅顽抗"》	《光明日报》	1958 年 5 月 25 日
《高举共产主义的旗帜》	《哲学研究》1958 年第 7 期	1958 年 7 月
《方针是正确的——哲学系师生下乡两月的总结报告》	《北京大学学报》1958 年第 4 期	1958 年 9 月
《唯物论辩证法的伟大胜利》	《前线》1959 年第 2 期	1959 年 2 月
《社会的跃进和辩证法》	《哲学研究》1959 年第 2 期	1959 年 2 月
《关于不断革命和革命发展阶段论》	刊于《青年共产主义者丛刊》第 13 辑《学习毛泽东著作的体会》，中国青年出版社	1959 年 4 月
《工人阶级的历史任务》	上海人民出版社第 2 版第 3 次印刷	1960 年 5 月
《马克思主义世界观的伟大胜利——读〈毛泽东选集〉第四卷的几点初步体会》	发表于《新建设》1960 年第 10、11 期，转载于《北京大学学报》1960 年第 4 期	1960 年 11 月
《关于"红专"》	《光明日报》连载	1962 年 6 月 12 日
《革命的人生是不朽的——学习雷锋的关键》	《中国青年报》	1963 年 4 月 20 日

20 世纪五六十年代在大学里做教授,冯定大概以"传道、授业、解惑"为要业,以著书立说为副业吧。"那时教授写书很少,不是每个教授都有著作出版的,但冯定先生却有多本著作出版。"①冯定出版的著作和发表的文章大部分深受青年的喜爱。在此借用意大利作家卡尔维诺在《为什么读经典》一书中提出的我们为什么读经典作品的理由来说明冯定的人生修养著作对青年产生的影响:

　　1.经典作品是那些你经常听人家说"我正在重读……"而不是"我正在读……"的书。

　　2.经典作品是这样一些书,它们对读过并喜爱它们的人构成一种宝贵的经验;但是对那些保留这个机会,等到它们的最佳状态来临时才阅读它们的人,它们也仍然是一种丰富的经验。

　　3.经典作品是一些产生某种特殊影响的书,它们要么自己以遗忘的方式给我们的想象力打下印记,要么乔装成个人或集体的无意识隐藏在深层记忆中。

　　4.一部经典作品是一本每次重读都好像初读那样带来发现的书。

　　5.一部经典作品是一本即使我们初读也好像是在重温我们以前读过的东西的书。

　　6.一部经典作品是一本从不会耗尽它要向读者说的一切东西的书。

　　7.经典作品是这样一些书,它们带着以前的解释的特殊气氛走向我们,背后拖着它们经过文化或多种文化(或只是多种语言和风俗习惯)时留下的足迹。

　　8.一部经典作品是这样一部作品,它不断让周围制造一团批评话语的尘雾,却总是把那些微粒抖掉。

　　9.经典作品是这样一些书,我们越是道听途说,以为我们懂了,当我们实际读它们,我们就越是觉得它们独特、意想不到和新颖。

　　10.一部经典作品是这样一个名称,它用于形容任何一本表现整个宇宙的书,一本与古代护身符不相上下的书。

　　11."你的"经典作品是这样一本书,它使你不能对它保持不闻不

---

　　① 谢龙.平凡的真理 非凡的求索——纪念冯定百年诞辰研究文集[C].北京:北京大学出版社,2002:381.

问,它都助你在与它的关系中甚至在反对它的过程中确立你自己。

12.一部经典作品是一部早于其他经典作品的作品;但是那些先读过其他经典作品的人,一下子就认出它在众多经典作品的系谱图中的位置。①

《共产主义人生观》一书,是冯定在1956年应中国青年出版社的再三邀请而写给新中国社会主义青年们阅读的著作,本书讲的是应该怎样做人的人生观问题。《共产主义人生观》包括上、中、下三章内容。上章从"择路尽可主动""做人本该积极"和"明理就得自觉"三个方面总讲人生观问题;中章是联系人生观来讲世界观和历史观,从"人独为灵""物皆可知""史有规律""群众是主"和"成事在人"五个方面来讲世界观和历史观;下章是从"踏实""为众""求知""热情""乐观"和"克己"六个方面再来具体讲解人生观。

冯定的《访苏小记》是和北大哲学系师生交流的内容集子,其中谈到苏联的哲学学者非常注意哲学和自然科学的结合;非常注意哲学史的研究和写作;对于西方哲学的翻译和研究有惊人的成就;对于历史唯物主义的研究也付出了很大的力量,他们的重点是世界各国从资本主义过渡到社会主义的一般理论问题和具体的道路问题;对修正主义进行批判的同时,尤其注意对现代资产阶级哲学思想的批判;另外,对于美学的研究也颇为突出。这些都是当时中国哲学研究值得学习的地方。

冯定在《个人主义的反动性及其危害》和《不容个人主义"负隅顽抗"》中指出,经过历次的思想改造运动和党的长期思想教育,集体主义已经开始在我国开花结果,个人主义自然不能畅行无阻了。冯定认为,社会主义是可以避免个人主义的,但反对个人主义并不等于否定个人利益,"个人的生活和利益,只要人类存在一天,也就会存在一天"。冯定强调,个人的愿望、志趣,个人的伟大抱负和幻想,只要与集体利益一致,就是符合社会主义利益的,就必然会有实现的可能,人们就应当为实现自己的这种志趣而努力。判断人的思想,必须依据人的行动。但不论依据行动还是思想,必须是全面的,而不是片面的;不能因为外在的光鲜就说其是个人主义的,也不能因其偶尔的娱乐就说其是个人主义的。但一味地追求吃喝玩乐,不管家庭状况和社会条件而只图享受,这就不好了。

---

① 伊塔洛·卡尔维诺.为什么读经典[M].黄灿然,李桂蜜,译.南京:译林出版社,2006.

冯定在《高举共产主义的旗帜》①一文中认为,"各尽所能,各取所需"是共产主义的旗帜。哲学既要认识世界又要改变世界,就莫过于研讨社会主义建设的规律,研讨怎样从社会主义过渡到共产主义的规律了。因此从实际中来阐明"各尽所能,各取所需"的涵义,来总结怎样实现"各尽所能,各取所需"的步骤和方法,势必成为今后哲学的主要课题。从社会主义到共产主义的过渡,就是要人人在思想上和行动上重视生产劳动,养成道德习惯。生产和分配是人类社会中最具有决定性的问题。"各尽所能"是人们从事生产的最高境界,"各取所需"是人们从事分配的最高境界,用马克思列宁主义所竖立的共产主义旗帜,从人出发,揭示了人类在生产和分配中的最高原则,真是伟大。人类怎样生活首先决定于人类怎样生产。没有生产,一切文化生活、精神生活都无从谈起。在社会主义社会和共产主义社会里,人们都必须生产并且在生产中要"各尽所能",这是共同的,而且还要注意体力劳动和脑力劳动的密切结合。适当处理分配问题极端重要,从"按劳取酬"的原则至"各取所需"的原则,也就是到物质条件和精神条件都可实现"各取所需"为止,势必需要采取一系列的过渡措施,除了及时采取适当的制度外,还得和发展生产、树立平等的人际关系和共产主义的道德习惯互相结合。冯定关于生产与分配的这些思想对今天依然有启示作用。

冯定在《方针是正确的——哲学系师生下乡两月的总结报告》一文中总结了师生下乡两个月的四个收获:一是切实参加了生产劳动,促进了思想、精神和体力的改善;二是联系群众和从事社会工作方面的收获;三是教学与科学研究方面的收获;四是思想上的收获。在今天看来,教育与生产劳动相结合有助于培养劳动习惯和尊重劳动人民的情怀,培养联系群众的态度和与实际相结合的研究态度,更为主要的是有助于消除那种四体不勤、五谷不分的虚弱知识分子。冯定认为青年必须学会劳动和学懂劳动,要有这样的意识:我们的劳动、学习、研究和工作等等,都是为了社会主义建设,进而一步一步为实现共产主义社会创造条件,要树立为共产主义理想而奋斗的决心。

冯定在《关于"红专"》一文中认为,在社会主义社会里生长起来的青年,都应该有社会主义的雄心壮志,高校里的青年学生要向又红又专的目标迈进。高等学校的培养目标,是要使大学生成为有共产主义觉悟的社会主义建设人才。红是政治立场,专是技能能力,包括阅读能力、钻研能力和表达

---

① 冯定.高举共产主义的旗帜[J].哲学研究,1958(7):6—10.

能力等。红是方向,好像指路明星,照耀在专的各个方面,红是由专表现出来的。简言之,就是红以导专,专以表红。红以质为主、专以量为主,就好比划船中的掌舵与划桨的关系。青年大学生明白了这个道理,就该知道自己的时间和精力怎么利用了,必须把大部分时间和精力用于从事学业、增进知识和提高技术能力,而不是从事政治活动和社会活动。学生以学业为重,是尽自己的本分。社会主义建设需要大量的自然科学家和社会科学家,职业政治家只是少数,社会也只需要少数。另外,红以导专,但红并非就是专。大学生学业中的学术问题直接或间接与政治有关,与世界观、方法论有联系,但有联系不等于是同一。专以表红,但专并非就是红。红还是要花一定的时间和精力来培养的,高校里开设政治课、革命史、时事课都是为红打基础,另外,大学生还要参与必要的政治活动和社会活动。知识是累积的,也是不断变化的,青年大学生要懂得继承与变革创新。"只知继承不知变革是愚,只知变革不知继承是妄。愚和妄,都是和红专相结合的目标背道而驰的"。"红与专都是没有止境的;我们对青年学生如果一般地要求'红透专深',是过高的,过急的,并且是很不恰当的。但是为了今昔相比,红得比较透些,专得比较深些,那就必须从理论和实际的结合中,经常去体会世界观、方法论,使正确的世界观、方法论能够培养起来和巩固起来"①。

冯定在《革命的人生是不朽的——学习雷锋的关键》一文的开篇写道:"谁看了'雷锋专号'的新闻电影,谁就会从其嘻嘻的笑容中,从其对群众的亲密接触中,从其爱好劳动中,从其认真学习中,从其努力工作中,觉得雷锋同志的确是可敬爱的、可仰慕的。雷锋同志的外表,正是其内心的明证和表现;所以使我们敬爱和仰慕的,不仅是其外表,而更重要的是其内心,是其精神面貌。"②

冯定认为,雷锋的伟大首先在于他树立了正确的无产阶级革命世界观,即一心一意为人民服务,为共产主义事业做贡献,这是值得青年认真学习的。雷锋深深懂得,只有实践才能真正改造世界,主动发挥自觉能动作用。雷锋在平凡的工作、学习和生活中体现的不平凡的精神也是值得青年学习的。青年树立革命人生观需要有决心和毅力,谁能树立革命的人生观,谁就是不朽的。

从冯定这一阶段所发表的著述可以看出,由于冯定面对的教育对象和

---

① 冯定.冯定文集:第二卷[M].北京:人民出版社,1989:286.

② 冯定.冯定文集:第二卷[M].北京:人民出版社,1989:287.

工作对象是北京大学的青年大学生,所以他撰写的文章也主要是针对如何提高青年大学生的知识、文化、思想、政治修养的,倡导青年大学生要克服极端的个人主义思想,要树立共产主义人生观,要有为共产主义理想而奋斗的决心,要树立革命的人生观,养成为人民服务的思想观念。总之,青年大学生要努力成为又红又专的社会主义建设人才。

第四节　重拾理论之号激励青年在新时代勇于前行阶段(1978—1983 年)

　　"文革"结束之后,冯定好比是"枯木逢春发新芽",摆脱了思想和行动的桎梏,精神枷锁得以解开,沉寂了 14 年的学术生命如"凤凰涅槃浴火重生",冯定重拾马克思主义哲学的思想号角以呼唤青年朋友们在新的时代乘风破浪、展示自我、贡献社会。虽然冯定在经历多年磨难之后,身体比较虚弱,但其精神面貌和心理状态可以用郭沫若的《凤凰涅槃》中的诗句来形容:

> 我们更生了,
> 我们更生了。
> 一切的一,更生了。
> 一的一切,更生了。
> ……
> 我们新鲜,我们净朗,
> 我们华美,我们芬芳,
> 一切的一,芬芳。
> 一的一切,芬芳。
> ……
> 我们热诚,我们挚爱。
> 我们欢乐,我们和谐。
> 一切的一,和谐。
> 一的一切,和谐。
> ……

我们生动,我们自由。

我们雄浑,我们悠久。

一切的一,悠久。

一的一切,悠久。

……

我们欢唱,我们翱翔。

我们翱翔,我们欢唱。

一切的一,常在欢唱。

一的一切,常在欢唱。

……

冯定在 1978－1983 年发表的论文如表 2-4 所示。

表 2-4　1978—1983 年冯定发表论著情况

名称	刊物或出版社	刊发或出版时间
《哲学工作者的历史使命》	发表于《安徽劳动大学学报》1978 年第 4 期,1979 年刊出	1978 年
《生命的价值——谈谈革命人生观》	《文汇报》1979 年第 9 期	1979 年 1 月 9 日
《立足今天 懂得昨天 奔向共产主义明天》	《中国青年报》	1979 年 4 月 19 日
《树立共产主义世界观,走历史的必由之路》	《红旗》1979 年第 6 期	1979 年
《一代巨人斯大林》	《科学社会主义研究》1980 年第 2 期	1980 年
《人活着究竟为什么?》	《文汇报》	1980 年 5 月 29 日
《学习少奇同志关于党的建设的理论》	《红旗》1980 年第 9 期	1980 年 5 月
《青年的苦闷从何而来?》	《文汇报》1980 年第 6 期	1980 年 6 月 6 日
《让共产主义道德深入人心是理论工作者的神圣职责》	《北京大学学报》1980 年第 4 期	1980 年 10 月
《吸取人类思想文化中的一切有价值的东西——兼谈研究外国哲学的态度和方法》	《外国哲学》1980 年第 15 期	1980 年

名称	刊物或出版社	刊发或出版时间
《吸取人类思想文化中的一切有价值的东西——兼谈研究外国哲学的态度和方法》	《人民日报》转载	1980 年 8 月 29 日
《列宁对我们今天的启示》	《江淮论坛》1980 年第 5 期	1980 年
《理论与实践结合的光辉榜样》	《文汇报》	1981 年 1 月 8 日
《学习鲁迅振兴我们的精神世界》	《北大校刊》	1981 年 9 月 28 日
《怎样学哲学》	《文史哲》1981 年第 5 期	1981 年 11 月
《人生漫谈》	吉林人民出版社	1982 年 3 月
《精神文明建设在社会主义建设中具有特殊的重要地位和作用》	在北京市社联会上的书面发言	1982 年 8 月
《探索探索者的道路,开辟未来》	《马克思主义发展史论集》,人民出版社	1982 年 12 月
《把马克思主义哲学送到人民手中——论哲学的普及》	《中国哲学年鉴》,中国大百科出版社	1982 年 6 月

《哲学工作者的历史使命》是冯定参加芜湖西方哲学研讨会的发言稿。正如他文中所言,做"桃花源中人"已很久了,但学习新东西的强烈愿望复苏了。冯定在此文中首先从青年的思想现状谈起,他根据青年的思想状况把青年分为"看穿派""现实派""动摇派"和"坚定派"。他认为其中"动摇派"人数最多,这类青年受了挫折有些灰心又不甘心落后。"坚定派"没有被挫折吓倒,不断自觉改造自己和总结经验教训,开始树立起正确的世界观、人生观;"坚定派"人数不多,但代表了正确的方向。新中国成立以来,青年们对马克思主义、毛泽东思想本来是信从的,对社会主义革命和建设是拥护的,但 20 世纪 60 年代中期以来,马克思主义、毛泽东思想被严重践踏了。哲学工作者的使命就是"研究客观事物的来龙去脉,研究它的历史与现状,从中找出规律性的东西,说明今天的现实,预见未来的趋势"[①]。我们从此文中能够看出冯定不愧为"有着为人民服务精神的学者",有着一贯关心青年要树立正确的世界观和人生观从而走对人生方向的情怀,他深深地知道自己做哲学研究"不仅要向自己负责,而且要向人民负责。鼓舞他的工作的动力,

---

① 冯定.冯定文集:第二卷[M].北京:人民出版社,1989:301.

不是他个人的兴趣或个人的成功,而是整个社会的利益"①。也正如冯定所言,人生就是进击,只有那些不仅在顺境中,也在逆境中坚持自己信仰的人,才配做一个马克思主义理论工作者。他是这样说的,也是这样做的。

冯定在《生命的价值——谈谈革命人生观》一文中认为,若一个人的死有"重于泰山"和"轻于鸿毛"之分,那么一个人的生也要有"重于泰山"和"轻于鸿毛"的鲜明对照,生命的价值就能由此衡量出轻重了。人类生命之所以可贵,是因为人类学会了劳动和斗争,还懂得为理想而奋斗。"劳动、斗争、理想就是革命人生观的核心。有了这样的人生观,生命就会迸发出巨大的力量,创造出人间的奇迹。反之,生命就会显得苍白、虚弱和空虚,不但不能发出能量,反而会倒退为寄生虫"②。有理想的生命是可贵而美好的,但美好的生命离不开和真理的结合。"只有和真理相结合的生命,才能显示出生命的强大能量。这样的生命,热爱生活,热爱劳动,热爱斗争,热爱理想"③。青年的生命精力充沛,"青年们是最有朝气、最敏锐、最能吸收新鲜事物的,是最能追求进步、追求真理、热爱理想的",青年要让生命的价值得到充分的显现,就要"努力学习科学文化知识,要振作精神,要有所作为,为实现社会主义四个现代化而奋斗"④。

冯定在为纪念五四运动而写的《立足今天 懂得昨天 奔向共产主义明天》一文中,倡导青年要学习五四青年"追求真理,热爱真理,为真理而献身"的精神,"只有冲破小生产者的狭隘眼界,才能唤起树立共产主义理想的热情,为理想而献身的精神"⑤。青年要学习外国"科学与民主"的经验,为中国革命服务,树立共产主义世界观是历史的必由之路。青年要脚踏实地地努力于现在,朝着共产主义的远大理想前进!

就是在"文化大革命"期间,冯定还在追问和思考"中国究竟要向何处去"的问题:"人们为我们伟大、光荣、正确的党而担忧,为我们社会主义国家的命运和前途而担忧,为我们老一辈的无产阶级革命家遭受迫害而担忧,为我们党在新中国成立后亲手培养起来的中年人虚度年华而担忧,为我们正

① 冯友兰.冯友兰论教育[M].北京:人民出版社,2010:160.
② 冯定.冯定文集:第二卷[M].北京:人民出版社,1989:305.
③ 冯定.冯定文集:第二卷[M].北京:人民出版社,1989:306.
④ 冯定.冯定文集:第二卷[M].北京:人民出版社,1989:306.
⑤ 冯定.冯定文集:第二卷[M].北京:人民出版社,1989:308.

在成长的青年一代受不到应有的政治文化教育而担忧。"①现在,对于被毒害了的党风、国风、民风和学风,需要进行艰苦卓绝的修养排毒,用什么来修养排毒呢?那就是要通过"树立共产主义世界观,走历史的必由之路"来达到目的。在《树立共产主义世界观,走历史的必由之路》一文中,冯定认为,"如果我们能够有更多的人具有坚持正义、坚持真理的高尚品格,那就会促进社会新风的更快成长","人是要有一种精神的,这种精神就是理想抱负,就是兴趣志向,就是革命的爱和憎,就是摆脱了低级趣味的为人民服务的热忱。共产主义的世界观,也是由初级到高级的成长过程"②。"每一代人都有其历史使命和社会责任,今天的青年需要怀抱共产主义世界观去为四个现代化建设做出贡献",因为"四个现代化关系到我们国家的前途和命运,共产主义世界观也关系到我们国家的前途和命运。四个现代化的进展将为共产主义世界观开辟宽广的道路,共产主义世界观又是推动四个现代化的螺旋桨"③。

冯定在相当长的一段时间里都在致力于使青年形成共产主义人生观和世界观。20 世纪 80 年代初,中国刚刚步入改革开放的时代。改革开放为青年施展才华提供了更多的机会和可能,许多青年因此认为个人奋斗是实现人生价值的最好途径,"追求自我价值的实现"成为青年的热门话题。冯定正是在这种情况下撰写了《人活着究竟为什么?》一文,他在文中铿锵有力地表达了"人活着就是要造福于人类"的思想。他认为,"人的生活目的,就是为了造福人类。这个造福人类的胸怀,绝不仅仅是为了个人生活好这样一个狭隘的目标。它将是充分运用自然所赋予的生命,来改造客观世界,同时又改造着主观世界,以便把人类带进一个既有高度物质生活又有高度精神境界的理想世界中去。如果把追求个人生活好当作唯一的生活目的,那仅仅是动物的本能,和做人应有的精神境界还有很大的距离。这种生活目的,只能把人们引向空虚、贫乏而又庸俗的死胡同里去。它也许能够获得一时的欢快,但是这种短暂的欢快终究会成为苦闷和窒息"。"人应该有造福人类这样的高尚情操,这样,在顺利的时候就不会沾沾自喜,自满自足;受到挫折的时候也不至于悲观失望,颓废消沉。人的宝贵生命只有一次,不允许我们在徘徊和彷徨中虚度年华。美好的生命之路已经被前人所开拓,它启示和激励着我们,一定要为创造人类的幸福生活而辛勤劳动,贡献自己的智慧

---

① 冯定.冯定文集:第二卷[M].北京:人民出版社,1989:313.
② 冯定.冯定文集:第二卷[M].北京:人民出版社,1989:324.
③ 冯定.冯定文集:第二卷[M].北京:人民出版社,1989:325.

和才干"①。

冯定在《人活着究竟为什么?》后紧接着发表了《青年的苦闷从何而来?》一文。冯定认为,从个人角度看,青年时期是人的一生中生命力最旺盛的时期,是正在成长发育的重要时期。可有些青年并不懂得珍惜自己的宝贵青春,也没有集中精力发挥这个黄金时代的能量,反倒在生活中感到种种苦闷,产生了徘徊、彷徨和迟疑的情结。不过青年产生苦闷的情况各不相同。由于青年本身精力旺盛,思想活跃,富有活力,喜欢追求新鲜事物,因此,对于周围的一些墨守成规、因循守旧的现象就会感到不满足、不协调,从而产生苦闷。这样的苦闷倒是正常现象,也是对进步的追求。青年就需要对国家的前途、人类的命运以至身边的好事和坏事,都加以思索和探求。但在探求过程中,青年往往会因无法解决问题而感到苦闷,不过经过反复思索突破了苦闷,就是一个进步。青年精神上的空虚会产生苦闷,还有的苦闷是人所共知的——幼弱的心灵上遭受的各种各样的时代创伤,还有的青年由于婚姻恋爱问题而苦闷。青年的种种苦闷是在各种各样的条件下产生的,我们应对此加以分析和引导,使其化苦闷为开朗,化消沉为昂扬。要解决青年的苦闷问题,首先就要加强青年精神生活上的充实和修养,青年"还要树立一颗强烈的事业心。人的生活中,最能吸引人的力量,最能激发人的经久不懈的热情是什么呢?那就是事业"②。精神空虚的人会成为没有理想追求的空心人,除了无所事事、苦闷无聊之外别无他求。而一个人如果精神充实了,事业心增强了,人生的正事都忙不完,哪还会有时间和心思去苦闷呢。

冯定在《让共产主义道德深入人心是理论工作者的神圣职责》一文中认为,之所以加强共产主义道德教育又成为突显问题,是因为十年动乱打乱了人们正常的生活秩序,破坏了人际关系的准则,人们的言论和行动在一段时间内越出了正常的轨道。共产主义道德教育是社会主义精神文明建设的重要组成部分。加强共产主义道德教育既要反对道德万能论,又要反对道德虚无主义,还要了解道德与法的相互关系,还要分析目前道德水准下降的原因并树立信心,让共产主义道德深入人心,重塑社会主义良好的道德风尚。

《怎样学哲学》与《人生漫谈》是冯定激励青年在新时代勇于前行阶段的重要理论篇章,关于《怎样学哲学》与《人生漫谈》的观点,在本书其他章节有论述,此处就不再赘述。

---

① 冯定.冯定文集:第二卷[M].北京:人民出版社,1989:332.

② 冯定.冯定文集:第二卷[M].北京:人民出版社,1989:348.

冯定在《精神文明建设在社会主义建设中具有特殊的重要地位和作用》一文中认为,没有相当的精神文明建设,社会主义物质文明是不会顺利到来的。"五讲四美"活动是社会主义精神文明的启蒙运动和基本功,在社会主义精神文明建设中,青年要树立正确的人生观,懂得人与人之间要有平等互助、乐于助人的精神,具有为理想、为事业、为集体、为他人而献身的精神,要有社会主义主人翁的责任感。冯定在文章结束时说:"让我们在建设社会主义精神文明的活动中,创造性地发展丰富多彩的理论研究和实际活动,从马克思主义原则出发,发展社会主义建设的理论与实践,为我国的社会主义现代化做出贡献。"[1]

冯定在《吸取人类思想文化中的一切有价值的东西——兼谈研究外国哲学的态度和方法》一文中,引用了列宁所讲的马克思主义"并没有抛弃资产阶级时代最宝贵的成就,相反地却吸收和改造了两千多年来人类思想和文化发展中一切有价值的东西"。冯定接着强调:"自从资本主义诞生以后,世界上的情况得到了进一步的沟通。近几十年来,任何一个民族在某个领域所做出的贡献(除开人为的限制),很快就变成了人类共同的财富。"

冯定在《列宁对我们今天的启示》一文中认为,列宁对我们今天社会主义建设的启示包括:不拘泥于理论条文,而是在生动的实践中决定革命的行动;充分估计到无产阶级夺取政权后最重要的任务就是经济建设;以唯物主义态度保卫和发展社会主义事业;反对空谈,切实提高效率,加强学习。"马克思列宁主义,是指导我们事业的基础","我们要在改造客观世界的斗争中,同时改造我们的主观世界,提高我们建设社会主义的战斗能力,为实现共产主义的理想而斗争"[2]。

综上,冯定在这一阶段关注的重点是:在新的历史时期青年要通过吸收人类思想文化中的一切有价值的东西来走出种种人生的苦闷,树立共产主义世界观、共产主义理想,塑造共产主义的道德品质,为新时期的社会主义精神文明建设做出自己的应有贡献。

季羡林曾说过这样一段话:"我生平优点不多,但自谓爱国不敢后人,即使把我烧成了灰,每一粒灰也还是爱国的。可是我对于知识分子这个行当却真有点谈虎色变。我从来不相信什么轮回转生。现在,如果让我信一回的话,我就恭肃虔诚祷祝造化小儿,下一辈子无论如何也别播弄我,千万别

---

① 冯定.冯定文集:第二卷[M].北京:人民出版社,1989:395.
② 冯定.冯定文集:第二卷[M].北京:人民出版社,1989:380.

再把我播弄成知识分子。"如果这段话让冯定来说，恐怕他也依然会说"自谓爱国不敢后人，即使把我烧成了灰，每一粒灰也还是爱国的"。但冯定作为知识分子经历了如此多的磨难，是否在心里产生过"知识分子这个行当却真有点谈虎色变"呢？是否要祈祷造化小儿下辈子千万别再把他播弄成知识分子呢？从冯定每个人生阶段都热情洋溢地高吹理论号角来唤起青年加强知识、文化、道德、专业等的修养来看，从冯定晚年来看，即使在他身体非常虚弱的情况下，冯定还积极撰文指引青年用满腔热情和积极行动迎接新的时代并为我国社会主义四个现代化建设做出贡献，这种情况下，冯定也许会说"如果我相信轮回转生的话，那么我就恭肃虔诚祷祝造化小儿，下一辈子还把我播弄成知识分子吧"。

第三章　冯定青年学习思想研究

　　所谓学习思想就是关于学习的方方面面的观念、看法和意见。学习的方方面面指的是学习者、学习的意义、学习的价值、学习的目的、学习的内容、学习的方法与途径、学习的环境等等。所谓青年学习思想，就是指对与青年学习相关的方方面面的看法和意见。如果我们把"修养"作为"学习"的近义词的话，那么冯定的《青年应当怎样修养》就是指"青年应当怎样学习"。冯定还专门写了一篇《修养无时可息　学习终身不停》的文章。另外，冯定在《平凡的真理》和《人生漫谈》两本著作中对与学习相关的话题亦进行了专门章节的探讨。在此值得一提的是，青年作为学习者有其自身的特点：第一，不同的青年有不同的学习背景或学习基础，其学习兴趣、学习风格和学习能力会受到相应的影响；第二，不同的青年有不同的学习目的，就算两个青年对学习目的的表述基本一样，其理解也未必一样，给出的理由也未必一样；第三，不同的青年在学习过程中遭遇到的问题和困难不同，在学习时需要的帮助也不同；第四，不同的青年对自身学习行为的反思意识与觉察能力不同，因此学习效率和学习质量也并不一样。那么，青年的学习本质是什么？青年为什么需要学习？青年学习到底是为了什么？青年需要以何种态度和何种方式来学习？青年需要学些什么内容？青年何时何地需要学习？这些都是冯定一直以来非常关心的问题，是关于学习本质、学习目的、学习内容、学习方法等方面的问题。下面我们将对冯定关于这些问题的看法进行探讨。

第一节　青年学习本质论

对处在社会主义社会建设时期的青年来说,学习的本质是什么呢？冯定在 1964 年内部发行、1982 年才得以正式出版的《人生漫谈》中对青年学习的本质进行了明晰的探讨。

一、青年在学习上要力求既广又专

冯定认为,对于青年而言,不但要学无止境,而且要学有广专。学习不论从范围还是从程度来说,都是没有穷尽、没有边际的。青年的学习如果漫无选择或者好高骛远,会很难有所成就。因此,青年的学习必须从广和专两个方面加以思考,两者要相结合,"有阵地前进"才既能巩固战果又能扩大战果。冯定认为,小学、中学所学的内容,不管是学校教授的还是自学的,无非是些初级的、中级的必要常识。但进入大专学校以后,青年的学习就得有广、有专了。青年学习所追求的广,就是使自己具有的常识能够不断得到充实,但只求知其大概而不必样样都专、件件都通,事实上一个人想要样样都通也是办不到的。青年学习所追求的专,就是最好和自己的业务结合起来进行,从系统地占有材料入手,并使理论和实践经常密切结合起来。专,必须刻苦钻研,不费一定的脑力、不花一定的时间是不行的。不论是在什么方面,不论是在什么部门,如果希望有所成就,除了专心致志地付出辛勤劳动之外,没有任何捷径可走。青年学习之专,就是在专业上有专攻,在专业上求精通。青年学习的广泛与专深,是从学习内容的角度而言的。

二、青年在学习上要力求又红又专

冯定认为,青年的学习除要求专深广博之外,从学习的总目标和总方向来说,还有另外两个方面,即红和专。1956 年中共中央提出"向科学进军"的口号后,激发了广大知识分子和青年学生学习科学文化知识的热情。但 1957 年"反右派斗争"扩大化,认为知识分子把"向科学进军"当成了追求个人名利的手段,忽视了政治倾向。由此,毛泽东在 1957 年召开的八届三中全会上,提出了"又红又专"的口号,他指出,"政治和业务是对立统一的,政治是主要的,是第一位的,一定要反对不问政治的倾向;但是,专搞政治,不懂技术,不懂业务,也不行","我们各行各业的干部都要努力精通技术和业务,使自己成为内行,又红又专。所谓先专后红就是先白后红,是错误的"。

1958年年初以来,关于如何处理"红与专"的关系,就成为广大知识分子特别是青年学生辩论的一个主题。当时,出现的代表性观点有"先专后红论""多专少红论""红专分工论""红专分段论""红易专难论""红不如专论""多专少红论""红专不可兼得论""红是手段,专是目的论"等。

冯定从1957年起在有关文章和著作中多次阐述过红与专的问题。1962年6月12—14日的《光明日报》上发表了冯定的《关于"红专"》一文,冯定用八个字概括了红专关系:"红以导专、专以表红。"冯定指出,红和专二者不能偏废,而是同一的、统一的。红相对于专的关系来说,是以质为主的,任何的专都应该以红这个质为指导、为目标;专,虽其各门类、各方面也各有不同的质,但相对于红的关系来说则是以量为主的。它们就像划船,得有人掌舵,得有人划桨。要使船向预定的目标迅速前进,掌舵和划桨缺一不可且不能分离。舵掌得不好,划桨越使劲甚至越会远离目标;而划桨的人太少,劲太小,舵掌得再好也难以迅速前进。只有把两者结合起来,才是完整的。但这并不是说红和专就没有差异性和对立性。红以导专,并非红即是专;专以表红,并非专即是红,将专红等同,认为有专必红,是不对的;相反,认为先专再红,这种红专完全分裂的想法和做法也是不对的。红专的关键在于世界观。从某种意义上讲,冯定对红专关系的认识,是既正确又辩证的。

冯定认为,高等学校青年学生的学习要既红又专。红指的是政治,学习要为特定的社会服务;专指的是业务,用专业知识和技能来为特定社会服务,这两者不可偏废。1961年颁布的《高教六十条》指出:"高等学校师生的红,不但应该表现在政治思想方面,而且应该表现在他们教学和学习的实际行动中。"冯定认为政治和业务有密切的联系,但也有区别,因而我们要想又红又专,首先必须对红专有所认识,以便分别对待、恰到好处。红或政治是指导我们实践的,也就是指导我们"为何"和"怎样"去进行学习、工作和斗争,所以这是有关世界观和方法论的,是方向问题。方向是随时随地都在起作用的,是青年随时随地都离不开的,因而要求青年必须全神贯注。不过,青年在学习上具体支配精力和时间的时候,并非必须将精力和时间全都占去,只要方向正确,将大部分时间和精力用于业务也是正当的。冯定认为,只要青年在红的指引下,能将学得既广又深的知识切切实实服务于党和人民,那么即使花费了大部分的时间和精力去学习和进修又有什么关系呢。当然,在红的方面也需要花一定的时间和精力去学习政治、关心国际国内时事等。

冯定认为,现在高等学校里早已涌现出许多又红又专的优秀学生,他们学业成绩优良,社会工作积极努力,作风也很好,使得同学们都信服,自然而然成为同学的模范或表率了。社会主义社会里的青年必须又红又专。如果一个青年既不想红也不想专,只要生活能凑合过得去就心满意足,这是最没出息的表现。当然,这样的人终究是极少的,其中不少人只要能受到积极的影响和激励,还是会振奋起来的。要做到又红又专,只有通过学习并结合实践,一步一步向前进取。冯定认为,高校里开设政治课、革命史、时事课都是为青年大学生的红打基础的,另外,大学生还要参与必要的政治活动和社会活动。但青年大学生的主要身份是学生,要以学业为重,这是尽学生的本分,青年一旦明白了这个道理,就该知道自己的时间和精力怎么利用了,必须把大部分时间和精力用于学业、增进知识和提高技术能力,而不是从事政治活动和社会活动。冯定认为有人自恃天才,往往一知半解,或者稍获名声便自以为是、自命不凡,结果天才就会中途夭折,以至一事无成。当某人具有某方面的天赋,并被家庭、学校或社会发现以后,加以正确的引导,使其向最适宜的方向发展,才可能获得更大的成就。但另一个更重要的方面是,真正要成为专家还是要靠本人在实践中的苦修苦练。所以决定因素不是先天的而是后天的,特别是后天的主观努力。

总之,青年的学习首先要有正确的目标和方向,其次要有正确的学习态度和方法。青年决不能脱离实际、脱离群众而成为书呆子,或者成为没头没脑的狂妄者;青年必须成为雷锋式的人,成为又红又专的人。在今天,青年学习成为又红又专的人依然正确。

三、学习是青年的权利也是青年的义务

"学而时习之,不亦乐乎!"冯定认为,学习是有意义的事情,谁也不能剥夺学习的权利,这是人的权利。与此同时,学习也是人的义务。为自我发展和成长而努力学习是人的权利,为社会服务而努力学习是人的义务。对于青年而言,学习是青年的权利也是青年的义务。人类的科学文化知识,是千千万万人在体力劳动和脑力劳动中经过悠久的历史过程而积累起来的,所以这是谁也不得盗窃或据为己有的东西。从整个社会来说,学习是青年的权利;但为了社会主义建设实践,为了继承和发扬前人的优良劳动传统,为了替后人打下更美好、更幸福的生活基础,为了有效改造世界,学习就成为青年对国家和社会应尽的义务了。

从学习的本质的三个方面来看,青年的学习要既广且专、又红又专,青年的学习既是权利又是义务,这说明学习既是"认知性、文化性实践",又是

"社会性、政治性实践"和"伦理性、存在性实践"。"青年的学习,从对象(教育内容)的角度说,是探求事物与事件的认知性、文化性实践活动。在这种认知性、文化性实践活动中,学习者建构客体与自身的关系,建构未知世界与已知世界的关系,也建构知识与知识之间的关系⋯⋯作为认知性、文化性实践的学习,在课堂这一场所中,是通过师生关系与同学关系这一人际社会的沟通来实现的。当某种内容得到表达与传递时,通过该内容的表达与传递,学习者与他人之间的人际关系与权力关系就会被构筑、破坏或修复。作为认知性、文化性实践的学习同时也是作为社会性、政治性实践展开的。在社会性、政治性实践中,学习者履行着这样的实践——建构教师、其他同学以及课堂教学之外的人际关系及其意义的实践。"[1]青年通过这种学习过程,"不仅面对教室内外的他人,也不断面对自身。参与教学过程的学习者通过这种参与,证明着自身的存在,也表明着自身的态度。反之,被剥夺了参与学习机会的学习者丧失了证明自己存在价值的机会,面临着迷失自我的危机。学习者通过教室的学习,也编织着自身的个性,这种编织个性的学习,可以说是一种伦理性、存在性实践的学习"[2]。由此看来,青年的学习实践"是建构客体之关系与意义的认知性、文化性实践,同时是建构课堂中人际关系的社会性、政治性实践,也是建构自身内部关系的伦理性、存在性实践"[3]。

第二节　青年学习目的论

一、青年的学习目标和方向要正确

冯定认为,现在我们的青年都在学习,许多人学习劲头很足,学得也好;也有少数人学习劲头不那么足,学习也不那么好。这里的关键问题在于不同的人对"学习到底是为了什么"所给出的答案并不一样。对"学习为了什么"的思考就是对学习目的进行思考,有的青年思考得对,有的青年思考得不对;有的青年的学习目的明确,有的青年的学习目的则并不明确。学习如果没有明确的目标,自然不会对学习感兴趣,或者虽也有些兴趣,却似乎仅

---

① 佐藤学.课程与教师[M].钟启泉,译.北京:教育科学出版社,2003:327.
② 佐藤学.课程与教师[M].钟启泉,译.北京:教育科学出版社,2003:327.
③ 佐藤学.课程与教师[M].钟启泉,译.北京:教育科学出版社,2003:328.

仅为了消遣而学习,于是学学这个又学学那个,东抓一把,西抓一把,到头来并没有什么显著的成就和效果。学习目标明确与否,引发的学习态度大不相同。但同样是有明确的学习目标,学习方向却可能并不相同:一种方向是为了个人的名利;一种方向是为了获得更多的知识,从而更好地为人民服务,和人民一起进行斗争和建设,促使伟大的共产主义理想的实现。学习的目标和方向不同,学习的方法和效果也必然会大不相同。冯定认为,青年为了个人的名利而学习,对学习当然也会起些作用,有利于个人竞争处于有利地位。但是青年如果在竞争中不把力量用在学问上,却用在拉拢人和打击人而进行谋划和耍手腕上,或者在学问上拉帮结派,那就大错特错了。

那么青年学习的目标到底是什么呢?冯定在《人活着究竟为什么?》一文中讲得非常清楚,学习是为了生活,这里的生活不是狭义上的个人生活,而是广义上的社会生活。学习是为了生活,生活的目的是造福人类。"这个造福人类的胸怀,绝不仅仅是为了个人生活好这样一个狭隘的目标。它将是充分运用自然所赋予的生命,来改造客观世界,同时又改造着主观世界,以便把人类带进一个既有高度物质生活又有高度精神境界的理想世界中去。如果把追求个人生活好当作唯一的生活目的,那仅仅是动物的本能,和做人应有的精神境界还有很大的距离。这种生活目的,只能把人们引向空虚、贫乏而又庸俗的死胡同。它也许能够获得一时的欢快,但是这种短暂的欢快终究会成为苦闷和窒息"①。所以,青年通过学习要明白:"人活着,应该有这样的高尚情操,这样,在顺利的时候,不会沾沾自喜,自满自足;受到挫折的时候,也不至于悲观失望,颓废消沉。人的生命只有一次,它不允许我们在徘徊和彷徨中虚度年华。美好的生命之路已经被前人所开拓,它启示和激励着我们,一定要为创造人类的幸福而辛勤劳动,贡献自己的智慧和才干。"②

二、青年的学习是为了实践所做的准备

冯定在《平凡的真理》一书中认为,一个人的学习,在狭义上讲就是要获得足够的知识从而去担负工作。换言之就是把知识变成力量,去实践,所以说学习是为了实践所进行的准备。一般来说,人总是由本能行动而进入有意识的行动,由不知不觉到自知自觉去发现和运用规律。当社会发展到社

---

① 冯定.冯定文集:第二卷[M].北京:人民出版社,1989:332.
② 冯定.冯定文集:第二卷[M].北京:人民出版社,1989:333.

会主义甚至共产主义水平时，总是先使儿童和青少年接受相当的教育，获得相当的知识后再进入实践领域。但在实际中，人总是行动或实践在先而不是知识在先。人的好学或求知欲不是天生就有的，而是在实际行动中成长起来的，所以说教育越是能结合实际就会越有效。学习不仅是实践的准备，更是被实践所引发的，不过这里的学习已是广义上的了。青年的学习就是为了将来能够"为创造人类的幸福而辛勤劳动，贡献自己的智慧和才干"。

冯定认为教育和学习是人类在社会性生产中为了积累经验所必不可少的，改造社会的经验也是这样。经验就是知识的原本。从认识过程来说，总是先有实践后有知识，于是再去实践，就会获得更多更深的知识。这对个人来说是如此，对全体人类或者整个社会来说也是如此。可是成人们的实践结果为什么会和孩童们的实践大不相同呢？我们今天的实践效果为什么会和原始人的实践大不相同呢？这是因为成人们已有了积累起来的经验，有了人类在历史上积累起来的知识。现在我们为了获得应有的知识从事实践，全都依靠自身的直接经验是不可能的。所以说，青年为了有效地实践，不从教育和学习中获得相当的知识也是不行的。总而言之，学习既是实践的准备，又是由实践的需要所引起的。除了少数"寄生成性"的人不会也不愿意实践、提不起对学习的兴趣之外，一般来说，人都是有学习愿望的。学习是人的本能。接受教育是学习的狭义，"活到老、学到老"是学习的广义。学习的狭义从某种意义上讲就是学校教育，学习的广义从某种意义上讲就是包括家庭教育、学校教育、社会教育和自我教育在内的所有教育。

冯定认为，青年不能忘记学习需要结合实际。学习要有成效就必须结合实际，而且也只有结合实际才能使得千头万绪的学习有个线索，而不致在统筹兼顾中没有中心而变成东拉西扯。

青年的学习要结合实际问题，这首先在学校教育中就不能被忽略。学习能否结合实际正是教育办得好不好的最主要和最基本的标准。20世纪50年代我们的教育方针中提出"教育必须与生产劳动相结合"，正是学习与实际相结合的反映。教育办得好，还是不能完全保证学习就会学得好，因为教和学是在相互起作用的。因此，在好的教育制度和教育方法下，同样还要紧守学习必须结合实际的规律才能收得应有的效果。在正式的学校里或者在非正式的学习组织里尚且应该如此，那么在工作岗位上以自学为主的学习自然更加应该如此了。对于青年而言，以自学为主的自我教育是主要的学习方式。所以我们除了一边学习外，还要随时随地注意社会生活，经常和群众接触，尽量减少和避免脱离实际的弊害。同时冯定认为，结合实际也不能理解和执行得过于机械。

三、青年的学习是为了实现人生理想

毛泽东对青年一直持高度的肯定态度,他说"青年是整个社会力量中最积极、最有生气的一部分力量。他们最肯学习,具有最少的保守思想,在社会主义时代尤其是这样"。他曾对留学苏联的青年代表说:"世界是你们的,也是我们的,但是归根结底是你们的。你们青年人朝气蓬勃,正在兴旺时期,好像早晨八九点钟的太阳。希望寄托在你们身上。"那么,寄托着祖国希望的青年一定是要有文化、有道德、有理想的,青年通过学习实现人生理想不是凭空想象就可以做到的,而是有一定途径和方法的。

(一)把理想进行分解,使其变得具体明确,具有可操作性

为什么有的人一生平平庸庸、碌碌无为、一事无成? 为什么有的人一生成绩卓著、事业有成? 1953年耶鲁大学对该校毕业生进行的一项调查从某种意义上讲可以解答这个问题。这次调查要求学生回答两个问题:第一,你是否有明确的目标;第二,你是否有实现目标的计划。他们的调查结果显示只有3%的人有清晰明确的人生目标,并且把目标落到了实处;另外97%的人,要么没有明确的人生目标,要么不知道如何去实现目标。20年后即1973年,耶鲁大学的调查人员重新调查了当年被询问过的学生。调查人员惊讶地发现,目标不明确的人成了平庸之辈,目标明确的人却取得了相当大的成就。那些目标明确且有书面计划的3%的学生在经济状况和人生事业上明显好于其他97%的学生。"我们对历史的最初一瞥,便使我们深信人类的行动都发生于他们的需要、他们的热情、他们的个性和才能;当然,这类需要、热情和兴趣,便是一切行动的源泉。"①一个人有什么样的需要,就会有什么样的理想,由需要转化成的理想、热情和兴趣是其行动的动力和方向。

由此看来,一些人一辈子未能实现其人生目标,是因为他们的目标抽象且模糊不清。比如说,有人说"我想成为一名科学家",有人说"我想成为企业家",有人说"我想成为博士",有人说"我想成为成功人士",有人说"我想成为富豪"……这样的理想都很抽象、不具体,因此对人生的成功并无多大帮助。所以,要想把人生理想变成现实,就需要把理想变得具体明确,让其具有可操作性。

有可操作的理想才会有切实的期望,有切实的期望才会有拼搏的激情

---

① 黑格尔.美学[M].朱光潜,译.北京:商务印书馆,1979:337.

与不懈的行动。理想就像靶心一样,看不清楚,怎么能够射中?明确具体的理想可以使任何行为成为实现理想的一个环节,成为向理想迈近的一小步。明确的理想让人明白自己身在何处,明白自己离目标还有多远。在明确理想的指引下,随着对理想目标的逐步接近,人不仅不会懈怠,反而会干劲越来越大,热情越来越高,自信心越来越强,理想的实现就会成为一种必然。

为了让理想具有可操作性,可以把理想分解成阶段性小目标。有人说:"路是脚踏出来的,历史是人写出来的。人的每一步行动都在书写自己的历史。"的确如此,每个人的辉煌历史都是通过一小步一小步向前迈进从而得以实现的。举世闻名的罗马俱乐部创始人奥利奥罗·佩西认为:"大目标下应有许多具体的分层次的目标。目标越小越具体,可操作性就越强。目标只有具有可操作性,才是真正的目标,不能操作的目标是无法实现的空想,还不如没有目标。"所以说,把远大的理想分解成一系列细小的、近在眼前的目标,就可以做到时时有事干、事事有时干,就可以让每一天、每一个小时完成的任务量趋向于最大值,理想的实现就不成问题;相反,如果一个人心中只装着一个远大理想,没有把理想分成阶段性的小目标,就不知道每一天、每一个小时的具体任务是什么,这样单位时间内完成的任务量就趋向于最小值,理想目标的实现就会变得遥遥无期甚至化为泡影。单位时间内完成的任务量的差别将会导致结果的天壤之别。

冯定认为"我们能在现有的地位上立定脚跟,对准一个当前的目标努力去干,人生的意义就在这里"[1]。冯定激励青年把远大理想分解成阶段性小目标,并给小目标定出实现的期限,就会收到意想不到的效果。比如说,一位人文社会学科的研究生导师要求其研究生读研三年期间阅读 30 本与专业相关的著作,大部分研究生并未真正做到认真读完 30 本专著,但其中一位研究生切切实实做到了。这位研究生是这样分解实现读完 30 本专著的目标任务的:三年读完 30 本,就意味着一年要读完 10 本;一年要读完 10 本如果除掉两个月假期,就意味着一个月要读完 1 本;如果 1 个月要读完 400 页左右的 1 本著作,就意味着每天至少阅读 13 页左右的内容;要是碰上其他功课特别繁重的时候,不一定每天都能保证完成这个任务,那么就得有些灵活的计划,督促自己预先完成功课繁忙期间的阅读任务。该生还专门用一个读书记录本给自己做读书考勤。把大的理想目标分解为小目标的确是

---

① 冯定.冯定文集[M](第一卷).北京:人民出版社,1987:124.

实现理想的佳径。

(二)把人生信念作为理想的支柱

有人说,人在某种程度上是靠着一种人生信念活着的。信念是人的精神指针,是人的希望之针。虽然人们心里总是填充着各种各样的愿望,但却并未把愿望变成希望和理想,难怪文艺复兴时期的思想家但丁会说:"我们唯一的悲哀是生活于愿望之中而没有希望。"愿望只是一种主观意愿,这种意愿得不到信念的支持,就会变成一种白日梦,成为一种空想、一种幻想;这种意愿如果得到信念的支持,就会成为希望,成为理想。愿望变化莫测,随时随地可能破灭,愿望的实现有时靠运气;有信念支撑的理想是明确稳定的,其实现依靠个人的自觉努力。

信念使理想坚不可摧,让人对理想的实现充满信心。在实现理想的行动中,必须要拥有坚定的信念。无论实现理想的道路多么漫长,也无论前进的道路上有多少艰难困苦,只要有了坚定的信念,就有了无所畏惧的勇气、坚韧的毅力和无穷的创造力。一个人要想实现自己的人生理想,要想取得人生成功,就必须有坚定的信念作支持,对理想要有强烈的渴望,坚持不懈、专心致志地付出努力。

有人说,理想是美好的,但没有意志,理想不过是瞬间即逝的彩虹。美国华人成功学家陈安之说:"你为什么没有成功,因为你没有下定决心;你为什么到现在还没有成功,因为你到现在还没有下定决心。"如果说对成功的追求就是对理想的追求的话,那么成功愿望的强烈与否,直接影响到你最终成功与否。台湾地区的成功学家杜云生说过:"成功之前首先要有一个欲望,不是'想要',而是'一定要',这种欲望必须达到强烈的程度,才能面对困难无所畏惧,不达目的誓不罢休。"如果一个人对理想的实现抱一种无所谓的态度,那么,在遇到困难的时候他就会逃避,理想的实现也就无从谈起了。青年要树立起一个令自己心动的理想,把理想和信念结合起来,激发起对实现理想的强烈愿望,理想才能够成为推动自己前进的强大精神动力,而理想本身最终也才能得以真正实现。

第三节 青年学习内容论

冯定认为,青年的学习在狭义上讲就是指获得足够的知识。获得了足够的知识之后,青年在工作和生活中就会比较得心应手,这就是所谓的"智者不惑"的体现。所谓"足够的知识"被冯定称为"常识"。冯定认为,如果我们从人类的认识过程来看,人类总是先有实践后有知识的,然后再去实践进而获得更多更深的知识。这个认识过程对全体人类或者整个社会来说如此,对于个人来说也是如此。我们人类经过世世代代积累起来的知识就是我们要学习的"常识"。

一、"常识"是每个青年必须学习掌握的

冯定认为,社会主义的青年要为具备充分的"常识"而努力学习,这样才会很好地应对生活和工作,才会更好地"为人民服务"。在此想到了孔子所说的"智者不惑"。智者就是指有知识、有智慧的人,人一旦有了知识,就不太会迷惑。但人要有怎样的知识才不会迷惑呢? 一是要有相当的常识性知识,二是要有相当的专业性知识。这两个方面正是冯定希望青年学习的知识。冯定认为,常识是每个人都必须要具备的,人类社会发展的水平在一天一天高起来,我们的社会由于革命的胜利已进入了社会主义社会,在这样的社会里,如果我们没有足够的知识,就不容易到社会上去实践。冯定认为,在所有知识中,常识性知识是每个人必须首先要具备的。

(一)青年需要掌握的"常识"之一:语文

常识性知识包括与日常生活、娱乐生活、交往生活相关的知识,其中最为基本的就要数作为交流工具的语言文字了,就是所谓的"语文"。

冯定认为,人作为有意识动物的主动性也是人通过语言表达体现出来的。人是有意识的高级动物,要比任何其他动物具有更高更强的主动性。正常的人都是精力充沛的,这种精力是既需要增补又会被消耗的,而人类进行体力劳动和脑力劳动必定会消耗精力。当人劳动有余暇时,要么娱乐,要么操练,要么学习,要么谈话,于是各方精神焕发、齐头并进了。人的意识也是在和周围事物的接触中激发起来的,人的思想也正好是反映外界客观的事物的;但是只要人一经依靠语言而有了简单的思想,那么人对外界事物的接触就是越来越有意识的,因而显出比任何其他高等动物更高更强的主动性来了。人有心理活动,人的记忆和联想会依靠语言进行,所以冯定认为语言是思维的工具。人的思想依靠语言文字才能获得表达,人如果想要有思想,那么掌握语文这个表达工具是很有必要的。人由于语言刺激的内容非常繁多而丰富,因而在大脑皮层的痕迹中,在从外界具体事物直接抽象进来的东西的基础上,充满了用语言文字表现出来的概念这样抽象的东西,因而在联想和回忆中,就会一连串一连串地触发起来,乃至用概念进行分析和综合、演绎和归纳、判断和推理,于是就形成了思维的过程而出现了思想这样反映客观事物的东西。思想观念的口头表达和书面表达是需要借助语言文字即语文的,所以说,语文是人们要掌握的基本常识。

语文包括中文和外文。冯定认为"本国语文,是常识中最基本的东西;因为这在一方面既是知识,而另一方面又是猎取知识的必要工具"①。能够运用语言文字是人区别于动物的本质特点,所以卡西尔在《人论》中会说"人是符号动物"。本国语文就是我们的母语,是我们生活交往中必不可少的交流工具,也是我们要学习的知识。张楚廷在其《教育基本原理:一种基于公理的教育学》中说:"人创造了语言,就是最大限度地创造了自己。因而,人在进入到成熟的语言时代之后,人自身也被创造成了语言的生命体,人通过获得语言世界而获得意义世界,乃至于语言成为人存在的方式。人的成长里程就是语言获得与不断充实的过程,人的独特由其语言方式的独特体现出来,反之,他的语言方式也就成了他的存在方式。"冯定认为,每个中国人在求得知识特别是常识的时候,首先必须粗通甚至精通中国语文,只有这样才能为了获得必要的知识去阅读书报,也才能将自己的思想不仅通过语言也通过文字表达出来,并且使二者都表达得更为恰当。这样就更加能够收到人和人之间接受经验、传授经验的效果了。

冯定还指出翻译人员需要兼通中文和外文才能做好翻译工作。他认为"专门从事翻译的人,同样也必须首先学习中国语文;因为翻译好比水管子,是应该两头都通的,如果一头虽通而一头闭塞住或者太不流畅了,那么光靠一头也是要失去作用的"②。青年对语文的学习,首先应该是学好中文。除此之外,青年学习掌握一种甚至数种外国语也将渐渐成为必要的常识了。正如张楚廷在其《教育基本原理:一种基于公理的教育学》中认为的那样:"人获得语言的过程,也就是获得生活意义、生命意义的过程。人进入语言世界,就是进入意义世界。"青年学习不同的语言,就可以进入不同的意义世界,获得不同的生活意义。冯定认为,在文化较高的国家里,不少学校的每个学生至少得学习两三种外语;只有这样,将来在世界范围内实现社会主义时才能将各种各样的民族语文留长补短,逐渐形成最合理、最丰富、最美好的整个人类的统一语文。在此值得一提的是,人们曾经创造了一种人为的

---

① 冯定.冯定文集:第一卷[M].北京:人民出版社,1987:483.

② 冯定.冯定文集:第一卷[M].北京:人民出版社,1987:483.

"世界语",但令人遗憾的是,刻意创造的"世界语"并未成为全世界通用的语言,反倒是英语几乎成了全球的通用语。至于英语是不是冯定认为的"最合理、最丰富、最美好的整个人类的统一语文"并不重要,重要的是英语发挥了广泛的交流沟通的作用。今天,全世界学汉语的人也越来越多,汉语亦走在成为通用语的路上。

(二)青年需要掌握的"常识"之二:必要的科学知识

冯定认为,青年除了掌握作为常识的语文之外,一定的自然科学知识和社会科学知识也都是必备的。青年需要学习的必要的科学知识包括"数学知识,物理化学知识,生理卫生知识,地理知识,历史知识,政治经济的知识,文学艺术的知识,直到哲学等等"[①],只有掌握了这些知识"才能成为社会主义更为有用的人"。冯定认为,社会主义的青年为了具备自然科学方面和社会科学方面的必要常识,就至少得接受中等程度的教育。一定的自然科学知识和社会科学知识应该并重而且不可偏废,只是在精力和时间的分配方面,每个人可以根据自己的条件有所不同罢了。只有自然科学知识而没有社会科学知识是完全不行的,因为这样就会产生单纯的技术观点,就会忽视政治观点和群众观点,会对社会主义建设产生危害。因为,"现在,谁要是不知道社会主义取代资本主义,就是要解放生产力,不断提高劳动生产率,满足人民物质和文化生活的需要;不知道社会主义时期如何区分敌我矛盾和人民内部矛盾;不知道工业先进国科学技术发展水平;不知道初等中学的文化科学知识;不知道社会主义、无产阶级专政、共产党的领导、马列主义毛泽东思想的基本知识,那就非常闭塞而妨碍实践了"[②]。社会主义制度实际上就是要将人类世世代代积累下来的知识删繁就简、去误存正,结合社会主义建设的实际将之传授给每个人。青年有了接受中等教育所掌握的必须科学知识,无论是继续升学还是参加工作,或是自学,就都有了良好的基础。

二、青年还需要学习掌握专门知识

冯定认为,青年除了需要学习掌握必要的常识之外,还得学习掌握一定的专门知识。社会在前进,现在(社会主义建设和改造时期)青年无论是为了学业,为了参加工作,还是为了去改造世界,只是具备常识会感觉不够用,青年必须在具备常识的基础上再学习至少一门专门知识,才能在实践中胜

---

① 冯定.冯定文集:第一卷[M].北京:人民出版社,1987:45.
② 冯定.冯定文集:第一卷[M].北京:人民出版社,1987:486.

任。冯定认为,我国今天正处于社会主义建设时期,无时无地不感觉到专门人才的缺乏。青年需要明白,一方面,不正确的和已经过了时的常识在被淘汰;而另一方面,有些专门知识逐渐在变成常识,这正是人类文明随着社会生产力不断向上发展也在不断向上发展的标志。常识和专门知识的界限虽然不是固定的,但在某一社会的某一时期,或者在同一社会的同一时期而在不同的区域里,还是有相当的界限的。一般说来,把教育分做普及和高等教育大致就是针对常识和专门知识这样两种知识而进行划分的。中等教育除了培养青年的德育和体育之外,主要在智育方面灌输必要的自然科学和社会科学的常识。至于高等教育,主要是使学生除了具有必要的常识之外还能具备至少一门专门知识,因而使社会主义建设在各个方面和各个部门的专门人才都能得到及时供应。

第四节　青年学习方法论

学习是人生一直都需要进行的工作,对青年而言,更是需要学习来提升人生的品质。学习要有正确的目标和方向,既需要个人付出努力也需要向人请教,学习要有积极的态度和正确的方法,才会事半功倍。

一、青年的学习方式必须多种多样

冯定认为,青年的学习方式不要局限在单一的方式上,必须多种多样。学校教育是人学习的主要方式,但其他教育也很有必要。说起教育事业,办学校自是首要的任务。学校既要有适当的场所、集中的设备设施,又要有专职专业教师、整套的课程和教学制度。学校教育对于青年来说,是完全必要而且非常重要的一种学习方式。为了解决学习的问题,光靠学校正规化、系统化的日常教学是不够的,还必须采取多种多样的方式和方法。比如除了一般的学校以外,还可以有各种不同性质的业余学校,都是能起很大作用的;至于各种不同的业务部门,按照各种不同的需要,设立各种不同的训练班或者讲习班,也是能起很大作用的。总之,为了大家能获得必不可少的常识,采取多种多样的学习方式和方法是可取的。至于要获得一两门专门的知识,就更需要采取多种多样的学习方式和方法了。

除学习方式必须多种多样之外,学习还要能融会贯通、统筹兼顾。由于社会在没有止境地不断发展中,因而我们的学习不能松劲,否则落伍掉队了再追赶上去就更费事了。首先,业务学习是不能间断的。其次,时事学习也是不能间断的。最后,政策学习也是不能间断的。业务学习也好,时事学习也好,政策学习也好,学习的名目是繁多的,但都必须结合基本理论进行学习。

二、青年的学习要联系实际,走群众路线

冯定认为,社会主义社会的青年学习的目标和方向既然是为了实际的革命斗争和建设,为了为人民服务,那么学习的方法也必须结合实际,也必须走群众路线。冯定认为青年的学习要结合实际,并非是说不要学习书本知识、不要学习理论,也不是说学习了点滴知识就立即直接用在生产斗争和阶级斗争中。结合实际的意思是说一个人的学习越有成效、知识越丰富,那么他观察实际问题和解决实际问题的能力必定越强。在学习的过程中绝不是为了学习而学习,而是随时随地会关心和注意实际。因而学习的结果是今天这里就能用于实际,或是明天那里就能用于实际。只要青年学习的目标和方向是明确的,而学习的结果又能为深入研究开辟门径,能对自然现象的规律或社会现象的规律有所阐述、有所发现,那么或大或小都是对社会有所贡献的。

青年的学习之所以要走群众路线,是为了避免"独学而无友,则孤陋而寡闻"。当然学习走群众路线,并不是说就不要个人努力了,不过,"三人行,必有我师","同师为朋,同志为友",青年在个人努力的同时必须经常和别人交谈学习的心得,交流学习的经验,相互切磋,相互琢磨,取长补短,纠正错误;必须虚心畅怀,经常向别人求教,特别是向劳动群众求教,从群众的实践中去汲取各种各样的实际知识,并和所学习的知识直接或间接结合起来,这样就不至于使书本知识成为空洞的东西,而是能够学以致用。

冯定认为,青年将学习与实际相联系,在学习中走群众路线,不仅是学习的方法问题,也和学习的目标、方向有关,所以也是立场和观点的问题。联系实际和走群众路线对学习来说是重要的,对科学研究来说同样是重要的。对于青年而言,学有所成之后就能更好地成为社会主义事业的建设者和接班人。"在社会主义社会里,一个人的学问已不是个人的财产而是全民的财产,所以科学研究也必须直接、间接地联系实际,也必须走群众路线"。知识是从群众的实践中、在历史发展的过程中积累起来的,所以,人们为了多有些知识为人民服务,就得向老师、前辈或书本中多学习些知识。但任何知识就算学得很好、很对,如果不通过实践从自身经验中去切实地领悟和体会,那么这些知识都还是漂浮不实的。只有在实践中切实领悟了的知识,才能变成真正扎根于心的知识。

三、青年的学习态度要虚心

冯定认为,学习要取得成就并没有什么秘诀和捷径。如果非要说有的话,那就是虚心学习。青年随时随地都应贯彻虚心学习的精神,怀抱虚心学习的态度。我们知道,自然和社会的现象异常复杂,而且一天天还在不断发展变化,我们的工作也是这样,处在不断变化和发展之中。因此,每个人总有人家知道而自己不知道的知识。同样的东西,如果将大家知道的凑合起来,总是要比独自知道的丰富得多而又精确得多,所谓"三个臭皮匠,顶过一个诸葛亮"。虚心的态度,是指一个人学习时会避免心智怠惰,更愿意考虑新问题、采纳新观念,会对新的主题、事实、观念和问题采取新的态度,更愿意去倾听多方面的意见,留意来自各种渠道的事实,充分注意到各种可供选择的可能性,愿意承认就是在我们最喜欢的观念中也可能存在错误的可能性。

冯定认为青年虚心学习是指"不仅随时随地向又红又专的领导人和师长学,向朋友学,向同事学,向同志学,而且还要随时随地向群众学"①。只有这样知识才不会被无形的框子或者圈子束缚起来。"所谓虚心,就是保持孩子般的天真态度,而思想闭塞表现在理智上就是未老先衰"②。虚心学习,有助于智力的增长和保持成长能力。"智力的增长意味着必须不断拓展视野,并不断形成新目的与新回应","保持成长能力,就是虚心接受新意见的一种酬报"③。冯定认为,没有虚心学习态度的人是自高自大和自满自足的人,就好比自己替自己的头脑套上了框子或者圈子,自己替自己在通向知识的道路上设起了坚固的障碍,那么他认识的东西肯定不会太多,就算今天好像多少知道些什么,明天也就成为在认识上浅薄和固陋的人了。我们为了向社会主义国家和其他友好国家的人民学习,实行文化交流是最好的办法,我们甚至向敌人学习也是可以的。总之,世界上各国人民都有自己的长处,我们都应该好好向他们学习。学习也是斗争,是对我们的自高自大和自满自足的斗争。摒除了自高自大和自满自足的态度,就会养成谦虚好学和不断上进的态度。

---

① 冯定.冯定文集:第一卷[M].北京:人民出版社,1987:494.

② 杜威.民主主义与教育[M].陶志琼,译.北京:中国轻工业出版社,2014:178.

③ 杜威.民主主义与教育[M].陶志琼,译.北京:中国轻工业出版社,2014:178.

冯定认为,青年的学习决非仅仅是个人的事,实际上是有关整个社会的事,因为只有大家都学习,才能实现社会主义社会和共产主义社会。要把我们这样一个人口众多、底子很薄的不发达国家建设成繁荣富强的现代化社会主义强国,任务是艰巨的。但只要大家不懈学习,寻找解决我们面临的各种新问题的各种好办法,总是可以战胜困难从而使我们的国家始终沿着社会主义道路前进。学习是为了实践,实践引起学习,大家的知识就是在这样的循环中不断丰富和得到扩充的。人们的知识没有止境,社会的发展也没有止境。学习铸就美好的人,美好的人建设美好的社会。我们为了当前的社会主义建设,为了社会主义和共产主义的美好前途,为了人民的幸福,自然更应该不忘实践、不忘虚心学习了。

第四章　冯定青年人生哲学思想研究

　　人生在于一个"人"字和一个"生"字的统一,人求"安身立命",要立得住就要顺"生",顺应"生命"而生活。人生如何顺应生命、善待生命,如何让生命大放光彩且变得有意义、有价值是大有学问的。探讨人生目的、意义、价值这些人生问题的学问被称为人生哲学。对人生哲学课题的思考与研究,冯定终其一生都在进行着。冯定对人生哲学问题的研究著作包括《青年应当怎样修养》《平凡的真理》和《共产主义人生观》;单篇文章包括《英雄和英雄主义》《谈新人生观》《青年群》《哲学的应用》《现阶段的中国青年问题》《大话和小话》《论反省》《认清形势 积极行动》《学习的中心堡垒》《谈"百家争鸣"》《修养无时可息 学习终生不停》《关于"红专"》《革命的人生是不朽的》《生命的价值》《人活着究竟为什么?》《爱养父母在社会主义社会里也是必要的美德》《个人主义与个人利益》《立足今天 懂得昨天 奔向共产主义明天》《树立共产主义世界观 走历史的必由之路》《青年的苦闷从何而来?》《吸取人类思想文化中一切有价值的东西》《让共产主义道德深入人心是理论工作者的神圣职责》《怎样学哲学》《精神文明在社会主义建设中具有特殊的重要地位和作用》《人生漫谈》《探索探索者的道路,开辟未来》《高举共产主义的旗帜》《方针是正确的——哲学系师生下乡两月的总结报告》。

　　冯定对人生哲学的探讨与分析,都是为了指导青年的生活实践,始终围绕着"人生的目的是什么,人活着到底为了什么,人生的意义又何在"这三个人生哲学的根本问题而展开,他对青年如何选择人生道路、应当怎样待人处世、如何铸就坚定的意志、如何成就伟大的事业进行了系统而深刻的论述。

第一节　青年的人生目的是什么

要谈青年的人生目的是什么,不妨先谈一谈人是什么、青年的人生是什么这样一些本源性的问题,然后再来谈人生目的是什么,这样就会更加清晰一些。

一、人是什么

对于"人是什么"这个问题的解答,我们先来看一些思想家、哲学家们是如何说的:

古希腊辩论家(智者)普罗泰戈拉说"人是万物的尺度";

古希腊哲学家柏拉图说"人是长着两条腿的没有羽毛的动物";

古希腊哲学家亚里士多德说"人是政治动物";

中国古代思想家王充说"裸虫三百六十,人之为长";

唐代文学家刘禹锡说"人,动物之尤者也";

全世界无产阶级的伟大导师马克思说"人是一切社会关系的总和";

美国政治家本·富兰克林说"人是能制造工具的动物";

德国哲学家马丁·海德格尔说"人,诗意地栖居于大地之上,是灵魂与大地的对话,是触摸到生活最本质的层面,是心灵的体悟而非是环境形式的存在"。

除此之外,还有"人是上帝的奴仆""人一半是天使,一半是野兽""人是机器""人是经济动物""人是宗教动物""人是自然的产物""人是环境的产物""人是理性动物""人是文化的动物""人是符号的动物""人是剧作者也是剧中人"等等说法①。

法国自然主义哲学家卢梭在其《论人类不平等的起源和基础》中说过这样的话:"我觉得人类的各种知识中最有用而又最不完备的,就是关于'人'的知识。我敢说,戴尔菲城神庙里唯一碑铭上的那句箴言'你要认识你自己'的意义,比伦理学家们的一切巨著都更为重要,更为深刻。"②的确,人需要认识自己,需要清楚地认识自己是什么。回答和思考"人是什么"其实就

---

① 袁贵仁,编.对人的哲学理解[M].郑州:河南人民出版社,1994.

② 卢梭.论人类不平等的起源和基础[M].王允道,译.北京:商务印书馆,1982:62.

是回答人何以称之为人的问题。人之所以被称之为人，是由于人的精神，是由于人有"人心"，即人有道德心，如良心、好心、善心、孝心、关爱心、责任心、忠诚心、同情心、体谅心、理解心、羞耻心、谦让心、宽容心等，这正如《孟子·告子上》所说的那样："恻隐之心，人皆有之；羞恶之心，人皆有之；恭敬之心，人皆有之；是非之心，人皆有之。"人除有道德心之外，还有审美心、文化心等。

人是万物之灵，"人是万物的尺度"。这个骄傲一直为人自己所维护着和保持着。文艺复兴时期的人文主义者皮科在其《论人类尊严》的演讲中说道："我感到自己终于领悟了人为什么是生灵中最幸福的，从而是值得一切赞赏的，并且领悟了人在存在的普遍链条中占据着什么样的地位——不仅畜生忌妒，甚至世界之上的星辰与精神亦都忌妒的地位。这是超越了信仰的奇事。正因为如此，人才被称为一件大奇迹和一个奇异的生物。"所谓域中有四大，人居其一：天大、地大、道大、人亦大；所谓"三才者，天地人"。

二、青年的人生是什么

前面追问了"人是什么"，现在进而追寻"人生是什么"这一问题。法国思想家罗曼·罗兰说："人类经常把一个生涯发生的事撰写成历史，再从那里看人生；其实，那不过是衣服，人生是内在的。"罗曼·罗兰从一定意义上否定了人生是记载的符号，但是每个有思想的人对人生的语言表达的确又反映了其人生的内在的某些侧面。

《孟子·告子上》中的"生，亦我所欲也，义，亦我所欲也；二者不可得兼，舍生而取义者也。生亦我所欲，所欲有甚于生者，故不为苟得也；死亦我所恶，所恶有甚于死者，故患有所不辟也"，道出人生中有选择、有取舍的真义；《荀子·正名》中的"人之所欲，生甚矣，人之所恶，死甚矣，然而人有从生成死者，非不欲生而欲死也，不可以生而可以死也"，道出人生便是"求生"的真谛；司马迁的《报任安书》中的"人固有一死，或重于泰山，或轻于鸿毛，用之所趋异也"，道出人生就是"求死"亦有极大分别；曹操所作《短歌行》中的"对酒当歌，人生几何"，道出人生时间太有限要及时建功立业；张若虚的《春江花月夜》中的"人生代代无穷已，江月年年望相似"，道出人类一代代更替的无穷无尽；杜甫所作《赠卫八处士》中的"人生不相见，动如参与商"，道出朋友之间的相逢太难得；李白的《将进酒》中的"人生得意须尽欢，莫使金樽空对月"和《宣州谢朓楼饯别校书叔云》中的"人生在世不称意，明朝散发弄扁舟"，道出人生便是寻求欢乐和自由豪放的心态；苏轼的《浣溪沙》中的"谁道人生无再少,门前流水尚能西",道出人生要有积极乐观的心态;文天祥的"人生自古谁无死,留取丹心照汗青",道出人生"求死却不死"的志愿;纳兰性德的"人生若只如初见,何事秋风悲画扇",道出人与人之间初次见面的美好感觉难以持久;王国维的"人生只似风前絮,欢也零星。悲也零星。都作连江点点萍",道出人生在世不要太执着;臧克家的"有的人活着,他已经死了;有的人死了,他还活着",道出人在生时创造出的意义不同带给死的意义也不一样;还有"人生就是一杯苦井茶""人生如梦、岁月如梭"之类的说法。

人生短暂,时光如流,岁月如梭,不容蹉跎。从生命历程而言,人生由童年、少年、青年、中年和老年组成。冯定对"人生是什么"的问题回答得简洁而干脆:"人生就是进击。"这是冯定在漫长的人生道路上得出的体验。无论顺境还是逆境,他都坚定且不偏不倚地走在"做一个有共产主义道德品质的人"和"胸怀坦白和真正诚实的人"的正道上。他认为,青年在人生征途中,顺境固然可贵,但是在逆境中经受磨炼也是必不可少的人生功课。青年的人生要有"我的人生我做主"的气魄和向往。"人生不是一支短短的蜡烛,而是一支由我们暂时拿着的火炬,我们一定要把它燃得旺盛。"在此,人生就是如大诗人歌德所言:"不顾雨和雪,不顾风凛冽,穿过峡谷里蒸腾的雾气,向前走!向前走!无止又无休!"人生就是如陶行知所言:"努力,努力,努力向前进,努力向上进,先把脚步儿站稳,再把方向儿认定。……别人的闲话也不要听。……自己的力量要尽。"青年要懂得,人生就是前进,前进,前进进!

三、青年的人生目的是什么

人最宝贵的是生命,生命对每个人来讲都具有唯一性,生命的历程就是人生的历程,因而对于每一个人来说,求得生存和珍惜生命便是人生的首要目的。但人除了要维持身体生命的存在外,还要有社会性的精神生命,还要求发展、求理想的自我实现。人求发展、求理想的自我实现是通过社会实践来达到的。人生是以自然肉体生命为载体,人生是以精神生命为追求,以与外界不断地进行物质交换和意识交换为手段,在日趋成熟的自觉主观能动性支配下的一段定向的实践过程。人生不只是生物过程,还是意识过程,同时也是认识世界与认识自己、改造世界与改造自己的过程。没有生命,人生就无从谈起;没有精神,人生就没有方向。李大钊认为:"人生的目的,在发展自己的生命,可是也有为发展生命必须牺牲生命的时候。因为平凡的发展,有时不如壮烈的牺牲足以延长生命的音响和光华。绝美的风景,多在奇险的山川。绝壮的音乐,多是悲凉的韵调。高尚的生活,常在壮烈的牺牲中。"

冯定在《人活着究竟为什么?》一文中指出:人究竟为什么活着?这是在各种不同的历史时期和不同的社会形态中,个人在不同生命阶段经常会思索和追问的一个问题。只是不同历史时期、不同社会形态的人们对"人究竟为什么活着"的回答形形色色、各不相同而已。

"由于在各个历史阶段,社会生产力的水平不同,生产方式不同,因此,人们对于生活的目的和意义也就有迥然不同的认识和态度"。在生产力水平极为低下的社会阶段,人们的科学知识不发达,普遍性的生活态度就是"听天由命",谈不上对人生意义的主动思索,"在家庭唯父母之命是听,在社会唯君王之命是从。因此神权、王权、父权、夫权就成为人们生活处世的最高准则"。封建社会就形成了一种子女在家靠父母、在社会靠父母官的心态,以及女子结婚嫁鸡随鸡式的从夫心态,人的一切命运都是外在做主。"到了生产力极为发达的资本主义社会,王权被打倒了,一切笼罩在人们关系中的温情脉脉的面纱都被揭去,剩下的就是赤裸裸的金钱关系。因此,'人不为己,天诛地灭','人生在世,及时行乐'等等,就成为资本主义社会人们生活的信条"①。冯定认为,资产阶级对待人生总是从个人主义出发,一切以寻求利润为目的,资本成了至高无上的权威,人们的活动目的一般会围绕金钱努力,人们的生活也以能否获得更多的金钱回报为目的。资本主义社会人与人之间的"等价"交换关系替代了人与人之间的相互帮忙的人情债关系,让人少了人情束缚,便也少了人间温暖。

然而,人类来自自然而又统治着自然,因为人具备了灵巧的双手和灵活的头脑这两个特有条件,它们就产生了无限的创造力。这种创造力意味着人对自然界具有改造的能动作用。"人类一来到这个世界,就是带着一种积极主动的精神,为着给自己创造更好的生存条件,一直进行着顽强的劳动。它来到这个世界,没有丝毫消极被动的痕迹,也不允许它有这样的精神状态,否则,它就将无法生存。"②人来到世界,是受着诸多限制的,生存于特定的自然环境和社会环境中,为了创造更好的生存条件,必须积极主动探索生活环境,努力适应和改造生活的环境。这种探索、改造不只是为了单个人的利益,而且是为了整个人类的利益。

人究竟为什么活着?人为了生活而活着。人怎样生活着才有意义呢?

---

① 冯定.冯定文集:第二卷[M].北京:人民出版社,1990:329.
② 冯定.冯定文集:第二卷[M].北京:人民出版社,1990:329.

"人的生活目的,就是为了造福人类。这个造福人类的胸怀,绝不仅仅是为了个人生活好这样一个狭隘的目标。它将是充分运用自然所赋予的生命,来改造客观世界,同时又改造着主观世界,以便把人类带进一个既有高度物质生活又有高度精神境界的理想世界中去。如果把追求个人生活好当做唯一的生活目的,那仅仅是动物的本能,和做人应有的精神境界还有很大的距离。这种生活目的,只能把人们引向空虚、贫乏而又庸俗的死胡同去。它也许能够获得一时的欢快,但是这种短暂的欢快终究会成为苦闷和窒息。"①人类发展是从猿进化到了人,我们今天不可能再从人的状态退回到猿的状态。人类的历史只能前进,不能后退。人进入了人的境界,也就意味着不能仅仅拘泥于物质追求的限度,而要向着更高的、具有至真至善至美的精神境界去追求。只有人人为人人,而不是人人为自己,人才会走出"空虚、贫乏而又庸俗的死胡同",才会走向充实、丰富、高尚的人间光明大道——人活着以造福人类为使命。

为什么人活着要以造福人类为目的呢?冯定认为,我们无产阶级的历史使命就是要把资本主义私有制变成社会主义公有制,就是要在解放自己的同时解放全人类,造福全人类。人类的活动具有社会性,参与社会活动体现的人生价值也具有社会指向和他人指向性,所以说,社会主义青年的人生目的就是要"全心全意为人民服务",满足他人和社会的需要。青年如果能够怀抱为人民服务的心态,就会为共产主义事业做出贡献。但"共产主义的理想不是空想,不是不费力气就能得来的。我们只有认识到这个历史的必然,使更多的人都能够建立这样的共同思想境界,那我们就会为这样的生活目的感到自豪,意识到社会的责任感和时代的紧迫感。历史要我们必须这样:人活着就是要造福于人类"②!人之所以为人,就是因为懂得为别人着想,懂得为造福别人而努力。你心中有千万人,千万人心中有你。"人活着,应该有这样的高尚情操,这样,在你顺利的时候,不会沾沾自喜,自满自足;受到挫折的时候,也不至于悲观失望,颓废消沉。"③人的生命只有一次,人的生命历程是单行历程,没有回返的机会,因而它不允许我们在徘徊和彷徨中虚度宝贵的年华。"美好的生命之路已经被前人所开拓,它启示和激励着我们,一定要为创造人类的幸福而辛苦劳动,贡献自己的智慧和才干",青年要

---

①　冯定.冯定文集:第二卷[M].北京:人民出版社,1990:232.

②　冯定.冯定文集:第二卷[M].北京:人民出版社,1990:232.

③　冯定.冯定文集:第二卷[M].北京:人民出版社,1990:232.

树立为人类幸福而努力的人生目的，"唯有这样的生活，才是蕴藏着无限乐趣的；唯有这样的生命，才是永不凋谢的"①！

第二节　指导青年生活实践的人生哲学

一、青年的人生哲学是指导生活的哲学

冯定认为的人生哲学不是我国传统文化意义上的儒家人生哲学或道家人生哲学，而是马克思主义新人生哲学，是贴近现实和贴近生活的新哲学。他把这样的新人生哲学和广大青年的生活紧密联系起来。冯定指出："人，不管想多少问题，说多少话，做多少事，首先必须生活；而且一般说来，想的说的做的结果，最后也直接间接都是为了生活。人为了改善和提高生活，就必须改造世界，包括自然环境和社会环境；而若要改造世界，就必须认识和遵从真理，因为改造世界，必须认识周围世界的事事物物，探索它是怎样出现和存在的，什么性质，在怎样发展和变化，彼此间又如何发生关系。"②由此可见，人所想所做所说的一切都是为了生活，但生活有好生活和坏生活，要想有好的生活就需要认识世界和改造世界，如果说认识世界所获得的是"识"，那么利用这种真理性的认识去改造世界就是"智"。改善和提高生活需要生活的智慧，而"智慧就是真理的认识和遵从"。

其实，从《青年应当怎样修养》《共产主义人生观》和《人生漫谈》这样的著作中就可以看出，冯定指的生活是广义上的，包括日常生活、学习生活、职业生活、婚姻家庭生活、战斗生活等。冯定的人生哲学是为了指导青年如何过好生活的新哲学，是指导青年更清楚、更深刻地认识生活和生活世界，从而提升生活质量和改进生活世界的新哲学，与不接地气的旧人生哲学有着本质的区别。冯定早在1937年撰写的《哲学的应用》一文中就清楚地表达了这个意思，他说："从前的旧哲学，好像鹫，只在人迹罕至的绝顶上回旋着，可不知道人间究竟是什么东西。所以旧的哲学，也就变成了好像是高深的、秘奥的、不可捉摸的，只配少数特别聪明的人去玩弄的一种学问，一般的人甚至不敢问津，压根也就谈不到什么应用不应用了。新哲学可不是那样，新

①　冯定.冯定文集：第二卷[M].北京：人民出版社，1990：233.
②　冯定.冯定文集：第一卷[M].北京：人民出版社，1987：175.

哲学是人类历史发展以来知识的总汇,新哲学是近代各种科学经过'千锤百炼'而制造出来的'丹',同时又是领导科学继续前进的'明镜'……新哲学并不是保险箱里的珠宝,而是'法币',不但可以应用,并且应用得极其广泛。"①如同保险箱里的珠宝的旧哲学是高高在上的抽象哲学,似乎只具有收藏价值,只供少数学院派"精神贵族"进行思想的玩赏与消遣,而进不到广大民众的生活视野中来。新哲学却如同人们生活衣食住行中需要广泛运用的"法币"。人生哲学需要适用于任何一个有人存在的场域,对于青年而言,更是指导其生活实践的必不可少的人生指南。

生活实践不是孤立的个人行为范畴,而是一个社会范畴,任何人的生活实践说到底都是社会实践,因为任何人的生活实践都需要在特定的社会、文化、经济、政治、教育等背景下进行。冯定指出:"人没有不在行动的;但是不同的阶级和个人,就有不同的行动。因此,有的行动,对社会的发展有或多或少或大或小的好处;有的行动,对社会的发展简直没好处,甚至还起阻挠的作用。任何行动,只要不是下意识的或者无意识,对个人来说,总是都有意义的;对社会来说,彼此的意义就大不相同了。"②那么什么是最有社会意义的实践行动呢?冯定给出的答案是"生产","因为生产是直接在改造世界的。生产这样的行动,使其和那些对社会没有什么意义的行动区别开来。因为这样的实践是最有意义的,所以我们必须特别珍视它"③。人生哲学的出发点和归宿是社会生活实践,即通过对客观世界和主观世界的改造而提高和改善人的生活,这种改造包括对人本身的改造,即改造人的认识能力和加强自身道德品质的修养。冯定的这种看法,与中国传统哲学中对人生哲学内容的理解也不无关系。"在中国哲学史上,从孔孟开始直到近代,许多著名哲学家和他们的著作,都把如何做人,特别是做一个通达事理、有高尚道德修养的人,置于极重要的地位"④。

冯定继承和发扬了为"如何做人"开有效处方的优良传统,他早在1937年就撰写出版了《青年应当怎样修养》的青年道德修养书,在当时,用马克思主义人生哲学观点来解释人的道德情操修养,还真是凤毛麟角。《青年应当怎样修养》针对当时青年的思想实际,用谈心的方式和生动的语言介绍马克

① 冯定.冯定文集:第一卷[M].北京:人民出版社,1987:111.
② 冯定.冯定文集:第一卷[M].北京:人民出版社,1987:459.
③ 冯定.冯定文集:第一卷[M].北京:人民出版社,1987:459.
④ 冯定.冯定文集:第二卷[M].北京:人民出版社,1990:540.

思主义的新世界观和新人生观。在此书中,冯定逐一解剖分析了"知识""思想""意志""技能""健康""生活""学业""生计""恋爱""家庭""政治"这些与青年息息相关的内容,让青年朋友读起来备感亲切。冯定把青年读者当作朋友一样,用平等的态度对读者讲话,做到了和读者的思想、感情相通。冯定说:"我并没有自命为青年的'导师'。我的话,并不是什么'圣经',也并不是指点迷津的唯一'接引星',我不过是一个比较老的青年,受过比较长远和深刻的生活教育。根据我的苦经验,作为青年修养上的一种'借镜',总该是有益无害的吧。"①

二、青年的正确行动需要正确的人生方向和人生态度

如果说《青年应当怎样修养》一书主要是针对当时国民党统治区的青年进行新人生观的宣传的话,那么冯定后来撰写的《平凡的真理》中的部分内容、《共产主义人生观》《人生漫谈》以及《爱养父母在社会主义社会里也是必要的美德》《生命的价值——谈谈革命人生观》《人活着究竟为什么?》《青年的苦闷从何而来?》等文章,针对的则是社会主义时代的青年如何树立一个正确的人生观的问题,其中包括在实现祖国四个现代化建设过程中青年如何发挥光和热的问题。冯定在 1982 年出版的《人生漫谈》一书的前言中谈道:"人生的意义这个问题,从马克思主义学说创立以来,开拓了一个新的境界。马克思主义认为人生观就是世界观,就是人们对于世界如何认识,而又根据这种认识所产生的对生活道路的选择,以及思想、情操、道德品质等一系列的精神气质。"他还谈道:"对人生意义的探索,是人类自古以来,世世代代都曾经存在着的一个问题。而且这其中又以青年人为最大量的探索者。"②

毛泽东曾寄语过青年:"世界是你们的,也是我们的,但是归根结底是你们的。你们青年人朝气蓬勃,正在兴旺时期,好像早上八九点钟的太阳,希望寄托在你们身上。"青年是世界的未来,朝气蓬勃的青年处于人生的黄金时期,正如同朝阳一样光芒四射,满怀憧憬向往着未来无限美好的生活。但向往不等于现实,需要正确的、坚持不懈的行动来实现美好的生活,但正确的行动需要正确的方向和正确的人生态度,这样人生就会避免误入歧途或走弯路。指引正确的人生方向和人生态度的思想莫过于人生哲学了。冯定

---

① 冯定.冯定文集:第一卷[M].北京:人民出版社,1987:6.
② 冯定.冯定文集:第二卷[M].北京:人民出版社,1990:396.

的《人生漫谈》从某种意义上讲,可以称为人生哲学指导语。

　　冯定还曾寄语生活在社会主义新社会中的青年:"在用四个现代化来医治我们的经济创伤时,一切小资产阶级的狂热性,一切崇洋的民族自卑感,一切无政府主义的空谈,一切狂妄自大、目空一切、偏激无知的论调,都不能对于振兴中华有所补益。而只有马克思列宁主义、毛泽东思想的科学的宇宙观才是我们百战百胜的武器。"马克思列宁主义、毛泽东思想这个科学的宇宙观是什么呢?是用辩证唯物主义和历史唯物主义来指导人们的思想、行动,是实事求是和实践出真知的人生态度,是虚心学习一切可以学习的东西的态度。青年要改造和提高生活不是通过空想就能实现的,只有行动才有可能改变。

第三节　自觉选择正确的人生道路

一、青年对人生意义的探索旨在选择人生道路

　　冯定在《人生漫谈》的前言中写道:"对人生意义的探索,是人类自古以来,世世代代都曾经存在着的一个问题。而且这其中又以青年人为最大量的探索者。"[①]人生的青年时代精力特别旺盛,对人生的意义何在和人生的道路如何走以及走向何方都有着特殊的兴趣。但也有些青年并不去追问这些关于人生意义的问题,而是懵懵懂懂、糊里糊涂地在做人,找不到人生的正路;有的青年追求的无非是个人成功之路,或是为了光宗耀祖,或是为了个人幸福,而忽视社会环境的复杂性和社会责任的不可推卸性。这样一来,由于不关心社会的发展和他人的命运,他们自己的命运和人生的价值往往难以实现。难怪爱因斯坦会说:"一个人的真正价值首先决定于他在什么程度上和在什么意义上从自我解放出来。"

　　冯定在《人生漫谈》的前言中写道:"青年是人生的黄金时代,他们在刚刚踏上人生之路的时候,往往对于生活抱着无限美好的向往,憧憬着未来。青年是最富有创造力、充满着青春的活力的有生力量,如果他们在一进入生活的时候,就有一个比较正确的方向和正确的生活态度,那末他们将会在成

---

① 　冯定.冯定文集:第二卷[M].北京:人民出版社,1990:396.

长的道路上更快的前进,也将会为社会做出更大的贡献,那该有多好啊。"①那么,充满着青春的活力的青年怎样才能探索到人生的意义、有一个比较正确的方向和正确的生活态度并选择做人做事的正路呢?冯定强调,青年探索人生意义首先要明确马克思主义对人生意义与人生价值的指导作用。他认为,在马克思主义学说以前或以外来探索人生意义,人们的行动总是被动的,人们不能主宰自己的命运。不管最终结局是成功还是失败,总是带有宿命的色彩。而我们在马克思主义学说的指引下来探索人生的意义,应该说,是在认识了社会的客观规律下,能动地主宰着自己的命运,不管是顺境还是逆境,我们总是有一个坚定不移的奋斗目标,不向命运低头,也不向恶势力屈服,而是满怀信心、不屈不挠地立志于改革,推动人类社会和人类自身有所前进。其实,人生的意义不在于何以有生,因为有生不是由你自己主宰的,而在于如何生活,如何生活是你自己可以掌控的,正如曾在网上流行的几句话:"白日睡觉,你将做梦;白日努力,你将圆梦。""你若发愤振作起来,决心去寻求生命的意义,去创造自己的生命的意义。那么,你活一日便有一日的意义,做一事便添一事的意义,生命无穷,生命的意义也无穷了。"②

冯定在《青年应当怎样修养》一书中指出,"人生的意义,在于推动社会,在于不辜负自生至死的一段历史进化过程"③。人生的意义不在于生命的长与短,而在于是否明白宇宙进化和社会发展的规律,对社会、对他人是否尽了自己的聪明才智。只有遵循社会发展规律,"顺势去推动时代的轮子,尽一分子'人'的责任"④,人生的意义才能得到彰显。因此,青年必须要树立让人生有意义的正确人生观。如果人生观正确,"那么选择的道路自然也是会正确的"⑤。

二、青年走正确的人生道路要坚持世界观和人生观的辩证统一

在青年如何选择正确人生道路的问题上,冯定认为,坚持世界观和人生观的辩证统一是非常有必要的。冯定特别强调,一个人有什么样的世界观就会有什么样的人生观,世界观决定着人生观。青年对世界持什么样的基本观点,就会对人生抱什么样的观念。如果青年没有正确的世界观,那么即

---

① 冯定.冯定文集:第二卷[M].北京:人民出版社,1990:396.
② 胡适.自由人生[M].西安:陕西师范大学出版社,2009:5.
③ 冯定.冯定文集:第一卷[M].北京:人民出版社,1987:37.
④ 冯定.冯定文集:第一卷[M].北京:人民出版社,1987:19.
⑤ 冯定.冯定文集:第二卷[M].北京:人民出版社,1990:149.

使社会的福利措施再好,工作提供的资金再多,生活水平再高,也无法解决提高青年的劳动工作热情和政治热情、帮助青年树立高尚的共产主义品质的问题。冯定认为:"马克思主义认为人生观就是世界观,就是人们对于世界如何认识,而又根据这种认识所产生的对生活道路的选择,以及思想、情操、道德品质等一系列的精神气质。"①人们对世界的认识会影响对生活道路的选择,会影响其思想、情操、道德品质。比如说,如果青年认为为了人类的幸福生活,世界既是可以认识的也是可能改造的,那么青年就会积极提高认识世界的水平和改造世界的能力,从而更好地为人类服务。如果青年认为世界太纷繁复杂,认识很难,改造更难,那么青年就会表现出畏难情绪和退缩行为,可能对于认识世界、改造世界、服务社会无所作为。对于冯定表达的"人生观就是世界观"这个观点,著名的伦理学学者罗国杰在纪念冯定百年诞辰而写的《在改造客观世界中加强主观修养》一文中写道:"这句话,今天看来,人们可能觉得不够严谨,但应当说,这是从他长期的革命实践中,从人民军队的思想政治工作中,从自己的道德修养和自觉锻炼中,所认识到的一个真理。这就是,人生观和世界观是有着辩证而又统一的关系,人们既不能离开世界观来谈人生观,更不能离开人生观来谈世界观。"②冯定一生是坚定的马克思主义者,他的马克思主义人生观和世界观都用自己的人生实践去见证过了。冯定在 20 世纪 30 年代和 40 年代对青年战士、军队青年干部等进行的民族救亡与民族解放的宣传教育工作,20 世纪 50 年代对广大社会主义青年及干部进行的社会主义建设的宣传教育工作以及后来对周边国家共产党友党青年及干部进行的宣教工作,1957 年之后在北京大学对青年大学生进行的教育工作中,都深深地体会到了无论处于什么样的社会状况,青年有正确的世界观就会为正确的人生观奠定基础和方向。

冯定在《生命的价值》一文中写道:"世界观,是指人们对客观世界的认识和态度,也就是我们常说的立场、观点、方法。"今天我们常说的世界观即指人们对世界的根本或总体的看法,其实就是人们对客观世界所持的立场和基本观点。冯定认为,"每一个人自觉或不自觉,都有他自己的世界观。这种世界观,反映到对待人生处世的问题,就叫作人生观"③,在他看来,人生

---

①　冯定.冯定文集:第二卷[M].北京:人民出版社,1990:396—397.

②　谢龙.平凡的真理 非凡的求索——纪念冯定百年诞辰研究文集[M],北京:北京大学出版社,2002:326.

③　冯定.冯定文集:第二卷[M].北京:人民出版社,1990:302.

观就是人们在与世界互动的过程中待人处世时涉及的人生意义、人生态度和人生价值的问题。从某种意义上讲,世界观是人生观的基础,人生观是世界观在人生问题上的应用;但从世界观和人生观的形成过程来看,世界观和人生观往往是相互联系、相互制约、相互影响、相辅相成的。"一般说来,世界观决定人生观,在许多特殊的情况下,又往往是先形成一定的人生观,然后再形成相应的世界观。人们认识社会各种问题的过程,有时候是从对客观世界的认识中先形成世界观,而有时候又必须先考虑自己所面临的迫切人生问题,如人为什么要活着、人活着有什么意义和价值等,从而先形成一定的人生观"①。冯定认为作为一个革命家和理论家,不但要"具有勇气和毅力,还需要具有更多的智慧、更明确的思想、更好的风格和更丰富的知识"②,从而提出对青年人生道路最具有指导意义的建议。冯定非常强调世界观在人生观和道德修养中的意义和价值,强调要树立正确的人生观和提高道德品质修养,首先必须建立正确的世界观。他认为,为了取得革命胜利,必须正确认识和改造客观世界,必须自觉认识和改造自己的主观世界即树立正确的人生观。

正确的人生观是建立在"思想、情操、道德品质等一系列的精神气质"的基础之上的,是建立在对社会发展规律和历史前进方向的清楚认识基础上的,因此,正确的人生观要求青年们不能只"从个人出发",更为主要的是还要"从社会出发",只有从社会出发,人类整体的生命才能得以更好地发展与延续。冯定认为,人的生命是被当作最高贵的无价之宝来看待的。人的生命为什么可贵,可贵在何处呢?人类生命的第一可贵之处在于学会了劳动并且积累了丰富的劳动经验,为人类社会创造了丰富的物质财富和精神财富,使人类不断改善着自己的生活条件,为自己谋求更多福利。人类生命的第二可贵之处在于学会了与各种不利于人类的自然现象做斗争,"劳动和斗争,是人类在长期的生产和生活实践中锻炼出来的最可贵的本领和素质"③。人类生命的第三个可贵之处在于为追求真理而战斗、献身,"劳动、斗争、理想就是革命人生观的核心。有了这样的人生观,生命就会迸发出巨大的能量,创造出人间的奇迹。反之,生命就会显得苍白、脆弱、空虚,不但不能发

---

① 谢龙.平凡的真理 非凡的求索——纪念冯定百年诞辰研究文集[M].北京:北京大学出版社,2002:327.

② 马克思,恩格斯.马克思恩格斯选集:第 1 卷[M].北京:人民出版社,1995:203.

③ 冯定.冯定文集:第二卷[M].北京:人民出版社,1990:304.

出能量,反而会倒退为寄生虫"①。由此看来,确立了"热爱生活,热爱劳动,热爱斗争,热爱理想"的革命人生观的人生,才是最可贵、最美好的人生,才是真正有价值、有意义的人生。有了正确的革命人生观,青年就能"在认识了社会的客观规律下,能动地主宰着自己的命运,不管是顺境还是逆境,我们总是有一个坚定不移的奋斗目标,不向命运低头,也不向恶势力屈服,而是满怀信心和不屈不挠地立志于改革,推动人类社会和人类自身有所前进"②。这样一来,有了正确的人生观,广大青年就不再听天由命,而是可以能动地主宰自己的命运,可以像"人"一样做人,同时能尽一分子"人"的力量,从点点滴滴的工作、学习和平平常常的社会生活中,去锻炼、去体会、去奉献,服务他人,服务社会,去实现人生的价值和意义。

第四节　青年要在正确思想的指导下进行意志的锻炼

有人说,一个人成大事不在于其能力有多大,而在于能坚持多久。也有人说,一个人的人生能否取得成功,取决于"愿、敢、能",即其想成功的愿望有多强烈,其追求成功的勇气有多大,其能力有多强。冯定在《青年应当怎样修养》《人生漫谈》等著作中,有专门的篇章论述青年培养坚定不移的意志问题,他认为青年坚定的意志对于克服人生道路上面临的重重困难和成就人生事业会起重要的作用。

一、意志是青年思想与行为的发动机

青年朝气蓬勃,精力旺盛,思想活跃,有许多美好的想法,也有做事的激情冲动。冯定认为,当我们青年认清了人生的意义,担负起推动社会进步的工作时,无论是对于革命斗争还是对于社会实践活动,总会遭遇到各种各样的艰难困苦,甚至遭遇挫折和失败,青年会如何面对这些不可避免的困难、挫折和失败呢?是迎难而上还是垂头丧气、退却不前?对于青年采取什么样的态度和行动,这里就有一个意志薄弱还是意志坚定的问题。

什么是意志?"意志是生活中推动人们朝着某个方向和目标前进的动

---

① 冯定.冯定文集:第二卷[M].北京:人民出版社,1990:305.
② 冯定.冯定文集:第二卷[M].北京:人民出版社,1990:397.

力"①。德国哲学家、唯意志论者叔本华对意志做了几乎前无古人、后无来者的极为深入的智慧洞察。叔本华撰写了两本专著《作为意志与表象的世界》和《自然界中的意志》,系统阐述了他对于意志的独特理解。在叔本华看来,一切形形色色的现实事物,只不过是不同等级、不同程度的意志的"表象形式";意志是世界的本质,人的躯体也是自我意志的表现,动物的各种活动都受生存意志的支配,植物的活动也受生存意志的支配,整个大自然以及无生命的事物也是意志的表现,理性及表现形式也只是意志和欲望的表现,知识也是意志的工具。

二、青年的坚定意志是可以培养和锻炼的

在冯定看来,青年的坚定意志是可以培养和锻炼出来的。冯定在《人生漫谈》中这样写道:"在日常生活中,养成遇事都是有始有终的习惯,养成遇事有疑问如不解决就不罢休的习惯,以至在是非场合无不坚持真理的习惯,对于培养和锻炼意志,都是有积极意义的。"②当然,意志的培养和锻炼虽然可以从小的地方入手,但必须从大的地方着眼;抓住小事或事情的细枝末节,却扔掉了事情的关节点和精神要旨,那么就是本末颠倒了。就拿遇事要有始有终来说吧,并非事事绝对如此。因为我们做事必须区分轻重和权衡缓急,如果为了轻的、缓的有始有终,而忘了重的、丢了急的,反而会误大事。又比如拿疑问来说,也不是什么疑问都需要马上解决、都可能马上解决的。有些疑问就是解决了,对增进知识也没有什么意义,那就干脆抛开不用去管,以便有更多的时间和精神去解决更有意义的问题;有些疑问虽有意义,但明知不是个人智力所能解决的,也不是当前的科学条件所能解决的,那就只能暂时搁置起来不去管它,或者留待在长期的研究和实践中去求得解决。

青年的意志教育在于培养自我控制能力、自我引导能力。没有意志,谈不上主体;所谓主体,就是自己是自己的主人。意志教育就是要培养青年的意志型人格,"意志型人格既是走向自我实现所需要的一种人格类型,也是主体性的时代精神所倡导的一种人格类型。意志教育的基本目标应是培养以意志力量为其主导人格力量的意志型人格。意志型人格,是一种最大程度体现了人的自主性、能动性和可持续发展性的人格类型"。意志人格最重要的体现是道德意志。"道德意志的养成既需要道德理论的学习与积累,又

---

① 莱斯利·H.法贝尔.神秘的意志世界[M].沈洁民,刘谧辰,译.上海:上海文化出版社,1989:9.

② 冯定.冯定文集:第二卷[M].北京:人民出版社,1990:472.

需要社会实践的磨炼与应用,既需要主观世界的自我改造,又需要在客观世界中去验证与提高,因此,道德意志的教育之路,是理论教育与社会实践有机结合的道路。"①

青年在道德意志的培养过程中,应该把道德理论与社会实践有机结合起来,把意志教育引入道德实践、生活实践、社会实践。把意志教育与社会主义现代化建设的实际结合起来,把意志教育与个体从事的具体事业密切结合起来,使得意志教育不再是纯粹的"理论灌输",而是寓于自己所从事的工作之中,通过具体平凡的工作体现出来,与道德实践、生活实践、社会实践紧密结合起来。②

三、意志坚强的青年能克服种种困难

冯定认为,"意志坚强的青年不但能克服临时的困难,而且也能克服长期的困难。日常生活的折磨,也可以说是最惨苦、最冥顽、最狠毒的折磨了。克服日常生活的困难,其意志的坚决实际上要比拿手枪向自己的脑门扳上一扳要高出几千万倍!而且意志的坚决,也只有在日常生活的折磨中最能锻炼出来。"那么,意志坚决的人,是不是感情一定冷淡的呢?他还认为,"意志坚决的人,不但有感情,并且有最热烈的感情,但感情的范围已经扩大:他喜的是革命的成功、社会的进步;怒的是反革命的挣扎和猖獗;爱的是大多数的劳苦人民;恶的是汉奸、卖国贼、社会的叛徒"。所以意志坚决的人,一般说来,因为决断而勇往直前,不怕挫折、不愁困难,总是愉快的时候多;但当他上前线去的前夕,也并不是决不会来同爱妻告别,接一个长吻,说几句情话,甚至挥几滴悲壮的别泪的;不过他决不会像意志薄弱的人那样,因家人的依恋而彷徨或临阵脱逃。

冯定在《人生漫谈》中写道:"意志的坚强和脆弱,对于学习的好坏、工作的成败、斗争的胜利,都有重大的影响,所以我们不能不谈谈意志问题。"③人的意志和人的思想一样,并不是天生就有的,而是在社会环境中培养和锻炼出来的。意志和思想的关系十分密切,在什么情况下意志坚决是受到肯定的,在什么情况下不依不饶又是不受称道的,这就涉及意志和思想观念的问题了。比如说,在对敌斗争中,有逞强好胜的意志,只要在战术上不粗心大

---

① 朱世龙,沈永福.论道德意志教育的基本原则[J].常州大学学报(社会科学版),2013(05):19.

① 朱世龙,沈永福.论道德意志教育的基本原则[J].常州大学学报(社会科学版),2013(05):19.

② 李肃东.个体道德论[M].武汉:华中理工大学出版社,1994:138—140.

③ 冯定.冯定文集:第二卷[M].北京:人民出版社,1990:468.

意,就没有什么好非难的;但是在人民内部,在真理面前,一味逞强好胜而不肯认过改错,这就不符合社会主义社会里人和人之间发生关系的原则了。人非圣贤,不可能不犯过错。"如果不是明知故犯,而是由于认识不足、经验不够,无意犯了过错,经过自己觉到也好,经过别人指出也好,知而能改,不但算不了什么,而且定会由反转正,获得新的教益,对今后的工作和斗争有积极作用。当然,察觉过错和认识过错是有过程的;但是既已察觉了和认识了,就得勇于承认,勇于改正。坚持错误决非意志坚强的表现,而是剥削阶级虚伪高傲,放不下架子和丢不下面子的表现。对我们来说,服从真理,不屈不挠,才是意志坚强的最好表现。"①对于青年而言,意志坚强不是逞强好胜或固执地不肯认错,要有勇气认识错误和改正错误,不屈不挠地追求真理,这才是真正的意志坚强。

冯定在《青年应当怎样修养》一书中写道:"只有意志特别坚决的人,才能克服大困难,实现大思想,成立大事业;意志不坚决的人,一辈子也不会有什么成就的。"②意志是一种人生的力量,坚定的意志表现的是持续的力量。坚持就是胜利不无道理。冯定所讲的意志在当时的革命时代背景下,更多的指的是革命意志。冯定认为意志的强弱来自真理,来自对真理的认识和服从。他在《人生漫谈》一书中指出:"人们越认识真理,革命意志就越坚强。"所谓生命诚可贵,爱情价更高,若为革命故,二者皆可抛。一旦人们"认识了真理,自然会既有豪迈雄伟的革命气魄,又有实事求是的科学精神,断事明确,处事果断,无时无地不显示出坚强的革命意志来"③。在冯定看来,一个人只要革命意志坚定,那么他无论是在革命斗争中还是在生产建设中,无论是在学习生活中还是在工作生活中,始终会有高度负责任的精神,不管遭遇到什么艰难困苦,都决不会垂头丧气,也绝不会悲观失望。意志坚强的人,表现在革命上,是对革命立场的坚定不移,而且往往是革命的乐观主义者;表现在事业上,是对人民事业无限的忠诚。冯定在《青年应当怎样修养》一书中对历史经验进行了深刻的总结,他说自古以来"许多思想远大、意志坚决的人,虽明知革命暂时必将失败,但仍坚持自己的学说和主张,刀锯斧钺,不动声色;这种'虽死无悔'的态度,实是最伟大思想和最坚决意志的结

---

① 冯定.冯定文集:第二卷[M].北京:人民出版社,1990:468—469.

② 冯定.冯定文集:第一卷[M].北京:人民出版社,1987:33.

③ 冯定.冯定文集:第二卷[M].北京:人民出版社,1990:471.

晶,也就是最高的人格的表现"①。

　　冯定认为,无产阶级和劳动人民的意志就是从服从真理而来的。"我们坚信客观世界是存在规律的;只要能够通过实践去发现世界的规律,那么也就能够通过实践去改造世界。知道了物质世界的规律,就能够改造农业,创办工业。同样的,知道了人类社会的规律,就能够实行革命,一步一步改造人和人之间的关系",实现社会主义乃至共产主义社会人人为人人的关系。"客观世界的发展是无限的,而人的知识总是有限的。知识来源于实践,又回到实践中去,从实践中进一步得到了新的知识,又再回到实践中去,如此循环往复,以至无穷。"②人生也有涯,而知也无涯,只有人与人之间建立起知识与实践的接力棒,世世代代无穷已地追求、奋斗、实践、改进,客观世界才会为人更多地创造福音和福利。

　　但人们利用客观世界、认识客观世界规律来进行革命、生产、生活时,"在前进的道路上,困难或者挫折是难以避免的,也是不足惊奇的。有人一遇困难,就垂头丧气,情绪大大低落,这不是无产阶级和劳动人民的态度。困难的出现是必然的,而对先进阶级和新生事物来说,克服困难的条件总是存在的,只要主观努力,用实事求是的精神,对出现的困难进行全面、彻底的仔细分析,找出其主观原因和客观原因,并依靠群众来决定克服困难的办法,那么困难之可以克服也是必然的。这里就告诉了我们对于困难应抱怎样的态度,也正是我们青年对于任何困难应有的态度"③。青年面对困难,既要依靠主观努力,对出现的困难进行全面、彻底地分析,找出困难之所以出现的主、客观原因,也要善于借助外在力量和他人力量帮助自己克服困难。

　　其实人生不只是面对革命,平常的人生更多的是面对生活,特别是面对日常生活。由于特定的人生经历(经历了抗日战争、解放战争、"文化大革命"、社会主义建设),冯定对人生历练的"苦经验"有着深切的认识。冯定认为,意志坚定的人能经得起日常生活中最惨苦、最顽冥、最犯恶的"苦中苦"的折磨和考验。"'吃得苦中苦,方为人上人',这儿自具有一部分的真理:因为人在苦中苦的时候,也就养成同社会奋斗的必需意志了。"④人生只有通过千难万苦才能百炼成钢,成为困难面前的不倒长城。

---

① 冯定.冯定文集:第一卷[M].北京:人民出版社,1987:37.
② 冯定.冯定文集:第二卷[M].北京:人民出版社,1990:469.
③ 冯定.冯定文集:第二卷[M].北京:人民出版社,1990:470—471.
④ 冯定.冯定文集:第一卷[M].北京:人民出版社,1987:33.

四、青年锻炼意志要有坚决的态度

（一）意志品质的四重特性

陈独秀说过："如果人从根本上都是不能自主的，又谈何善恶的责任？"是啊，人如果对自己都负不起责任，又如何谈得上对别人有道有德呢？只有"自强不息"，才能"厚德载物"。自强不息的根源就在于养成自己的自主意志品质。人的意志是有品质的，意志的重要品质包括四个方面，它们是自觉性、果断性、坚韧性和自制性。

意志的自觉性是指能深刻理解自己行动目的的意义，并主动采取与之相应的行为。具有自觉性的青年可以在没有暗示或督促的情况下，独立发现问题，合理听取他人的建议，主动寻求解决问题的方法。青年只有通过磨炼自己的意志，学会专注于意义，才能将所需要的意志的力量从其自身的内部召唤出来。只有动用平时察觉不到的意志，才能使意识的运转更少地依赖外界的刺激。

意志的果断性是指迅速地明辨是非，坚决地采取行动或放弃行动。具有果断性的青年能够在自我教育过程中明确任务，做到审时度势、有的放矢，放弃事倍功半的徒劳，寻求更高效的适应方式。

意志的坚韧性是指能克服内部和外部的困难，长期保持某一状态或信念，坚持完成任务的品质。具有坚韧性的青年，不仅有着顽强的毅力，更重要的是他们不会因一时看不到进步而失望，不会因为遇到挫折就灰心丧气或轻易放弃。

意志的自制性是指人能够驾驭自我、排除不良情绪干扰，确保自己执行合理的决定，或者坚决抵制不合理行为。具有自制性的青年，可以对外界的诱惑保持镇定，面对各种压力时仍能坚持自己的选择。

拥有优良意志品质的人必然有坚强的意志力，意志力作用于人的道德情感，"能使人的情感持续、稳定地发展，形成强大而持久的精神动力"①。

（二）青年养成坚决的意志要有决断精神

"有多少人终生也没能建立起自己人格大厦中的意志的支撑柱。一生不是在对外物的奔波中，就是废弃在自己的各种本能需要中难以自拔。自

---

① 骆郁廷.精神动力论[M]. 武汉:武汉大学出版社,2003:226.

己对自己也难以找到主人的感觉"①。冯定认为,只有意志特别坚决的人才能克服大困难,实现大思想,成就大事业;意志不坚决的人,一辈子也不会有什么成就的。所以思想好像飞机上的方向舵和升降舵,意志好像发动机:没有方向舵和升降舵的正确操纵,结果不是撞翻便是碰毁;然而发动机没有开足马力,飞机也是不会起飞或虽起飞而中途必会停顿的。我们要养成坚决的意志,首先要有决断的精神。当每件事情发生的时候,我们先问这件事儿应做不应做,应做就做,不应做就不做,干干脆脆,一些儿也不要有拖泥带水的样子。犹豫不决,不但会扰乱心思阻碍了其他工作,而且常常会丧失成事的机会。

(三)青年养成坚决的意志还要缜密考虑

决断并不是不加考虑。越是遇到重大的事情,我们越是要经过缜密考虑。当我们觉得某件事应做的时候,就该仔细分析自己的力量,估计困难的大小,看这件事情有没有实现的可能性。如果毫无实现的可能性,那么这件事虽然应做而事实上绝不能做;如果有实现的可能性,那么就决定做。所以考虑实是决断的过程,只有考虑才能实现决断。至于考虑的久暂,要看实际的情形。总而言之,我们反对的是延宕,是没有准则的考虑。我们说的决断是同武断有天壤之别的。勇往直前并不是鲁莽,就像决断并不是武断一样。鲁莽是没有计划的,而勇往直前却是有计划的。

第五节　注重青年高尚情操的修养

冯定在探讨人生哲学问题时,不仅注意对人生意义和生活道路选择的探索,而且在如何做人和待人、如何处事上,非常强调修炼"思想、情操、道德品质等一系列的精神气质"。冯定认为青年接受正确思想指导以培养革命感情是必不可少的人生修养。

一、培养青年愿意接受正确思想指导的革命感情

其实,意志坚决的人并非感情淡薄的人。冯定在《青年应当怎样修养》

---

① 刘雪雁.意志教育:一种不可或缺的教育基本内容[J].宿州教育学院学报,2008 (04):16.

一书中写道:"意志坚决的人,不但有感情,并且有最热烈的感情。"①不过,在革命年代意志坚定的人的感情范围已经扩大,他们喜的是革命的成功和社会的进步;怒的是反革命的挣扎和狷獗;爱的是大多数的劳动人民;恶的是汉奸、卖国贼和社会的叛徒。冯定在《人生漫谈》一书中特别强调:"感情的浓厚和淡薄,对于对我对敌的爱憎,对于辨别是非和判断取舍,对于制定政策和执行政策,都有重大的影响,所以我们不能不谈感情问题。"②在冯定看来,虽然都是感情浓厚,但对友是深厚的爱,对敌却是深深的憎恨。一切是非取舍都要有阶级感情,无产阶级就是有深厚阶级感情的。"这种感情表现在对我、对友的爱和对敌的恨上,表现在对革命和社会主义建设事业终要胜利的坚信和乐观上,都是异常鲜明的。"③由此可见,我们不能没有热烈的感情,但感情必须要与思想、意志等相互联系、相互制约才能起到良好的作用,冯定这样写道:"感情如果受革命意志的控制,受革命理想的指导,就能成为积极的因素。"④革命意志是钢铁长城,革命理想如同飞翔的翅膀把人带向光明的远方,"意志坚决的人,一般地说起来,因为决断,勇往直前,不怕挫折,不愁困难,总是愉快的时候多"⑤,意志坚定的人更容易产生乐观主义精神。"我们不能没有感情,但也必须防止感情的弱点和缺点,不能感情用事。感情,必须和思想、意志等相互联系,相互制约。革命的、正当的、健康的感情,就是这样熏陶起来和培植起来的","感情,有了正确思想作指导,坚强的意志来控制,那么,对于工作,对于斗争,都会起巨大作用"⑥。有正确思想指导的感情,一方面会对革命事业怀有无限深厚的感情,另一方面又会实事求是,遇到事情懂得权衡轻重,比较利害,不会感情用事、莽撞冲动。有些人贪吃好的、爱穿着打扮、喜欢玩乐,因为意志薄弱就用一些不正当手段弄到钱财,来满足这些暂时的不正当欲望,又由于意志薄弱,甚至一犯再犯,一悔再悔,直到越陷越深而不能自拔。

冯定指出:"有了正确思想的指导和坚定意志的控制,对革命事业就会怀有深厚感情,与此同时对革命事业会实事求是、不感情用事。"同样,在工

---

① 冯定.冯定文集:第一卷[M].北京:人民出版社,1987:38.
② 冯定.冯定文集:第二卷[M].北京:人民出版社,1990:474.
③ 冯定.冯定文集:第二卷[M].北京:人民出版社,1990:480.
④ 冯定.冯定文集:第二卷[M].北京:人民出版社,1990:480.
⑤ 冯定.冯定文集:第一卷[M].北京:人民出版社,1987:38.
⑥ 冯定.冯定文集:第二卷[M].北京:人民出版社,1990:478.

作中也不会为了急于求成而不顾条件、没有步骤地感情用事。"胜利冲昏头脑，困难吓昏头脑，用感情代替政策，都是我们必须引以为戒的。"①对于容易感情冲动的青年而言，更容易一旦获得胜利就会冲昏头脑，一旦遭遇困难就会吓昏头脑。青年需要明白，"我们的革命意志，就是力量。而这种力量的来源，就是真理，就是客观的规律，就是始终不渝的实践。来源是没有穷尽的，不会枯竭的，因而我们也是永远不可被战胜的"②。之所以要用革命意志来控制感情，并不是要隐藏和消灭感情，而是说要从伟大的革命事业和建设事业出发，使感情发生好的转变，使无益的感情转变成为有益的感情；使无用的感情转变为有用的感情；使有益有用的感情转变成为更有益、更有用的感情；使暂时的感情转变为长久的感情；使外露的感情转变为内蕴的感情；使比较浮动的感情转变为深沉的感情，从而比较"炉火纯青"。当然，冯定认为感情受意志控制是和受理想指导分不开的，因为归根到底，感情要受理想指导，意志也要受理想指导。"感情，必须受意志的控制，受理想的指导；这在出现新的事物、新的情况时，尤为重要"。③

二、青年具备高尚的道德情操是必不可少的

冯定在《青年应当怎样修养》《共产主义人生观》《人生漫谈》和《平凡的真理》最后一章中，以及《修养无时可息 学习终生不停》《关于"红专"》《革命的人生是不朽的》《生命的价值》《人活着究竟为什么?》《爱养父母在社会主义社会里也是必要的美德》《个人主义与个人利益》《立足今天 懂得昨天 奔向共产主义明天》《树立共产主义世界观 走历史的必由之路》等专论道德品质修养的论文中，针对人们特别是广大青年所关心的一些热点问题和困惑问题，比如说如何处理红与专的问题、如何处理个人与集体的关系以及个人利益与集体利益的关系问题、如何对待爱情婚姻及家庭、如何孝敬父母、如何处理"私生活"等问题，采取循循善诱的谈心方式对广大青年传递做人道理和品德修养的意义。冯定不仅就修养方式方法给予了指点，而且把青年们的思想品德修养提高到做人应有的精神境界和高尚情操上来进行论述。

冯定在《人生漫谈》一书中写道："道德是指：人的所想、所说、所为，主要是所为，是有好坏美恶之别的。大家知道，好行为，办好事，就是善的，就是道德的；坏行为，办坏事，就是恶的，就是不道德的；做好事的是好人，做坏事

---

① 冯定.冯定文集:第二卷[M].北京:人民出版社,1990:478.
② 冯定.冯定文集:第二卷[M].北京:人民出版社,1990:473.
③ 冯定.冯定文集:第二卷[M].北京:人民出版社,1990:479.

的是坏人……凡谁的所想、所说、所为,是合乎规律的,至少是比较接近规律,因而能够促进社会的向前发展,谁就是好的,善的;反之,就是坏的,恶的了。"①但这个一般标准用来判断具体的事和人时,仍然非常复杂。冯定认为,道德标准的复杂性有时代性也有阶级性。道德是在人和人之间的关系中表现出来的,离开社会和人与人之间的关系,道德就无从谈起。因此冯定中肯地指出:"道德或者不道德,在于是否将个人和集体的位子摆得恰当。专从个人出发,损害集体,是不道德的;推而专从一家、一单位、一部门、一地方、一民族出发,或多或少损害了国家、全民、全世界革命的利益,也是不道德的。待人处事,越是从广大人民的长远利益出发,道德就越高尚。共产主义的道德,要求将个人摆在人民群众之中,而不是在人民群众之外或人民群众之上。"②共产主义道德就是要从广大人民的长远利益出发,因而是高尚的道德,要修炼这样高尚的道德品质和道德情操,就需要有正确的人生观,就必须对人生意义和人生目标有清晰的认识。冯定认为青年"有了明确的人生观,才会具有强烈的民族的自尊心、强烈的时代责任感和主人翁的态度"③,才会平等互助、助人为乐,才会"具有为理想、为事业、为集体、为他人而献身的精神"④。

在冯定看来,为事业而献身是最能吸引人的巨大力量,事业最能激发人的经久不衰的热忱。冯定十分强调:"人是要有一种精神的。这种精神就是理想抱负,就是兴趣志向,就是革命的爱和憎,就是摆脱了低级趣味的为人民服务的热忱。"⑤人一旦热爱了他所从事的与兴趣志向相投的工作或事业,一旦明白与理解了他所从事的工作的意义与价值,那么,他就会无怨无悔地将生命奉献给这个事业,他就会感到活得越来越有意义。冯定指出,根据历史发展的经验来看,每一代人都有其特定时代的历史使命和社会责任。在古往今来的不同社会形态中,涌现过许许多多为追求真理而献身的先进人物。冯定进而指出,我们这一代的任务就是要沿着半个世纪以来,老一辈革命家经过牺牲奋斗所寻求到的社会主义道路继续走下去,开辟更新的境界。我们要走社会主义这条道路,就要立下为生养自己的祖国大地做出贡献的

① 冯定.冯定文集:第二卷[M].北京:人民出版社,1990:481—482.
② 冯定.冯定文集:第二卷[M].北京:人民出版社,1990:483.
③ 冯定.冯定文集:第二卷[M].北京:人民出版社,1990:394.
④ 冯定.冯定文集:第二卷[M].北京:人民出版社,1990:393.
⑤ 冯定.冯定文集:第二卷[M].北京:人民出版社,1990:324.

雄心壮志,要有百折不挠的毅力,要有不怕艰难险阻的献身精神。我们一定要把个人命运与祖国人民的命运和全人类的命运联系起来考察,如果只讲眼前利益得失和安逸舒适的生活,这就太狭隘了,这是没有出息的,也搞不出什么名堂来。如果把追求个人生活好当作生活目的,这与做人应有的精神相差甚远,这只能把人引向空虚、贫乏而又庸俗的死胡同里去。

冯定在《青年的苦闷从何而来?》一文中以历史和时代的眼光、以高昂的精神状态激励青年在伟大时代到来之际要敢于立足历史放眼未来,创造今天:"我们正处在一个承先启后、继往开来的伟大时代。我们既不是割断历史,从头来起;也不是一切按老祖宗的样子,不能越雷池一步。我们既不要妄自尊大,也不要妄自菲薄。我们应该脚踏实地在实处,深沉地回顾历史,明朗地放眼未来,迎着朝阳,来创造我们的今天!"①冯定在《修养无时可息学习终生不停》一文中也满怀激情地激励青年力争上游,要走在时代前列:"社会的发展,知识的积累,都是没有止境的。所以,我们也只有不息的修养,不停地学习,才能'力争上游',永远走在时代的前列,来促进历史任务的完成。"②人的生命只有一次,不应碌碌无为地度过,一定要在为创造人类的幸福而辛勤劳动中,在贡献自己的智慧和才干中有意义地度过。

让我们用冯定上述的激扬文字和谆谆教诲来自觉修炼我们的道德情操、提高我们的精神气质、走好我们的人生路吧!

①　冯定.冯定文集:第二卷[M].北京:人民出版社,1990:349.
②　冯定.冯定文集:第二卷[M].北京:人民出版社,1990:44.

第五章　冯定青年哲学修养思想研究

第一节　青年需要借助哲学修养为人生增力

冯定认为,"哲学作为人类一种高级思维形式,在人类进入文明社会以后就产生了,并且不断地把整个世界和人类整个思维作为自己探索和研究的对象,哲学中所使用的若干概念、判断和推理形式,事实上也是人们经常要使用的,只是自觉或不自觉而已"①。简而言之,哲学就是认识世界和认识自己的学问,青年在学习、工作、生活中经常会有意识或无意识地运用哲学这种高级思维来思考问题和解决问题,但哲学对青年到底会产生怎样的作用呢? 冯定认为哲学对青年有以下几种作用。

一、哲学修养有助于青年运用哲学思维适应新的环境

1937 年 4 月 17 日,冯定在《自修大学》(1 卷 1 辑 7 号)发表了《哲学的应用》一文,他在该文中明确指出:"新哲学一方面要告诉我们宇宙是什么东西、社会是什么东西,一方面也在传授我们怎样去认识宇宙和社会,以及怎样去改造宇宙和社会的那些方法。"②研究新哲学的意义在于,我们不但要认识这些方法,而且还要应用这些方法。再透彻些说,我们研究哲学,不但在

---

① 冯定.冯定文集:第二卷[M].北京:人民出版社,1989:382.
② 冯定.冯定文集:第一卷[M].北京:人民出版社,1987:112.

于明白几条宇宙发展和社会发展的规律,而且还要应用这些规律来分析活生生的现实,在活生生的现实上活生生地去应用,这样才可以说得上对这些规律有了真正的了解。

冯定倡导青年学习研究的哲学是新哲学,即马克思主义哲学。这种哲学,"是活生生的哲学,是反映现实真理的哲学,是人生一刻不离的明灯,是解剖错综复杂社会现象的指针,绝不会对青年们深闭固拒,使青年们摸不着头脑的"①。青年学习这种新哲学,是为了能够应用这种新哲学的思维方法来认识自然和认识社会,明白"宇宙发展和社会发展的规律",然后"应用这些规律来分析活生生的现实",从而更好地认识自己,更好地改造自己、改造社会、改造自然。冯定认为:"我们如果没有哲学的修养,那么就常常不会迎合新的环境。"

1983 年 6 月,冯定在其生前撰写的最后一篇文章《把马克思主义哲学送到人民手中——论哲学的普及》中写道:"要全面开创社会主义现代化建设的新局面,把马克思主义的普遍真理同中国的具体实际结合起来,走自己的道路,建设有中国特色的社会主义,就需要运用马克思主义的立场、观点和方法去研究新情况,解决新问题。同时由于十年内乱的流毒至今还没有完全肃清,也由于在新的情况下各种剥削思想的腐蚀作用有所增长,这些都需要我们用马克思主义哲学对人民群众进行教育,克服落后、愚昧的现象,向盲目崇拜西方的资产阶级自由化思想作战,在较为年轻的朋友中,需要帮助他们学习历史和哲学,用无产阶级的世界观武装一代新人。"②青年学会运用马克思主义这种新哲学的立场、观点和方法来研究新情况和解决新问题,不但是自我进步的需要,而且是人类和社会进步的需要。

为了社会的进步,为了人类的进步,人们特别是广大青年一定要通过学习这种活生生的新哲学来提高人生的觉悟,明确人生的奋斗目标和奋斗方向。冯定在 1937 年 3 月出版的《青年应当怎样修养》一书中号召广大青年"要爱憎分明,为了社会的进步,为了革命的成功,要敢于同困难和挫折作斗争,要做意志坚决的人"③。意志坚决的人不但能够克服临时的困难,也能克服长期的困难,人的坚决意志在日常生活的磨炼中最能够锻炼出来。

---

① 冯定.冯定文集:第一卷[M].北京:人民出版社,1987:141.

② 冯定.冯定文集:第二卷[M].北京:人民出版社,1989:530.

③ 冯定.冯定文集:第一卷[M].北京:人民出版社,1987:38.

二、哲学修养有助于青年过上反思的生活

据姚惠龙回忆,1962年在北京大学进修时,他十分尊敬学识渊博、资历深厚的冯定教授,且冯定教授就是他的指导教师。在多次聆听冯定的讲课过程中,他印象最深刻的就是冯定常常提到的"哲学是什么样的学问"的问题,冯定跟他们讲:"哲学是世界观,也是认识论,我希望你们不要把哲学搞得神秘化、教条化,要善于面对实际,让别人感到哲学是解决立场、观点、方法以及实际问题的一门有用的学问,要记住是用科学的方法解决实际问题的。不是科学的东西是不能解决问题的,也是不能令人信服的,不是实事求是的哲学,哪还有什么用处。"

哲学既是世界观又是方法论,这已成为中国青年对哲学的常识性认识。哲学把人们不当问题的问题当作问题来思考,所以称为"爱智慧",即体现了一种打破砂锅问到底的精神状态。思考的问题有很多,诸如:哲学不是宗教,为什么能给人以信仰? 哲学不是科学,为什么能给人以真理? 哲学不是艺术,为什么也能给人以美感? 哲学不是道德,为什么也劝导人向善?

哲学不是宗教,为什么能给人以信仰? 冯定倡导青年学生学习的哲学是马克思主义哲学,它是中国进步青年革命理想的奋斗指南针,是为共产主义而奋斗的信念得以形成的指南针。马克思主义成为无数志士仁人为解放全人类而奋斗的信仰。"这种共产主义,作为完成了的自然主义=人道主义,而作为完成了的人道主义=自然主义,它是人和自然界、人和人之间矛盾的真正解决"①,这种共产主义社会是"人同自然界的完成了的本质的统一,是自然界的真正复活,是人的实现了的自然主义和自然界的实现了的人道主义"②。

哲学不是科学,为什么能给人以真理? 冯定所倡导的青年学生学习的哲学是新哲学,即马克思主义哲学、辩证唯物主义和历史唯物主义,它们是人们解决问题和分析问题的思维方法论,在这个意义上哲学是思维方法的真理。

哲学不是艺术,为什么也能给人以美感? 哲学不是艺术但会思考艺术,从而形成艺术哲学,艺术哲学探讨什么是我们希望拥有的。美好、崇高、优雅这些让你惊讶不已和怦然心动的东西,是带有美感的,是我们希望拥有

---

① 马克思恩格斯全集:第三卷[M].中共中央马克思、恩格斯、列宁、斯大林著作编译局,译.北京:人民出版社,2002:297.

② 马克思恩格斯全集:第三卷[M].中共中央马克思、恩格斯、列宁、斯大林著作编译局,译.北京:人民出版社,2002:301.

的。哲学既是可信的,又是可爱的。冯定倡导青年学生要树立共产主义理想,形成全心全意为人民服务的崇高境界,无疑给人一种美感。

哲学不是道德,为什么也劝导人向善?哲学不是道德,但会思考道德人生,因而产生了道德哲学、人生哲学。道德哲学追问什么是人应该追求的,哲学天生就带有教育的意味。杜威认为,"我们能给哲学下的最深刻的定义就是:哲学就是最广义的教育理论"①,哲学理论对教育的努力产生了影响,这在于哲学会进行有意义的思维,"有意义的思维应是不断的、一系列的思量,连贯有序,因果分明,前后呼应"②。"教育是人类生活所必需的,而思想和学习是人用来适应生活要求的工具,人为了生活而思考,所以哲学也是一种生活工具。"③哲学理论对教育产生的影响还在于哲学问题会深入到人生意义中去,"哲学问题在哪里萌芽、生根和开花,我们就在哪里研究它们;哲学问题在哪里安家立足,我们就在哪里研究它们;对哲学问题的认可或拒绝在哪里产生了实际影响,我们就在哪里研究它们"④。

吉林大学的孙正聿教授在其《哲学修养十五讲》中讲到,哲学是一种智慧,哲学智慧是"爱智的智慧",是热爱智慧的智慧;这种热爱智慧的智慧,又是一种"批判的智慧",是一种对"自明性"进行批判的智慧;这种批判的智慧又是一种反思的智慧;这种反思的智慧是一种"创新的智慧"。青年懂哲学有助于其过反思的智慧生活。就如古希腊哲学家亚里士多德所说,"未经反思的生活是不值得过的生活"。反思的生活就是不断经历思想之旅的生活。"对于人生而言,所谓旅程,既有身体之旅,即从一个空间到另一个空间的转换游动,沿途的场景物象一一入眼入心;也有思想之旅、精神之旅,种种观念以文字的形式汇聚成长长的画卷,思想的风景同样能够摄人心魄,甚至惊心动魄"⑤。青年借助哲学反思"行走在思想的大道上,借助思想的力量穿透迷雾,看清前行的方向",从而欣赏到生活中"长长的画卷"似的"思想的风景"。

三、从黑格尔对哲学的比喻来看哲学对青年修养的意义

德国唯心主义哲学大师黑格尔对哲学有一系列精辟的比喻:"庙里的神""花蕾、花朵和果实""密涅瓦的猫头鹰""动物听音乐"等。

---

① 杜威.民主主义与教育[M].陶志琼,译.北京:中国轻工业出版社,2014:327.
② 杜威.我们如何思维[M].伍中友,译.北京:新华出版社,2010:4.
③ 杜威.我们如何思维[M].伍中友,译.北京:新华出版社,2010:184.
④ 杜威.民主主义与教育[M].陶志琼,译.北京:中国轻工业出版社,2014:324.
⑤ 叶澜.教育学原理[M].北京:人民教育出版社,2007:3.

　　黑格尔把哲学比喻为"庙里的神"。他认为"一个有文化的民族"如果没有哲学，"就像一座庙，其他方面都装饰得富丽堂皇，却没有至圣的神那样"。"庙里的神"是使"庙"成为"庙"的"灵光"，"哲学"则是使人类的"文化殿堂"和"精神家园"成为文化殿堂和精神家园的"灵光"。人类应该追求高尚的东西（即普遍理性——哲学），应当过一种高尚的生活。哲学如同普照大地的阳光，它照亮了人类的生活世界，使得人类生活显现出意义的"灵光"。青年要使其生活显现出意义的灵光，就需要借助哲学这道普照光来照亮自己的生活世界。

　　黑格尔对哲学的另一个比喻是"花蕾、花朵和果实"，他说："花朵开放的时候花蕾消逝，人们会说花蕾是被花朵否定掉了；同样地，当结果的时候，花朵又被解释为植物的一种虚假的存在形式，而果实是作为植物的真实形式出现而代替花朵的。这些形式不但彼此不同，并且互相排斥，互不相容。但是，它们的流动性却使它们成为有机统一体的环节，它们在有机统一体中不但不互相抵触，而且彼此都同样是必要的；而正是这种同样的必要性才构成整体的生命。"其实在哲学的"花蕾、花朵和果实"的自我否定的运动中，矛盾着的双方往往是"高尚心灵的更迭"和"思想英雄的较量"，这种"更迭"与"较量"本身，就是对人类思想的撞击，是对人类精神的升华。青年无论是学习深造还是思想境界的升华，都需要像哲学"花蕾、花朵和果实"的自我否定运动一样，通过不断"更迭"与"较量"，来完成自我的提升。

　　黑格尔还认为，"哲学就像密涅瓦的猫头鹰一样，它不是在旭日东升的时候在蓝天里翱翔，而是在薄暮降临的时候才悄然起飞"。"密涅瓦"即希腊罗马神话中的智慧女神雅典娜，栖落在她身边的猫头鹰则是思想和理性的象征。黑格尔认为哲学是一种"反思"活动，是"对认识的认识""对思想的思想"。如果把"认识"和"思想"比喻为鸟儿在旭日东升或艳阳当空的蓝天中翱翔，那么"反思"只能是在薄暮降临的时候悄然起飞了。哲学反思必须深沉，自甘寂寞，不能搞"轰动效应"。哲学是一种"反思"的智慧，它是"对认识的认识""对思想的思想"，它需要深沉的思考和深切的体验，因此它如同"密涅瓦的猫头鹰"一样，总是在薄暮降临时才悄然起飞。青年要修养反思智慧，既要如鸟儿在旭日东升或艳阳当空的蓝天中翱翔一样晨起自勉，祝愿自己每天都是崭新的开始；亦要如"密涅瓦的猫头鹰"在薄暮降临时才悄然起飞一样夜暮省思，感恩平安地度过了今日。

　　黑格尔还把哲学比喻为"动物听音乐"。他认为，哲学不是现成的知识，如果把哲学当作现成的知识去接受和套用，虽然可以使用某些哲学概念，但并不知道哲学为何物，因而不可能真正进入哲学思考。这就像"某些动物，它们听见了音乐中一切的音调，但这些音调的一致性与谐和性，却没有透过它们的头脑"。由此看来，青年在学习哲学时一定要明白，哲学不是现成的知识性的结论，如果只是记住某些哲学知识或使用某些哲学概念，那就会像"动物听音乐"一样，听到各种各样的"音调"，却听不到真正的"音乐"。真正的音乐会引起心灵的震荡，真正的哲学会引起思维的撞击。在哲学的海洋中扬帆远航，会激发我们的理论兴趣，拓宽我们的理论视野，撞击我们的理论思维，提升我们的理论境界。

反思的哲学是理智的自由游戏，使青年"具有开通的头脑，相信思维的力量，保持思维的完整性"①。

第二节　青年哲学修养有利于克服个人主义

冯定认为，个人主义的表现形式多种多样，青年进行哲学修养，首先就是要克服个人主义。青年要克服个人主义，就需要知道个人主义的种种表现，然后通过克服个人主义的种种表现来达到克服个人主义的目的。

一、个人主义的种种表现

个人主义总是只知道个人的利益而不知道集体的利益，总是从个人的立场出发去观察问题和处理问题，这就是个人主义的基本特点。个人主义虽然有共同的基本特点，但是其表现形式却多种多样，比如说自私自利、患得患失、贪图享受、争夺权位、好逸恶劳、沽名钓誉等，这些无疑都是个人主义的直接表现。还有一些个人主义表现得比较隐晦曲折，诸如自由主义、平均主义、个人英雄主义、本位主义、民族主义。

冯定认为，自由主义正是从个人出发，对集体的利益不知关切、不感兴趣。自由主义既可以表现为浪漫和放纵，也可以表现为孤僻和清高。其实，孤僻和清高这种自由主义不仅是妄自尊大因而看不起别人的表现，而且也是名利权位思想的消极表现。

平均主义原来是反映小资产阶级特别是农民的思想的。平均主义认为人们的需要不管其爱好怎样、胃口怎样，在种类和分量等方面都应该一模一

---

① 杜威.我们如何思维[M].伍中友,译.北京:新华出版社,2010:179.

样,这无疑是可笑的。如果在我们的社会还未达到"各尽所能,各取所需"的共产主义社会时,认为从事劳动的待遇应"拉平",无疑是在提倡"懒惰"。就拿共产主义原则来说,当其强调"各取所需"时则忘记了还有"各尽所能",根据平均主义来争取待遇时,又总是想和待遇比自己高的人平均,而不会想和待遇比自己低的人平均。其实,从整个社会来说,彼此的待遇只能是不断想方设法从不合理而达到比较合理,再达到更为合理。

个人英雄主义是从个人主义出发而不是从集体主义出发的,所以和集体英雄主义是不同的。个人英雄主义强调自己的作用,不太信任群众和依靠群众,夸耀自己的"功劳"或"苦劳",而集体英雄主义首先相信集体的经验和智慧,认为个人离开集体就将一事无成。集体英雄主义认为只有在集体的互助合作中个人才能发挥作用,这种作用体现在以身作则、成为模范,或站在群众面前起带动作用,或站在群众后面起推动作用,但决不会站在群众的头上而显示自己的突出,乃至装腔作势、发号施令。

本位主义在主观上确实并非为了个人打算,只是想把本单位的工作做好,本来并没有什么错,但如果本单位的工作不与全体、大局联系起来,就会夸大本单位的意义而忘记了全体和大局,这和个人主义夸大个人而忘记集体是一样的,所以本位主义实际是个人主义的扩大表现。

所谓民族主义,就是不管大民族也好小民族也好,在社会主义国家里,如果只知本民族的利益而不顾及其他民族的利益,也是个人主义的扩大表现。我们必须要有各民族互助合作和友好团结的国际主义精神,认为大民族和小民族都对人类文明有贡献,大民族既要尊重小民族的文化传统,又要给予大公无私的帮助而使其共同前进。

还有官僚主义和命令主义,也是个人主义的表现形式。冯定认为,官僚主义不论是"吃饭不管事",还是不深刻钻研业务、不了解情况,或是只知草率空洞的指示、抄转公事的文牍主义,抑或是忙忙碌碌而不见大局不见远景的事务主义,都不外乎在脱离实际做事。命令主义主要是由官僚主义培养和促成的,也是脱离实际不知人民群众的实际情况的。

冯定认为,个人主义是和私有制度的出现和发展分不开的。个人主义和私有财产制度有关,它是源远流长的东西,其影响在人的思想中是甚为普遍和深刻的。在当下,每个人多多少少都会沾染上一些个人主义的思想。个人主义从个人利益出发,因而群众观念和组织观念总是薄弱的。

二、个人主义对青年的影响

有了个人主义思想的青年,在觉得个人不顺利时,必致悲观失望,怨天尤人,不是牢骚满腹便是觉得压抑郁闷,于是学习也好,工作也好,斗争也好,至多也只能办些"例行公事",或者是"不求有功,但求无过",不会发挥其积极性和主动性;就是在顺利时也将脱离群众,逞强使能。任由个人主义发展下去,必将使人变成野心家,争权夺利,违法乱纪,其对社会和人民的危害自更不必说。有了个人主义思想的青年,也可能会为社会和人民做些事情,但总会将个人的作用看得比党和群众的还大,因而不免夸耀自己的"成绩",甚至表功自居,产生骄傲情绪;也有些先进模范分子不思进取,总拿过去的标准来衡量自己,势必失去宏伟胸怀和远大理想,结果先进会变成"后进";也有的人为了保住往昔"荣誉"和"威信"而不择手段,造成错中错。从个人主义出发,就会不知全体、不顾大局、胸襟褊狭、见识短小、责己必轻、责人必重、享受在先、劳动在后,忘记个人必须随着社会的发展而不断前进,被批评时也总觉自己有理而别人无理。因此,不克服个人主义,什么修养都是无从谈起的。

三、青年克服个人主义要进行哲学修养

因此,青年为了克服种种个人主义的表现,就必须认识世界并且改造世界。为了认识世界和改造世界,就得经常认识自己和改造自己。那么怎样认识自己和改造自己呢?这就需要进行哲学修养了。修养既是长时期的又是多方面的,是在学习中、工作中、斗争中都应该贯彻的。不过,冯定认为修养中最为迫切、最为重要的任务就是克服个人主义。个人主义和集体主义正好完全对立。集体主义认为个人只是集体的一分子,所以个人利益必须首先服从集体利益,集体利益也包括了个人利益,但不是从个人的利益出发,集体主义随时随地都从广大劳动人民的利益出发,归根到底也就是真正从整个人类最远大的利益出发,所以是最符合无产阶级的世界观和人生观的,是符合真理的。人类是社会性动物,集体主义倒是人类应该有和必定会有的东西。

青年的哲学修养首先就是为了克服个人主义,因为个人主义是站在不正确的立场上的;立场正确与否对于个人的修养而言是关键。立场是什么呢?立场就是当我们对客观现象,特别是有关人类社会的客观现象进行是非曲直的判断时,当我们考虑问题和决定问题时,当我们有意识、有计划地在实践时,总有个最后的标准。这个标准如果是革命和无产阶级社会主义的利益,是广大劳动人民最广大的利益,那么立场就是正确的;如果仅是个人的利益,是小集团的利益,甚至是剥削阶级的利益,那么立场就是不正确的了。

第五章　冯定青年哲学修养思想研究

169

立场为什么是修养的关键呢？因为立场是观察问题和处理问题最基本的观点和方法；如果立场不正确，那么观点也不可能是唯物、客观的，而是唯心、主观的，方法也不可能是辩证的，而会是机械的或者是形而上学的。比如说，站在个人主义立场看问题的人，在人和人或个人与社会的相互关系中，总觉得自己是最大、最高、最重要、最正确的，起码比较起来总是高人一等的。这种观点不会是客观和唯物的了。如果立场和观点都不正确，那么观察和处理问题的方法就绝不会是辩证的，会只顾今天而不顾明天。

立场不正确，观点和方法也往往会不正确，而且在不正确立场上而来的不正确观点和方法，是轻易不会改正的；观点和方法如果偶尔有正确的地方，那么也是靠不住的。所以说立场、观点和方法可能有差异，但这种差异只能是暂时的，是迟早要统一起来的。立场正确，那么就算观点和方法一时有了偏差，犯了错误，也是比较容易改正的。因此，立场真正正确的人，自不会将立场变成笼统而空洞的东西，而是会将观点与方法密切结合起来，知道没有正确的方法不可能使正确的立场和观点表现出来，会认识到立场的修养和辩证唯物主义世界观、方法论的修养必须是统一的。这就是立场在修养中是关键问题的道理。

四、青年克服个人主义的方法是结合实际进行自我反思

冯定认为，青年的修养必须要结合实际进行。修养的方法最好就是进行反省和自我检讨。进行反省和自我检讨，必须要结合实践。怎样结合实践呢？就是在反省和检讨中必须将思想和行为结合起来，将动机和结果结合起来。思想必须进行反省和自我检讨，这是因为思想未必都是在行动中表现出来的。有时一个念头或者一种想法只是在脑子里闪烁一下；但是任何不正确思想的出现和存在，迟早总会由意识或者无意识变成行动，因而让其潜伏滋长是危险的，必须应用反省和自我检讨的方法，来揭露它、解剖它，分析出现和存在这样不正确思想的前因后果，如此才能拔除根苗。对动机也必须进行反省和自我检讨，这是因为任何思想已经表现为行动时，其动机只有自我是最明白的。

反省和自我检讨，虽注重思想和动机，但必须跟行动和结果联系起来，所以既要注意立场和观点，又要注意方法、思想和行动；既要注意动机，又要注意效果。反省和自我检讨，必须自觉自愿，从家庭环境、社会环境以及各种各样直接或者间接灌输的思想中，发现自我的思想根源，画出自我思想发展的线索，挖出当前还存在的好的和坏的思想，为改造自己确立必要的

条件。

反省和自我检讨也并不是被孤立起来进行的,必须和群众的批评相结合的。结合群众的批评进行的反省和自我检讨,要比单独的反省和自我检讨深刻得多,只有这样,才可发掘自我的思想意识中隐藏得既深且久的东西,进而对立场、观点和方法进行有联系且系统的检讨,以便更进一步在实践中使动机和结果一致起来,使思想和行动一致起来,使主观和客观一致起来。反省和自我检讨并非目的,真正的目的是要经过反省和自我检讨而使改造自己和改造世界更有效果。所以反省和自我检讨不能一劳永逸,必须时常进行,必须根据反省和自我检讨的结果,定出修养的目标和方法,在实践中逐渐切实地贯彻下去。这也是修养必须结合实际的最中心的意义了。

第三节　青年哲学修养有利于克服主观主义

一、只有深入实际才能保持主观客观一致

主观的思想要想符合客观现实,只有深入实际才有可能。对我们青年来说,使主观的思想和客观符合起来,是不犯大错误和少犯小错误的关键。由于认识过程的曲折,主观和客观不但不易一致,甚至还会成为迷信和唯心主义这样的谬误思想的根源,更不用说主观主义或者个别的唯心观点了。使客观事物的辩证法变为主观思想的辩证法,是"活到老、学到老"的事情,绝不是一学即会的事情,也绝不是今天会了,便可以一劳永逸的事情。因而我们需要深入实际,包括深入生产工作的实际、社会工作的实际以及科学研究工作的实际等,是永远不能停止的。

二、青年易犯的三大主观主义错误

冯定认为,青年做事情如果不深入实际,就容易犯教条主义错误、经验主义错误和主观主义错误。这三大错误表现各异,但实质都是因为没有深入实际而导致的。

（一）青年所犯的教条主义过错在于硬套空洞教条

冯定认为,青年不深入实际,就容易犯教条主义的错误,"教条主义的过错在硬套空洞的教条"①。人总是生活在实际中的,然而生活在实际中并不

---

① 　冯定.冯定文集:第一卷[M].北京:人民出版社,1987:344.

等于已能深入实际而不会犯主观主义错误。那些完全过着寄生生活的人，只会纵情恣欲，根本不知道人生是怎么回事，自然毫无实际可说了，但就是从事脑力劳动和体力劳动的人，虽然真正处在实际中，如果不去深入实际的话，也还是难免会犯主观主义错误。冯定认为青年犯的主观主义错误最通常的表现形式有两种：一是教条主义，二是经验主义。所谓教条主义的过错，不在于从事理论而在于硬套空洞的教条。理论，不论是国内的或者国外的，不论是自然科学的或者社会科学的，如果是从人类的实际经验中总结出来的，青年都是必须要学习的。但如果青年只知道学习理论而不知道如何运用这些理论，或者不管时间地点和条件而硬套理论，那么理论就会脱离实际而变成空洞的教条，这不仅无益而且有害。真理从来都不是抽象的东西，而是具体的，任何公式、原理或规律都必须在具体的事物中表现出来；事物是多种多样的，因而其原理或规律的表现也需要是多种多样的。

值得一提的是，社会现象比自然现象变化得更快，发展得更迅速，因而在其中更易犯教条主义的错误。教条主义的形成和教育脱离实际有密切关系。知识分子容易犯教条主义的错误，是因为知识分子先从书本上获得知识，而不深知书本知识必须到实际中去考验和充实的缘故。在社会主义社会里大家都受教育，教育是一步一步结合实际的；即使如此，在教育中或者在研究中的书本知识，总和无限丰富、无限复杂的实际有些距离；就是教育方法正确了，只要学习方法稍有偏差，那么这种教条主义式的主观主义总还会不断出现，更不必说教育方法也不是完全不会发生问题的；不过社会条件既已不同，各人在主观上再加以注意和努力，这种偏差是可以或者说是比较容易纠正和克服的。

(二)青年所犯的经验主义过错在于死搬狭隘的经验

冯定认为，青年所犯的经验主义错误与教条主义错误形成了鲜明的对照，"经验主义的过错就在于死搬狭隘的经验"①。从认识意义来说，二者在实质上是有共同点的。经验主义的过错，不在于从事实际而在于死搬狭隘的经验。如果将个人的一时一地的实际经验当作是至高无上的东西，那么实际就受了限制，而经验也成为狭隘的了。对于狭隘的经验，如果不问时间、地点和条件而去死搬硬套，结果是无益有害的。

人的认识，必须从实际开端，然后总结成理论，再拿理论去指导实际，如

---

① 冯定.冯定文集：第一卷[M].北京：人民出版社，1987：348.

此就形成了认识的完整过程;光从认识过程来说,这对个人或者对整个人类都是正确的。但是人类的实际经验是既在交换中又在传授中积累起来的,所以是带有集体性和历史性的,如果每一个人都要从头积累经验,或者每一代人都要从头积累经验,那么人类社会就会踏步不前甚至早已停止了。这就是说,学习古人的或者近人的理论,学习本国的或者别国的理论,是完全有必要的,因为只有这样,我们才能通过捷径而认识许多客观的道理或者规律。经验主义者轻视或者忽视理论,不承认古人的或者近人的经验、本国的或者别国的经验,这样的人好像是"坐井观天"而对于新事物不易接受甚至不肯接受,最后成为见闻不广大、思想不开阔的人。

经验主义和教条主义的共同点就是脱离实际,造成主观、客观的不相一致。教条主义的脱离实际是不言自明的。至于经验主义,虽其狭隘的经验也是从实际中获得的,但当其满足于这些狭隘的经验,不愿或者不能和普遍真理结合起来时,就同样脱离实际了。

教条主义是范围广大的经验主义,因为教条主义者在死套教条时,不仅会说这是某人的理论,而且还要说这是某国革命的经验等等。冯定认为,经验主义是范围较小的教条主义,因为经验主义者在硬搬经验时,虽多半是只知如此这般,而说不出道理来,但也尽有将狭隘的经验归纳为几条鸡零狗碎的东西,甚至归纳为较有系统的几条而形成理论的样子。大体上来说,知识分子青年易犯的是教条主义错误,而文化水平较低的青年易犯经验主义错误,但因为两者也还是有些共同点的,所以一个人也有可能主要犯的是这个错误而同时又犯了那个错误。文化水平较低的青年,稍经学习知道了一些名词也会乱说乱用;知识分子青年从事了实际工作后,也会陷在琐碎的事务中而不能自拔,甚至因此忽视或者轻视了理论。有些人认为学习理论,就是不管是什么理论,必须能立即解决当时当地、这人那人的具体思想问题或者具体工作问题,才算结合实际,这也正是经验主义不同形式的表现。这样说来,教条主义和经验主义是会产生相互交错的影响的。

冯定认为,理论和实际,正如理性知识和感性知识一样,是在人们的实践过程中相互促进和相互提高的;也只有这样,才不会犯或者少犯教条主义及经验主义的过错。

(三)青年所犯的主观主义过错在于单凭主观愿望

冯定认为,青年所犯的主观主义错误除了教条主义错误和经验主义错误之外,还有其他多种多样的表现形式。比如,单凭主观愿望就最容易犯主观主义的过错。主观的愿望,如果不是个人主义的愿望而是对社会、对人民有益的愿望,本来不应该被非难,但是不管愿望多么美好,如果考虑问题和解决问题时单以这样的愿望当作根据,而没有更可靠的实际材料或者情况当作根据,那么结果定将"事与愿违",这样的愿望虽然美好,但其表现出来的行动反而会对社会和人民产生危害。

冯定认为革命也好,经济建设也好,虽然目前客观的条件成熟或者具备了,群众的觉悟也已提高了,经验也已增多了,可是如果单凭个人的想象,过高过多估计了敌人的力量或者其他的困难因素,过低过少估计了自己的力量或者其他的顺利因素,畏首畏尾,缩手缩脚,那么自将会错过革命发展的时机,给革命和建设事业带来不必要和不应有的损失。但是假使不顾客观的条件,不顾群众的觉悟和经验,单凭主观的愿望决定了行动的方针,制订了计划,以至当群众不肯干时还是强迫群众去干,或是在没有群众的支持下由个人或者少数人去硬干,那么同样也会给革命和建设事业带来不必要和不应有的损失。"愿望,不论是个人的也好、少数人的也好、群众的也好,只有符合社会发展和客观情势的时候,才是有实现的可能的。"①

三、青年要力争主客观一致来克服主观主义

冯定认为"对于青年、少年和儿童而言,甚至还要培养其丰富的幻想","其目的是要启发青少年辈的想象力,使脑子的思维机能日趋灵敏和益趋健全"②。不过在培养青少年辈幻想的同时,必须要使其爱好切实的科学知识,特别是养成爱好劳动之类的生活习惯,如此才能使他们的想象力能够在将来推动实际工作。同样,我们有了崇高远大的理想和实现这样理想的愿望的同时也必须要有实现这些理想的途径,更必须结合当前一点一滴的具体工作,只有这样,理想和愿望才能成为我们工作或者改造世界的真正发动机。

主观主义是主观和客观不相符合。有的主观主义错误是可以避免的,有的主观主义的错误是不可避免的。有的因为思想不够辩证而引起的错误,只要考虑问题和处理问题时能够审慎周密些,或者实事求是一些,就可以避免;有的只要在实践中注意学习和努力学习,也是可以避免的。至于不可避免的主观主义错误,是在当时当地的条件下,在摸索和尝试的过程中谁

---

① 冯定.冯定文集:第一卷[M].北京:人民出版社,1987:351.
② 冯定.冯定文集:第一卷[M].北京:人民出版社,1987:352.

也无法完全防止的。有的主观主义错误,甚至是因为人类知识的限制而产生的。所以有时候虽然出现了错误或者失败,可是这些错误或者失败正好是在替正确和成功开辟道路。

科学的假设或者预见是真理的先驱。不论是在工作中为了说明现象而设想的工作假设也好,或者是更进一步具有较多根据的科学假设也好,都可能是前一假设被后一假设推翻,最终结论不成立而不能变成理论。对社会现象的预见,虽不可能有对自然现象假设这样的精确,但可依照辩证法规律进行推断和预见。

客观物质世界是有规律的,人对客观的规律是可以认识的,根据已认识的规律和实际,就可预见未知的东西,并且充实旧有的规律和发现新的规律。"相信人正在一个一个地解释昨天还未被认识的自然界的奥秘和思维的奥秘,而且在认识过程中又不断遇到需要做出新的解释和探索的新的奥秘;相信人在认识了生活最复杂的奥秘的奥妙之后,就能够掌握住最大的、永恒的奥秘,即人生的奥秘。这是争取理智的胜利、人的胜利的真正的斗争。"①青年们要时刻记住,人生的奥秘就是争取理智的胜利、人的胜利。

第五章 冯定青年哲学修养思想研究

---

① 苏霍姆林斯基.育人三部曲[M].毕淑芝,等,译.人民教育出版社,1998:379.

175

第六章　冯定青年恋爱婚姻家庭美德修养思想研究

　　一个有美德修养的青年比较容易受到他人的认可与肯定。什么叫美德修养？青年进行美德修养就是修养高尚的情操、审美的情趣、道德责任感与义务感。家庭是社会的基层细胞,具有人口再生产功能、经济功能、文化教育功能,家庭功能是建立在恋爱和婚姻的基础之上的。青年进行家庭美德修养就是在发挥家庭功能时体现高尚的情操、审美的情趣、道德责任感与义务感。

　　冯定认为,古往今来的家庭或婚姻形式,是随着社会的发展而变化的,但不管家庭或婚姻形式如何改变,家庭总是存在着的。人类进入社会主义社会,家庭这个社会的基层细胞依然还是需要的。家庭生活是任何一个人都会经历的,任何一个人都从来不是也不可能是离群索居、孤单生存的。人就其现实性来讲是一切社会关系的总和,社会关系就是人和人之间发生的关系。怎样处理人与人之间的关系才算正确呢？这就涉及了伦理学问题。冯定认为,人类的生存其实是人这个族类的生存,人类的共同道德就应该从人类这个族类的生存和繁荣来进行考虑。当我们在关怀人类这个族类的时候,有三个环节必然会引起我们的注意,那就是整个人类、民族和家庭。如前所说,家庭是人类社会的基层细胞,对人类社会的存在、延续和发展有着重要的作用。修养家庭美德有助于这个作用的发挥。诗人雪莱说过:"美德的最大秘密就是爱,或者说,就是逾越我们自己的本性,而溶入旁人的思想、行为或他人人格中存在的美。"家庭美德更是基于各种不同形式的爱而形成的。

一个青年人要组建自己的家庭就需要找对象谈恋爱,建立在真正的爱情基础上的家庭才更可靠、更稳固。一个与爱情婚姻联系起来的家庭关系,还可能会涉及其他成员,这就涉及青年夫妻与家庭其他成员相处的问题。无论是与恋爱对象相处、维持夫妻关系,还是赡养父母以及与其他家庭成员相处,都需要进行相应的美德修养。

第一节　青年如何进行恋爱婚姻的美德修养

在激情澎湃的青年时代,恐怕没有谁会对爱情一类的事情无动于衷,所以冯定把青年的切身问题之一即恋爱问题称为"玫瑰色的烦恼问题",青年一谈起这个问题总会"怪热闹、怪起劲儿的",但能够明白恋爱真谛的青年人恐怕不见得很多。那么,青年怎样才能明白恋爱的真谛呢?冯定认为,青年首先需要理解不正确的恋爱观有怎样的表现,以避免持有这样的恋爱观。青年还需要进一步弄清楚正确的恋爱观的内涵,以便于遵循正确的恋爱观。

一、不正确的恋爱观的表现

冯定在《青年应当怎样修养》中首先指出了两种不正确恋爱观的表现[①]:一种是性爱唯一论;一种是精神恋爱论。

性爱唯一论认为恋爱的目的只是为了性交,性交一旦满足,恋爱也就结束了。这种观念只是从人的生理需要出发,认为爱情纯粹是一种生物本能,爱情是根源于人的肉体需要而产生的一种欲念。毫无疑问这种恋爱观是不正确的,这里只有欲却没有一丝一毫的爱。冯定把这种恋爱观称为恋爱的"杯水"主义,持这种性爱唯一恋爱观的人认为恋爱完全为了性交,所以恋爱的自由就是性交的自由。

精神恋爱论认为恋爱完全是男女之间一种微妙的灵感,同肉欲完全对立,这种看法也很荒谬。精神恋爱又被称为柏拉图式的恋爱。柏拉图只是从人的精神需要出发,认为爱情是一种精神的"迷狂",是人的灵魂对美的眷恋,在爱情中通过恋爱对象这一现实之"美"唤起对美之理念的回忆,进而对理念之美产生爱。但是,如果恋爱只有灵而没有肉的话,那么人与人之间都能产生恋爱了。冯定把精神恋爱论称为"恋爱的神圣主义"。持这种观点的

---

① 冯定.冯定文集:第一卷[M].北京:人民出版社,1987:69.

人认为恋爱是超人的行为,恋爱没有凡庸的条件,为了恋爱可以牺牲一切,甚至为了爱情连生命也可抛弃。冯定认为这种看法显然有虚幻的一面,尤其牺牲生命实属可笑。谈恋爱当然要以精神和生命两方面的存在为前提,为恋爱而死就等于是取消了恋爱。

除上述这两种不正确的恋爱观之外,还有两种不正确的恋爱观,那就是金钱恋爱观和外貌恋爱观。

谈恋爱完全以金钱为衡量标准,有钱就谈婚论嫁,没钱就免谈。过去几年曾流行一句话:宁愿坐在宝马车里哭,也不愿意坐在自行车上笑。这种观念就是典型的金钱恋爱观。冯定认为其实恋爱条件中最靠不住的就是金钱了。假使找爱人的条件完全只在于金钱,那么干脆说这是将自己的性器官出卖给异性罢了,根本谈不上是恋爱。冯定认为,与金钱的条件相比,在乎容姿的条件相对说来还比较合理一些,因为美好的容姿确能引起愉快的感觉。不过这也只是助长肉欲罢了,并不能助长什么久远的感情,只有内心世界的充实才能助长久远的感情。"内心世界的丰富充实是通过人的目光所表达的大量细腻感情表现出来的。如果这种感情贫乏,那么初次相见时使你为之倾倒的外在美,会随着时间的流逝而变得黯淡无光,失去魅力。迷醉于短暂的外在美的爱情,只欣赏一张漂亮的面孔,一个美丽的身材,这样不可避免地会导致失望,造成'性格不合',婚姻破裂。"①况且容姿最易衰老,就算"红颜"能够"永驻",好像鲜花一样天天摆在你的面前,日子久了也没有看不厌的。所以只在乎容貌的恋爱观也是不正确的。

冯定认为,恋爱固然是青年的切身问题,但许多人尤其是未成年的青年,将恋爱看得同吃饭和穿衣一样随便,这是大不应该的。食物、衣服是生活必需品,但恋爱并不一定是生活必需品。当青年的知识还不充足,思想还没有成熟的时候,性欲的冲动常常在恋爱的悲喜剧中扮演主角,实在是再危险不过的事情了!有的青年只要有异性接近的机会,马上就设法追求,这是大错特错的!自然,对于这样的情况,社会也应负相当的责任,因为社会的束缚使青年男女得不到正当的交往机会,况且社会没有对青年进行良好的性教育,使得青年存在着"第一个接近的异性就是爱人,决不可轻易放弃"的心理。青年人千万不能根据这种理由,把与异性的交往和恋爱等量齐观,否则会使自己在恋爱的旋涡里转下去,永远不能登上岸来。我们需要让青年清楚地认识到正确的恋爱观是怎样的,从而能够树立正确的恋爱观。

---

① 苏霍姆林斯基.育人三部曲[M].毕淑芝,等,译.北京:人民教育出版社,1998:364.

二、青年要树立正确的恋爱观

冯定认为，真正的恋爱必须是爱情和肉欲的汇合。恋爱婚姻不是暂时的性交，而是在于能够长时间和谐地共同生活。维系男女之间的关系，除性交以外还有许多其他的条件。

冯定认为，"除了健康是必要的以外，这便是性格、趣味、知识和思想；而思想更为重要。只有思想的金链子，才能把彼此的爱情，坚韧地而巩固地联系起来"①。爱情是要靠思想交流之链条来维系的，"爱侣之间思想交流的最大乐趣就是智力和美感的相互充实，逐渐认识和发现所有新的道德品质和美，这其中包含着爱侣之间渴求相互汲取一切美好的东西，并相互奉献。忠贞恒久的爱情是每个人的向往"②。思想是永远前进着的，所以也就永远是新鲜的。只有永远新鲜的思想才能培养两性间的恋爱树，使其叶儿永远青翠，花儿永远繁茂。冯定认为，真正从恋爱出发而共同生活的人，他们的思想最多只能有量的差，不能有质的差。思想上要是有质的差首先就不会结合，结合了也要破裂。即使不破裂的话也必然是同床异梦、貌合神离，这实际上已同破裂没什么区别了。

爱情就是对自己之外的现实存在的具体的人的一种感情。无论怎样，在恋爱方面双方的思想相通，心灵才会相通；人品向善，同德为欢。正确的恋爱要有同心同德的追求。费尔巴哈在更普遍的意义上提出，要想获得爱就必须先去爱人，爱是相互的付出，不能一点不付出就坐享其成，应该以爱易爱。"青年人最幸福的时刻，是拥有纯洁、理想的爱情的时刻，这种爱情使内心世界充实的人们永远不想分离。如果有两个具有同样高尚的自尊和人格的青年相亲相爱，那么他们长时间内不会逾越性行为的界限。这不是说他们没有这种欲望，而是他们清楚，尽管他们的欲望十分强烈，但没有精神上的结合，只求生理上的结合是不道德的。他们在精神上接近、追求理想爱情的阶段比较长，甚至有意这样去做，他们从这种追求中获得莫大幸福。"③

大多数哲学家对爱情存在的意义是持肯定态度的，认为爱情对于人是有益的。以精神需求为爱情基础的哲学家们称爱情为精神的"滋补品"，认为爱情可以使人的精神更加崇高，使人的品格更为优秀。以生理需求为爱情基础的哲学家则视爱情为合理地满足人的自然欲求的渠道，认为正是爱

---

① 冯定. 冯定文集：第一卷[M]. 北京：人民出版社，1987：70.
② 苏霍姆林斯基. 育人三部曲[M]. 毕淑芝，等，译. 北京：人民教育出版社，1998：364.
③ 苏霍姆林斯基. 育人三部曲[M]. 毕淑芝，等，译. 北京：人民教育出版社，1998：364.

情才使人的天性得以实现,使人成为真正的人。"爱情是人性的同一语,爱情的秘密就是人的一般秘密"。其实,人的存在是两大方面的存在,即自然存在和社会存在。人的存在的两重性,决定了人类的诸多特征及其形成原因,但归纳起来也只有两大方面,即人类自然进化的生物学基础原因和社会化发展的推动力。就爱情来说,一方面它根源于人类自然的需求,另一方面又是社会文明的产物。

三、青年恋爱时应以"两相情愿,互相认识"为原则

冯定最早是在 20 世纪 30 年代中国的社会现实里探讨青年的恋爱原则问题的,在当时提出青年恋爱要以"两相情愿,互相认识"为原则,这对我们今天的青年依然有借鉴价值。恋爱既有恋又有爱,对恋爱的对象既有依恋又有关爱,对方也对自己有同样的恋之情和爱之情,并且这种恋之情和爱之情不是建立在一时激情燃烧的基础之上的,而是建立在彼此了解的基础上的。建立在充分认识和了解基础上的"两相情愿"的爱情意味着"我把自己的心灵献给了我所爱的人,他(她)把自己心灵中的美和道德责任感也献给了我,我们共同去创造那不能再度创造的财富。这些财富包括:精神上的进取、理智和情感的相互充实、儿女、忠诚、家庭的荣誉与尊严、传统的继承、对往事的回忆、诗一般美好的青春,以及青年时代的纯洁感情"①。

而在 20 世纪 30 年代的时候,女子始终没有得到彻底的解放,一般说来,她们的思想和知识都要比男子落后得多。冯定认为,假使男子一定要和思想、知识完全能够同自己匹敌的女子谈恋爱,实际上也就很难了。其实,一个知识水准和思想水准较高的男子同一个知识水准和思想水准较低的女子互相爱着,并不是什么稀罕事。不过在这里,男子应该借用爱的力量去尽诱导和扶植的责任,从而使女子的水准也慢慢高起来。女子如果还没有生活的技能,男子最好应该设法维持生活,同时更应该使女子学习,最好使其能够参加生产劳动,在生活中得到磨炼。冯定认为,青年恋爱要有"同情互助"的立场。在此,男子对女子完全是站在同情互助的立场上的,同出钱买"爱"使女子打扮得花枝招展来供男子玩弄是完全不一样的。"真正的爱情,要求终生承担巨大的神圣的义务。如果你不想失去自己的情感,不愿在精神上堕落,那么就不能屈从于第一次情欲。一个人对另一个人负有某种道

---

① 苏霍姆林斯基.育人三部曲[M].毕淑芝,等,译.北京:人民教育出版社,1998:364.

德义务"①,这种道德义务就是意识到你将做她的丈夫或他的妻子,将做她或他的孩子的父亲或母亲。除此以外的其他爱情,比如追求刺激的爱情,为排遣寂寞而去寻找的爱情,都没有顾及道德义务方面。

冯定认为"男子在求爱之前,对于女子的知识和思想,自应该先有清楚的认识"②。女子知识水平的高低倒没有什么关系,重要的是要看其思想是否"中毒"。比如说,一个是小家碧玉,一个是摩登女郎:小家碧玉只有一点文化或者甚至根本没有进过学校,但人挺伶俐、朴实、忍苦耐劳;摩登女郎能看书、能写信、能说漂亮的新名词,可她习惯于过奢侈豪华的生活,崇仰的是有势有利的人物。那么,男子在选择恋爱对象时,与其选择摩登女郎还不如选择小家碧玉。至少小家碧玉的思想还没有"中毒",她的脑子好像一张洁白的纸,只要我们能感化她、教育她,将来就会放出灿烂的光芒来。

总而言之,男子的恋爱问题应该以"两相情愿,互相认识"为原则。但在恋爱方面,男女两方存在着差异实在是不可避免的事情,尤其是男子比女子水准高,自然认识的标准也就不同。那么具有不同文化水平,以及不同兴趣、爱好和需求的年轻人在一起能不能幸福呢?其实关系处理得好,爱情是可以把他们联系在一起的。爱情意味着奉献,把自己的精神的力量奉献给亲爱的人,为他或她创造幸福。从女子方面来看,主要看你所爱的人对于自己在知识和思想上能不能给予帮助;从男子方面看,主要看你所爱的人感受知识和思想的可能性的大小如何。感受知识和思想可能性的大小受到个人环境的影响。大概劳动的女子比不劳动的女子强得多,贫家女总比富家女强得多,爱俭朴的总比爱阔绰的强得多。不过也有例外情况,女工出身的在追求繁华梦的也不少。这要从女子日常生活中所反映出来的意识去体验。

其实在我们今天看来,谈恋爱找对象并非男子一方的事情,青年男女具有同等的权利和机会。青年女子在求谈对象之前,对男子的知识和思想也应该先要有清楚的认识。男子的学历是否比自己高并非唯一标准,男子的家境是否比自己好并非那么重要,重要的还是看其人品、对人对社会对事的责任感,看其对事业有无上进心、对生活是否有热情。由此可见,谈恋爱不能追求爱情至上。培根对爱情至上主义者有一句当头棒喝的话:"一切真正伟大的人物没有一个是因爱情而发狂的人。"因为人生除了爱情之外,还有其他许许多多的旨趣也要求得到实现。不要追求爱情至上,并非就是否定

---

① 苏霍姆林斯基.育人三部曲[M].毕淑芝,等,译.北京:人民教育出版社,1998:363.
② 冯定.冯定文集:第一卷[M].北京:人民出版社,1987:72.

对爱情要忠贞。

青年恋爱要两相情愿,对于恋人之间的相处,相互尊重也非常重要。"每个年轻人最主要的是要记住,不要用粗野的情感,如喊叫、暴躁和凶狠来填补思想上的空虚。丰富的思想使人成为人的精神世界中的独立力量,它激励人们去实践高尚的行为。"①真正的恋爱不是完全以金钱为条件的,而是趣味、知识和思想的对等基础上的两厢情愿和相互尊重。青年应该懂得,谈论爱情就是在谈论最神圣的教育。爱情必须反复强调对人的爱,因为爱不单单是幸福,不单单是幸福和快乐的最清纯的源泉。爱带给我们最大的幸福和愉悦的同时,还要求我们承担起婚姻的责任。这是一个人要承担的最艰巨、最复杂、最重大也最长久的责任。伏尔泰曾经说过:婚姻带来的,要么是最大的幸福,要么是最大的灾难,美满婚姻本身就是一座人间天堂。"如果懂得了结婚就意味着承担起公民的责任,意味着必须用心灵、肉体、智慧、理想来履行这个责任,您就不会只是尽情享受婚姻带来的幸福,你还会在婚姻的沃土上不知疲倦地耕作,不断地播种和收获爱情。"②

还值得一提的是,恋人之间有恋情有爱情,还要有友情。恋人之间有依恋之情和关爱之情是正常的,但没有友谊的爱情是浅薄的。爱情之所以需要友情,是为了能够在自己身上培养美德。没有比在充满智力和美感的亲密友谊中能更好地"磨砺"和锤炼情感的了。友谊帮助你培养对周围每个人的细腻情感。双方是恋人又是朋友,彼此之间态度诚恳。"因为诚恳不仅宜于思想的交流与切磋,而且利于正确意见被采纳。朋友之间只要志趣相投,小细节尽可不必苛求,即使认为对方的观点是错的,有修养的青年也应是虚心静气地辩问"③,在友谊中培养自己的情感。然而能使人的精神丰富,帮助人战胜本能和发展人所特有的本性的这种真正的友谊需要什么呢?"需要你个人精神上的充实。只有当你给你的朋友以某种帮助时,你的精神才能变得更充实起来。"建立在友谊基础上的爱情在精神上是充实的,是经得起时间检验的。

---

① 苏霍姆林斯基.睿智的父母之爱[M].罗亦超,译.石家庄:河北人民出版社,1999:21.

② 苏霍姆林斯基.睿智的父母之爱[M].罗亦超,译.石家庄:河北人民出版社,1999:21.

③ 孙婧.冯定思想政治教育理论研究[M].南京:东南大学出版社,2014:49.

四、青年恋爱时要预先估计到生活问题

冯定认为，我们年轻人谈恋爱的时候也要预先估计到生活问题，因为生活是现实的。我们固然反对为了金钱而恋爱，但恋爱是与结婚相联系的，"你要记住，如果你产生了建立家庭的愿望，那你应该很好地检验一下自己，是否做好了履行公民义务的准备。任何时候都不要忘记，谈情说爱意味着生儿育女"①。谈恋爱建立家庭是要建立在必要的物质生活能得到保障的基础上的。居家过日子就意味着柴米油盐，如果结婚以后的共同生活毫无保障就盲目地谈恋爱，将来不但恋爱要受到影响，而且还可能影响其他重要的事业。何况青年在这样大动乱、大激变的时代中，该努力的事情正多着呢，正如裴多菲的诗所说的那样，"生命诚可贵，爱情价更高，若为自由故，二者皆可抛"。青年必须奋起精神去为人类的自由与解放而努力，暂时把恋爱的问题抛在脑后。青年心中需要明白，只有当自己的意志已经相当稳定而且基本生活的保障也有相当把握了时，和志同道合的异性相互恋爱、互相结合才有意义。青年"要记住，人们一旦结婚，就不仅要承担法律和物质上的责任，而且要承担精神上的责任。社会精神的丰富依靠家庭的关系"，还"要记住，青年人结婚后在很大程度上应该是自己爱情的创造者，而不单纯是爱情乐趣的需求者。婚后，创造应该超过需求。如果不经常创造和积累精神财富，生理结合就不能达到高尚境界"。"爱情之火，如果形象地比喻，需要经常不断地添加好的燃料，这燃料就是丰富的多侧面的精神生活。假如缺少好燃料，那爱情之火将会熄灭，冒出浓烟，使自己和别人都遭殃。只有精神生活愈加丰富的爱情，才能巩固家庭。"②在这样的情况下，我们将对着一个总的目标共同奋斗，我们的爱将使我们彼此得到安慰和劝勉，使我们的精神格外兴奋，而恋爱对于社会事业也就变作了积极的动力，不是消极的阻力了。只有具备共同生活理想和共同生活目标追求的爱情才是稳固的充实的。

五、青年恋爱要正确看待贞操问题

冯定认为，贞操这个词的历史意义只是男子束缚女子的一种严峻刑法罢了，这种片面的贞操观应该被废除。但是恋爱双方的任何一方对异性的第三者，无论感情怎样好必须始终保持纯洁的朋友关系，不能玩暧昧的三角

---

① 苏霍姆林斯基.育人三部曲[M].毕淑芝，等，译.北京：人民教育出版社，1998：364.
② 苏霍姆林斯基.育人三部曲[M].毕淑芝，等，译.北京：人民教育出版社，1998：364.

恋爱,只有这样才能在事实上证明自己的爱。无论在什么时代,年轻人对爱情的真诚与忠贞都是值得推崇的,"对爱情的忠贞不渝,它包含着深刻的真理。如果你是一个真正的人,如果你能够为你所爱的人创造精神财富,那么让你中止与多年相亲相爱的人的恋情,是不可思议的事。真正的爱情,不因岁月的流逝而减弱,相反,将愈加巩固炽烈"。冯定认为,青年也不应把偶然的一次冲动看得过于严重,在恋爱中必要的宽容精神也有助于消除完美主义给自己造成极大的感情伤害。但一般说来,彼此如果真正是思想上的结合,总还是靠着自己的克制力来保持忠实为妙。否则必须确信对方必能原谅自己,如果对方无法原谅,那就可能伤人伤己。

虽然一般的青年现在对于贞操问题已有了比较清楚的认识,但是女子开始与社会接触的时候要特别慎重。建立男女之间的爱还是在于思想方面,过去的一切都不必去追究!何况像丈夫死亡的、被强奸的、被父母当礼物出嫁的、因年轻无知受诱惑失身的……这一切都不是女子的罪恶,对女子的人格不应该产生影响。真正喜欢一个人就应该能接纳其过去。冯定的这个观点在今天对青年谈恋爱依然有现实指导意义。

我们反对青年为解决性烦闷去嫖娼,青年应该把精力转移到正当的游戏和娱乐上来,最好是转移到学问和事业上来。

六、青年如何处理工作与恋爱的矛盾

冯定在《抗战与青年》一书中对青年需要如何注意抗战中的恋爱问题进行了清楚的阐释。冯定认为,在抗战期间青年只好暂时牺牲性的生活,放弃谈恋爱,尤其是谈公子小姐那样的恋爱,这是精神上和时间上的奢侈。青年为着生活的便利,在工作中彼此产生了感情相互爱上了,可以结婚就结婚,不可以结婚干脆就等一等再说。不惜工本地献媚求爱在这个时期实在是太不必要的事情。冯定认为,在动乱的时代,爱和不爱当然越直截了当越好,结婚当然越简单越好,但这并不是恋爱很随便、结合也很随便的意思。在动乱的时候,男女的接触机会多,同时青年的能力和性情也容易在其组织和工作里表现出来,所以只要志同道合、你情我愿,就不需要经年累月的试探和猜测。但结合以后彼此还得负起爱的责任,不能轻易抛弃。此外,绝对不应该闹三角恋爱这种无聊的事情。女的对男的,爱和不爱尽可以坦白地说,不应八面玲珑,无需在众人的倾倒和角逐中显示其高傲。男的也不必将夺得一个已有爱人的爱人算作自己的光荣。

对于年轻人来说,爱和工作相比,还是应该把工作当中心,不应把爱当前提,爱如果妨碍了工作,那么只好暂时牺牲一下爱,譬如,男女们刚刚在落后的乡村里做工作,最好不要在那里开始讲起爱来,因为封建的老百姓看不入眼。老百姓也许会很勇敢地起来抗日,然而常常会在男女问题上不饶恕、不"赦免",这样一来,工作就非失败不可!

第二节　青年如何进行爱养父母的美德修养

就年轻人如何爱养父母,冯定专门撰写了一篇题为《爱养父母在社会主义社会里也是必要的美德》(以下简称《爱养父母》)的文章,另外在《抗战与青年》一书中也对如何对待父母有所涉及。下面涉及的冯定关于青年如何进行爱养父母的修养的思想观点主要来自于这两个文献。

冯定认为,人从来就不是也不能离群索居而孤单生存,于是人和人之间就不得不发生关系。怎样处理这种关系才算正确和怎样处理才算不正确就涉及伦理问题。人类的生存,其实是人这个族类的生存,那么所谓人类的共同道德,就应该从人类这个族类的生存和繁荣方面来考虑。

一、青年在人类和民族利益与家庭孝养利益有冲突时如何抉择

冯定在《爱养父母》一文中认为,青年子女在革命的过程中,为了民族解放的事业,为了社会解放的事业,不能不离开家庭而投身革命。其中有的家庭本来就很反动,青年离开这是不必说的了;然而有的家庭本来也是劳动家庭,父母本来也是善良的人,只是因为革命青年将家庭的利益与革命的利益、民族国家以至整个人类社会的利益权衡一下,也就不管父母生活怎样,硬着心肠离开家庭、抛别父母,这也是无可非议的。

冯定在《青年与抗战》一书中指出,青年处理抗战中的家庭关系不但要敢于大义灭亲,还应该为国而忘家。家庭方面要是有人公然在做汉奸,那么我们青年首先就应该苦谏。如果苦谏不能达成效果,就应该毫不顾惜地表示决绝,表示断不会跟着同流合污。如果家人中有什么秘密的勾当,知道了就应该向官厅或社会举发,子不能为父掩饰,弟不能为兄掩饰,女不能为母掩饰,妻不能为夫掩饰,反过来也是一样,这就叫作大义灭亲。这些做汉奸的,他们的"思想所以落后,目光所以短浅,首先因为他们不具有热爱祖国这样一种人最重要的品质。热爱祖国,这是一种最纯洁、最敏锐、最高尚、最温柔、最无情、最强烈、最温存、最严酷的感情"①。所以,冯定认为家庭中如果有人受汉奸理论影响的,青年就应该详细地向其解说,希望他们都能替中华民族尽些责任,做或小或大的贡献,并且要使他们在脑子里对抗战的彻底胜利有正确的信念。一般地说,除非这家人中有出卖国家民族利益的汉奸存在,否则青年人不必在家庭中造成尖锐的对立形势。冯定认为既然要在全国范围内建立统一的民族阵线,去反对日寇,那么在家庭范围内经济和生活的背景本来是相同的,更要宣说我们的正确主张使家里的人都受到影响。不过青年人还要注意的是,不应该为家而忘国,而应该为国而忘家。"大家"不保,小家还能怎样? 正如"皮之不存,毛将焉附"。青年应该用"家"的既成组织,来使家人都明白这"忘家"的原则。青年要是有意于比较重大的工作而使自己不能顾家的时候,也只好暂时把家丢在脑后先顾及国家民族存亡的大利益了,"要知道,我们的生活中,有那样一些无法比拟的甚为宝贵的东西,那就是亲爱的人民和可爱的国家。缺少我们当中的任何人,祖国仍然巍然屹立,但是,我们当中任何一个人一旦离开祖国,他将一事无成"②。

二、青年应如何孝养父母

冯定认为,家庭作为人类这个族类的基层细胞,在没有剥削、没有压迫的社会主义国家里,才体现出来了根据自然本质而来的、最美满的人类感情。组成家庭的主要成员,当然是夫妻,这正是大家提倡夫妻和睦、互相敬爱、互相帮助的道理。既然家庭中有了夫妻关系,自然而然会有上对父母下对子女的关系。

冯定认为,在家庭的伦理道理方面我国一直是存在着"孝"传统的。"孝"为什么能够被封建统治阶级利用来当作其巩固统治的重要手段,正是因为孝的本质符合人类的本性。作为人类,子女和父母之间的感情本来就是自然而然存在的。

我们不应因为封建统治阶级利用了"孝"而就抹杀了"孝"这个德目在人类的自然本质上的根据,我们更不应忽视"孝"一直以来在我国劳动人民中的普遍流行。除了迷信的、不科学的,有时甚至是很愚蠢的所谓"孝行"以外,除了只顾父母而不知还有国家和社会以外,子女依靠自己辛勤的劳动所得,甚至宁愿使自己忍饥耐寒,而去奉养父母,尽量使得父母在晚年获得些

---

① 苏霍姆林斯基.育人三部曲[M].毕淑芝,等,译.北京:人民教育出版社,1998:358.
② 苏霍姆林斯基.育人三部曲[M].毕淑芝,等,译.北京:人民教育出版社,1998:358.

精神上的快慰,才是人类应有的美德。

（一）处理好教养子女与孝养父母的关系

有的青年夫妇会认为,父母养育了我,我也养育子女,这样也就尽了我的义务,至于反过来再去赡养父母,就并不是我的义务了。这样的态度是不值得持有的。其实,在处理家庭教养子女与孝养父母的关系中,青年需要解决一个在家庭中爱是向上看还是向下看的根本问题。看重养育子女而不重视赡养父母,并非没有爱,但这只是向下看的爱。这种爱在人性上是有偏颇的,教养好子女如何做人,父母自己就要做好正面的榜样,只知慈爱孩子不知敬爱父母,会让孩子耳濡目染,甚至以为那样做是天经地义的,这样做最大的后果就是以后"自食其果"。在家庭之爱中,年轻父母要懂得爱要向上看,"举头三尺有神明",对于给予我们宝贵生命的父母真的需要怀着敬仰的心态。我们对自己的父母心怀敬意,我们的孩子也会效仿我们,对我们心怀敬意。"在一个有教养的家庭里,父母关系融洽,志同道合,很好地理解对方的话语、思想和观点,就连极为细小的情绪变化都能彼此觉察。他们慷慨、友善、相互尊重、相互支持。父母展现在孩子面前的一切,都使他确信人间的美好,使他心境平和,心胸坦荡,使他能毫不妥协地面对一切不道德、反社会的丑恶现象。"[1]

冯定认为,父母毕竟是年老了,年轻人为了父母忍些气,是应该做到的事情。冯定同样也认为,在社会主义社会里,子女和父母之间的伦理关系怎样建立,既要根据理论,也要根据实际情况;既要根据我们的孝的传统,也要根据新的情况;既要根据人的生活状况,也要根据人的感情;并非不顾实际情况一刀切。倡导子女爱养父母,也并不是一定要年轻人将父母接住在一起,也并不是国家和社会需要我们离开家庭时也决不离开,但是爱养父母在社会主义社会里终究也是必要的美德,是仍然要加以倡导和发扬的。

以慈爱之心教养子女,望子成龙、望女成凤;以敬爱之心孝养父母,望父安康、望母安详。慈爱与敬爱是家庭之爱的重要组成部分。

（二）青年要避免对父母"养"而不"爱"的误区

冯定认为,只爱养孩子不爱养父母是不对的,冯定也不同意用收入支出多少这样的办法来解决奉养父母的伦理问题,不同意只拿义务而舍弃一切人类感情来解决伦理问题。这是以个人利益为中心的,只看父母当初为养

---

[1] 苏霍姆林斯基.睿智的父母之爱[M].罗亦超,译.石家庄:河北人民出版社,1999:17.

育自己花了多少劳动力,这些劳动力值多少就报答多少,这岂不是商品买卖关系的反映? 更何况父母付出的爱与心血是能计算得出来的吗?

年轻人要注意自己对父母的态度,要以"敬""爱"为孝。《论语·里仁》中有一段是孔子教导学生怎么做才叫孝的:"事父母,几谏,见志不从,又敬不违,劳而不怨。"子女侍奉父母,如果父母有什么做得不对的地方,要和颜悦色、轻言细语地加以劝说。即使自己的意见表达了,但父母心里不愿听从,自己还是要对他们恭恭敬敬,但不要违背道理,还是要替他们操劳而且不要有抱怨。

我国婚姻法规定子女有赡养父母的义务,是从整个社会主义利益出发的。人因为有思想、有感情,所以人和人的相处也应该不同于一般动物,一般动物凭本能只能养育和卫护子女,而不会疼爱和赡养父母。冯定认为这是只有"撕破了家庭关系上面所笼罩着的温情脉脉的纱幕,并把这种关系化成了单纯金钱关系"的资产阶级才会这样做,人是不能像动物那样生活的,因此,社会主义和共产主义的理想,正是要使"我们的幼年,应该有美满的教养;我们的成年和壮年,应该既有足够的物质生活,也有美好的精神生活;而我们的晚年,就也应该既有温饱而又有人情的怡悦,首先就是从子女而来的怡悦"①。晚年能够享受天伦之乐才是幸福的晚年,天伦之乐是带有情感的温暖的,并非只是物质上的保障而已。冯定认为,"子女对父母的关系,只有感情没有义务是不对的,只有义务没有感情也是不对的"②。真正的孝养父母的道德应该是感情与义务这两者的结合,而不是两者的分裂。我们现在正处在大变革的时代,因而在思想和习惯上,父母和子女往往代表两个时代,但是人和人之间的思想习惯总是异中有同而同中又有异的。对父母既爱又养才是社会主义青年应该表现出来的家庭美德。

(三)青年对父母尽孝道要既顺又敬

家庭是社会的最小细胞,年轻人通过家庭伦理道德建设从而对父母尽正确的孝道,青年对父母既要讲孝顺又要讲孝敬,这样才算得上是真正的孝子。正如苏霍姆林斯基所说,"要知道,没有善良,没有一个人给予另一个人出自内心的那种温暖,就不可能有心灵的美",青年对父母的顺、敬是一种心灵善的显现。

---

① 冯定.冯定文集:第二卷[M].北京:人民出版社,1989:206.
② 冯定.冯定文集:第二卷[M].北京:人民出版社,1989:207.

那么什么叫对父母孝顺呢？孝顺就是指为了回报父母的养育之恩，对父母权威持肯定的态度，从而遵从父母的指点和命令，按照父母的良好意愿行事。另外，子女爱护自己其实也是对父母的一种孝顺，孔子说："身体发肤，受之父母，不敢毁伤，孝之始也。"自己的成长与成功，也是对父母的一种孝顺，孔子说："立身行道，扬名于后世，以显父母，孝之终也，孝子之事亲也。"记住父母的生日年龄，最好能给他们过个快乐的生日，也是对父母的一种孝顺，孔子说："父母之年，不可不知也，一则以喜，一则以惧。"

什么叫对父母孝敬呢？"要问如何把亲孝，孝亲不止在吃穿；孝亲不叫亲生气，爱亲敬亲孝乃全"，"呼唤应声不敢慢，诚心诚意面带欢"。孝敬父母讲究孝心，有人对子女孝敬父母的孝心用"八心"来表达：常问好，讲礼貌，让父母舒心；少空谈，多帮忙，让父母省心；求上进，走正道，让父母放心；勤学习，苦钻研，让父母开心；遇难事，勤商量，让父母称心；遇矛盾，能宽容，让父母顺心；忌盲从，不迁就，谏父母真心；重推恩，能迁移，献社会爱心。对父母孝顺与孝敬时，特别值得注意的是：

第一，我们年轻人要注意父母的身体，要对父母多关心。儿女孝顺父母，首先要能够赡养父母，保证他们能够正常地生活，并时刻关注他们的身体健康。孔子说：凡是有孝心的子女们，要孝敬他们的父母，一是要在平常的生活起居方面，当尽其敬谨之心，在衣食起居等多方面加以关照注意；二是在奉养父母的时候，当尽其和乐之心，在父母面前，一定要表现出和颜悦色的态度，不敢使父母感到不安；三是父母有病时，要尽其忧虑之情，急请医生诊治，父母的疾病一日不愈，即一日不能安心；四是万一父母不幸病故，就要在这临终一刹那，谨慎小心，思考父母身上所需要的，办理丧事要有哀戚之情；五是在父母去世以后祭祀之时要有庄严肃静的态度。践行以上五项孝行的时候，子女晚辈一定要出于至诚之心，不然徒具形式，就失去孝道的意义了。

第二，我们要注意孝敬孝顺父母时不要违背法律道德。在《韩诗外传》中有一个故事：孔子的学生曾参是著名的孝子。一天，曾参在给庄稼锄草时误伤了禾苗，他的父亲曾晳就拿着棍子打他。曾参没有逃走，站着挨打，结果被打休克了。曾参醒来问父亲的第一句话却是"您受伤了没有？"为此，鲁国人都赞扬曾参是个孝子。而孔子却对曾参说："你难道没有听说过舜的事吗？舜做儿子时，父亲用小棒打他，他就站着不动；父亲用大棒打他，他就逃走。父亲要找他干活时，他总在父亲身边；父亲想杀他时，无论如何也找不到他。现在你在父亲盛怒的时候，也不逃走，任父亲用大棒打你。假如你被打死了,那你父亲不是犯罪吗?"按照荀子的说法:"从道不从君,从义不从父,人之大行也。"也就是说,一个人无论是孝还是忠,都要服从道义,用今天的话来说就是要服从良心、道德和法制。

(四)青年的孝道让家和国兴

修身、齐家、治国、平天下,是中国文化中一个人修身进阶的人生追求。家庭和睦,尊老爱幼,亲情融融,始于孝道,是中国人恪守的家庭伦理道德准则。单位和谐,竭忠尽智,上行下效,事业兴旺始于孝道;社会和平,明礼诚信,国泰民安始于孝道,这是中国人希望忠孝两全的美好愿望。和谐身心从孝道做起,和谐家庭从孝道做起,和谐社会从孝道做起,和谐世界从孝道做起。

有人为现代青年对父母尽孝拟订了一个"十要十不要"准则,这差不多是"修身、齐家、治国、平天下"的现代版,也充分体现了我国孝文化的传统。这个"十要十不要"准则是:

一要尊敬父母,不要自宠独尊。
二要爱怜父母,不要负心冷漠。
三要心疼父母,不要心安理得。
四要关心父母,不要只顾自己。
五要侍奉父母,不要忙碌疏亲。
六要回报父母,不要刮老啃老。
七要赡养父母,不要嫌弃长辈。
八要慰藉父母,不要荒学徒悲。
九要孝亲敬老,不要冷漠老人。
十要忠孝两全,不要以孝害忠。

真正的孝道文化以同情、欣赏、支持和赞美为生,而不是以憎厌和轻蔑为生,中国传统的孝文化所体现的仁道精神是一种同情文化,基于爱的同情文化是基于公共情感的考虑,是基于同情的为人之道。

第七章　冯定青年家庭教育思想研究

俗话说,家庭是一个人成长与发展的第一所学校,父母是一个人的第一任老师。这说明家庭教育对一个人的成长具有不可替代的作用。有人说,世界上没有一个国家的教育体制完善到可以解决每一个孩子的个体问题。每一个孩子都是一个独一无二的,他的成长取决于和他接触的家长(家庭)和教师给他营造的、直接包围的"教育小环境",也取决于他置身其中的社会大环境。父母作为和子女接触时间最长的关键人物,在生活中,在每一件小事上如何引导子女,如何处理和子女之间的关系,几乎每个细节都蕴含着教育的机缘。俗话说,养鱼重在养水,养树重在养根,养人重在养心。教育,尤其是家庭教育,最为重要的就是要懂得如何滋养和培育孩子的美好心灵。一个人一生接受的教育是一项系统工程,家庭教育、学校教育、社会教育和自我教育构成了教育这个系统工程的全部内容。家庭教育是一个人的成长教育大工程的奠基石,是一个人健康成长的根基。

第一节　家庭环境对青年成长的影响

冯定在 20 世纪 30 年代时认为,当时青年生活的家庭多半是贫农的家庭或手工业的家庭,少数生活于复杂形态的大家庭诸如败落的名门望族、显贵、豪绅、大商、世贾,这些都是旧家庭。前者多受物质生活贫困的折磨,疲于寻求活命的生计;后者多受旧家庭的种种束缚,也难以获得自由的发展。

其实,人的成长如同树的长大一样,树要长得高大是需要具备相应的后天条件的:一要泥土深厚,树根才扎得深,扎得广,扎得稳;二要阳光充足,树干才能长得快,长得开,长得好;三要空间开阔,树才能自由地生长,独立地生长,往高处长。一个先天身心健全的青年要得到很好的成长,同样需要具备相应的后天条件:一要有知识的积累;二要有积极思想的照耀,保持思想的独立;三要有健康人格的支撑。

一、重视知识对青年子女的熏陶作用

就青年成长要有知识的积累而言,冯定不只是要求自己的三个儿子多读书、广读书,还在家里营造了良好的读书氛围。在书香门第成长的人更容易成为知识分子并从事与文化教育、研究有关的事业。就家庭关系而言,父母是原件,孩子是复印件,父母是孩子的榜样,孩子是父母的镜子。正如教育家苏霍姆林斯基所说:"每个人能用别人的眼光来看待,从而理解什么是可以做的,什么是不能做的以及什么是必须做的,也就是培养自律能力和责任心。"冯定的大儿子是从事数学研究工作的,曾是中科院数学研究所的研究员,二儿子是中国传媒大学从事马克思主义思想研究和教学的教授,三儿子是从事信息管理工作的。当年冯定的二儿子响应知识青年上山下乡的政策去了青海,每次探亲回来时冯定总让其带些书籍自学,叮嘱其在工作之余别放松学习。恢复高考之时冯定的二儿子就考上了青海师范学院。在改革开放初期冯定自费支持三儿子去美国留学,学习信息科学,这无不与冯定注重与子女成长密切相关的家庭教育环境有关。

二、关注积极的思想对青年子女心灵的照耀

青年的成长要有积极思想的照耀,冯定认为先进的青年不能同旧家庭的腐朽思想同流合污。家庭环境,特别是父母的言行举止可以说时时处处都在影响着子女,这种影响有时是有形的,有时是无形的。德育思想家马卡连柯说过:"不要认为只有当您与孩子谈话,或教导他,或命令他的时候您才在教育孩子。在您生活中的每一时刻,即使您不在家的时候,您都在教育着孩子。您怎样穿衣服,您怎样与别人交谈和怎样谈论别人,您怎样高兴和忧愁,您怎样对待朋友和敌人,您怎样笑,怎样读报——所有这一切对孩子都具有重要意义。孩子能发现并感觉到语调中的细微的变化;您思想上的所有转变,都会通过无形的途径传达给孩子,而您却没有察觉。"[①]对于开明的父母来说,会顾及自己的言行举止对子女产生何种影响,从而有意识地营造

---

① 马卡连柯.家庭和儿童教育[M].丽娃,译.上海:上海人民出版社,2005:8—9.

具有积极思想和举动的家庭环境来照耀子女的心灵。

而旧家庭中的保守、守旧的环境则会对青年子女的成长产生消极的影响,因而"青年必须从学校方面和社会方面建立自己的新关系,吸收新的思想,并且反过来,对家庭中那些比较开明的,必须尽劝告和解说的责任;对于弟妹或年龄相仿的长辈和下辈,必须采取各种方法,去感化他们,希望他们的思想能够赶上你那样的水准"①。由此可见,冯定注意到了如何通过学校教育和社会教育建立起的新关系、新思想来影响青年的成长;成长了的青年反过来还能够去对旧家庭中的开明成员尽劝告和解说的责任,对弟弟妹妹或亲戚中的同龄人进行感化,使他们也能赶上自己的思想水准。用米德的话说,这就是在发挥后喻文化(晚辈对长辈的影响)和并喻文化(同辈之间的影响)的作用。

三、尊重青年子女的行动自由以便其成长为合格的社会成员

冯定认为,青年与家庭的关系除要有积极的思想外,还要有行动的自由,要明白自己是"在为着社会做'人',不是在为着家庭做'子女'"②。其实,青年最终是要成长为社会人,能够立足投身于社会,能够改造旧社会和建设新社会。但青年思想的独立和行动的自由,要在经济上不依赖家庭时才能真正做得到。青年争取经济上的独立并非是要完全与家庭断绝经济关系。青年可以根据家庭的实际情况,要求家庭来负担上中学或大学的学费。不过,青年"在求学的时候应注意技能的获得,随时同社会接触,在社会生活中预筑自己的生活堡垒,准备着在必要时,马上可由家庭的一员,而变成为社会的一员,在社会的苦战恶斗中做一位健将"③。

著名作家小霍丁·卡特就"究竟给孩子留什么遗产"这一问题说过这样一段充满智慧的话:我们希望有两份永久的遗产能够留给我们的孩子,一个是根,另一个是翅膀。"根"就是一个人的心性和品质;"翅膀"则代表了他适应世界的生存能力。父母让子女健康成长就是为其"根"基纯正和"翅膀"有力提供必要的助力。父母是子女健康成长的第一责任人,父母不只是生育孩子,还要养育孩子、教育孩子、培育孩子,使其成为未来社会富有责任感的健康而幸福的公民和个人。

---

① 冯定.冯定文集:第一卷[M].北京:人民出版社,1987:75.

② 冯定.冯定文集:第一卷[M].北京:人民出版社,1987:76.

③ 冯定.冯定文集:第一卷[M].北京:人民出版社,1987:77.

四、培育青年子女成为有健康人格的父母

青年成长为父母要有健康人格的支撑。冯定谈到,青年在还没有自立能力的时候不要成立家庭。青年一旦成立了新的家庭,就要以平等互助为原则。"在一个有教养的家庭里,父母关系融洽,志同道合,很好地理解对方的话语、思想和观点,就连极为细小的情绪变化都能彼此察觉。他们慷慨,友善,相互尊重,相互支持。父母展现在孩子面前的这一切,都使他确信人间的美好,使他心境平和,心胸坦荡。"①父母真诚而关系融洽、信任、尊重、与人为善、支持、合作等人格力量对孩子相应品质的形成影响很大。新青年组织的新家庭一旦生养了儿女,必须尽可能使其小学或中学或大学毕业,同时"必须灌输新的知识、新的思想,养成其自立的能力,使其成为一个良好的社会'人'"②。新青年养育新儿女,成就良好的社会人,让良好的风气代代相传。

我们通常会说家庭教育是培养健康人格的教育。从这个意义上讲,家庭教育的实质就在于克服自己身上的动物本能并发展人所特有的全部本性,对真、善、美、圣、健、富的热切追求,对人的精神世界充满向往,对人、事、物有同情怜悯之心,这些都是人性的体现。家庭教育就是要培养子女对一切有生命的和美好的事物的怜悯之心。

既然我们说家庭生活环境对一个人的成长会产生重要的影响,那么为人父母,自己就要好好学习、天天向上,从而给子女树立一个学习的好榜样。要营造全家人都尊重知识、热爱学习的文化环境。浓郁的文化氛围中有助于家庭成员自然而然地喜欢上学习,养成主动学习的习惯。勤上书店,关注新书;家庭保持一定的种类丰富的藏书量;父母每天保证读书半小时以上,并培养孩子具有相应的习惯;每天进行家庭文化交流 10 分钟左右……这些都是营造全家人尊重知识和热爱学习文化环境的有效方式。除此之外,父母还要营造和谐、温馨、幸福、积极向上的精神环境。"教育孩子需要付出特殊的力量,这就是精神力量。我们用爱——父母之间的爱,用对人的尊严和人性美的执着信念去塑造人。出色的孩子,总是生长在父母彼此真诚相爱,也真诚热爱、尊重别人的家庭中。这些孩子心境平和、心灵健康、听从教导、真心相信人世的美好,语言教诲和美的熏陶这些影响人心灵的教育手段对

---

① 苏霍姆林斯基.睿智的父母之爱[M].罗亦超,译.石家庄:河北人民出版社,1999:17.

② 冯定.冯定文集:第一卷[M].北京:人民出版社,1987:79.

他们很起作用。"①父母为了使孩子真心相信人世间的美好,就要"关注自己的内心生活,看看自己的精神世界,对于你,一个年轻人来说,从你产生结婚念头的那一刻起,就变得格外重要。因为婚姻和教育子女,本来就是同一朵鲜花上的两片花瓣"②。父母在理性的指导下,以温和的性情、善良和友好等内在的精神原则,营造欢乐、如意、祥和的家庭氛围,这种氛围不仅适于子女纯洁的品格的塑造,而且也适于子女刚毅性格的养成。

第二节　父母教养方式对青年成长的影响

冯定认为"家庭对个人的思想的影响是既深且远的"③,个人的生活方式最先是由家庭决定的,只要社会没有发生剧烈变动或者变动比较舒缓,个人一般总是继承了原生家庭的生活方式,其中原生家庭的教养方式对一个人成长的影响尤其明显。

一、父母教养方式的类型

冯定认为,父母如何对待孩子似乎是私生活的问题,但孩子是新社会的主人,所以做父母的特别是年轻父母应该与学校、社会配合默契,负起抚养和教育的责任。事实上,每个家庭都是人类群体生活的一个最基本的单位。在家庭里面,人初次向社会生活迈进。父母与子女的血缘关系就意味着父母对子女的正确教育负有义务,子女接受父母的教育也就成为天经地义的事情。家庭教育形成了人世间父母对子女最亲密的爱和子女对父母由衷尊敬的特殊情感,这种特殊的情感,就使得父母的家庭教育成为最直接、最有力、最有权威的教育力量。

冯定认为,有些父母不好好地担负起这种责任,也有些父母采取极不正确的态度负起这种责任,这就是溺爱偏宠,让孩子恣意骄纵以至颓废堕落而不可救药,或者就是随便进行叱责笞打,使孩子在肉体和精神的发育中都受到不良影响,因而出现了不正常的现象。这里存在三种教养方式:第一种是放任型的教养方式;第二种是溺爱型的教养方式;第三种是专制暴力型的教养方式。不同的教养方式对子女的成长产生了不同的影响。

---

① 苏霍姆林斯基.睿智的父母之爱[M].罗亦超,译.石家庄:河北人民出版社,1999:13.
② 苏霍姆林斯基.睿智的父母之爱[M].罗亦超,译.石家庄:河北人民出版社,1999:12.
③ 冯定.冯定文集:第一卷[M].北京:人民出版社,1987:228.

二、放任型教养方式对青年成长产生的影响

冯定认为,"家庭不仅是个人最先生活的场所,而且也是最先听到语言和学到语言的场所。所以家庭对于个人思想习惯的形成起潜移默化的作用"①。放任型的教养方式表现在父母虽然能够理解孩子的情绪,但是并不去指导孩子如何控制自己的情绪,也不限制孩子的行为。放任型的教养方式有两类表现:一是百依百顺型;二是熟视无睹型。放任型的教养方式容易给孩子造成这样的不良后果:一是生活自理能力差;二是好吃懒做,一切都仰仗父母的供给,有朝一日父母没有供给能力甚至需要其反哺了,只会对父母的需要熟视无睹。自作自受和自食其果可以作为这种教养方式产生的后果。

三、溺爱型教养方式对青年成长产生的影响

冯定认为,从前在半封建半殖民地的中国里,一个人如果出生在未曾破落的地主、买办或资本家的家庭里,那么他(她)一出生就已是花团锦簇了,从小就有人伺候,长大一些也还是过着"饭来张口,衣来伸手"的生活。这样一种没有经过风雨的教养方式可以称之为溺爱型。溺爱型的教养方式表现在对孩子过分地保护,孩子自己能做的事情也有人包办代替,成人有时把孩子当作消闲取乐的对象,就像养宠物一样对待孩子。这种教养方式容易给孩子的成长造成这样一些不良后果:一是孩子的独立思考能力往往会受到限制;二是孩子容易产生依赖心理;三是孩子的适应能力会减弱。在这样的教养方式中成长的人认为一切都有人为他代劳是天经地义的,一旦有一天这样的待遇被打破了,就仿佛天要塌下来一样茫然不知所措。

溺爱的教养方式容易让子女产生依赖的心理与情感。情感的发生与体验都离不开具体的生活情境。冯定说:"人在生活中,凡是接触到了对生活便利的东西,就会喜悦、愉快,而对生活不便利的东西,就会厌恶、畏惧;生活愈久,同样的东西起同样的作用也愈久,那么或好或坏的感情也就愈深。"②就依赖情感的发生而言,它是实实在在在子女头脑中的反映。如何让青年摆脱对家庭的依赖情感,培养其高尚的情操、稳定独立的情感和健全的人格,从而生活得更有意义和更有价值,是值得探讨的问题。

---

① 冯定.冯定文集:第一卷[M].北京:人民出版社,1987:228.
② 冯定.冯定文集:第一卷[M].北京:人民出版社,1987:194.

四、专制暴力型教养方式对青年成长产生的影响

冯定认为旧家庭采用两种方法极力让子女为家庭做子女,即刚与柔的方法。刚的方法就是利用经济,柔的方法是利用感情。如果子女不听从父母的指令与安排,父母就对其进行经济封锁。专制暴力型的教养方式表现在为子女画框定调,要求孩子的言行举止都要符合父母的意愿,甚至对孩子与什么样的人交往、怎样穿着打扮一类的事情都要横加干涉,认为孩子是自己生的一切就得听从自己,就如同对待自己的私有财产一样,父母稍有不如意就拿孩子当出气筒。这样的教养方式容易给孩子的成长造成这样一些不良后果:一是使子女心情郁闷,离群索居,行为孤僻;二是使孩子对人产生不信任;三是使孩子没有自信,自我评价低。

冯定认为,将孩子当作私有财产,或者当作消闲遣闷的对象,或者当作排泄自己不如意时的恶劣情绪的对象,都证明父母不仅有着一般的个人主义思想,而且还有封建社会里统治阶级的思想。这样的父母需要在如何尊重孩子上更加强自我修养,克服个人主义思想和封建专制思想,养成平等、尊重的思想;力争采取民主型的教养方式,对孩子的想法持理解的态度,体察、认可孩子的情绪,支持孩子的行为,能经常性地与孩子进行沟通,从而填平两代人之间的代沟。

五、好的教养方式为青年成长提供助力

民主型的教养方式对孩子产生的影响是:孩子的独立自主能力会增强,孩子会变得越来越自信、大方。

父母教育和培育孩子,是要有所为和有所不为的。父母要替子女做一些事情,从而尽到抚养的义务;要教子女做一些事情,教其学会仁义礼智;要陪子女做一些事情,要为其做良好的榜样示范;还要学会应该放手时就放手,要让子女做好自己能做好的事情。但父母能尽的是有限责任而不是无限责任。不管承认与否,父母尽的责任主要是培养子女与自己类似的判断标准,家庭"可以从细小的、日常的而扩大至非常久远和非常辽阔的;因而,对于生活的有利或者不利,就不是仅只根据当前好像对生活直接有利或者直接不利,就可判断。这样,各色各样的人就有各色各样对生活有利或者不利的判断标准;生活类似的人,判断的标准也相类似"[①]。

今天有句非常时髦的话,就是"给力"。好的家庭教育对于一个人的成

---

① 冯定.冯定文集:第一卷[M].北京:人民出版社,1987:194.

长来说一定是"给力"的。冯定夫妇在养育和教育三个儿子的过程中,在每周的星期天都会召开家庭例会,在例会上对三个儿子的学习和操行会提出中肯的意见、建议和希望,与此同时还要求儿子们进行批评与自我批评的自我教育。冯定一直要求儿子们不要有优越感,无论遇到什么情况,都要上进,要锻炼自己的能力。谈到家庭教育的力量,情不自禁就会想到诸葛亮的简洁明了、铿锵有力的《诫子书》:"夫君子之行,静以修身,俭以养德;非淡泊无以明志,非宁静无以致远。夫学须静也,才须学也;非学无以广才,非志无以成学。淫慢则不能励精,险躁则不能治性。年与时驰,意与日去,遂成枯落,多不接世。悲守穷庐,将复何及!"短短 86 字的《诫子书》在任何时候读来都掷地有声,令人震撼。

第三节　亲子关系对青年成长的影响

人是关系性的存在,今日之家庭教育更讲求在良好的亲子关系(母子关系、父子关系)中对子女产生影响。

一、在关系中成长的青年

"在人的诸种关系中最重要的是人与人的关系。人一生下来就处在人与人的关系之中,某一个人的出生就意味一种新的人与人关系的产生;人的生成与发展无论是肉体或精神都表明为一种关系的生成与发展。"[①]一个人的出生就意味着亲子关系和亲情关系的产生,稍微长大一些后和同伴玩耍,就意味着同伴关系和友谊关系的产生,再稍后进入学校就意味着师生关系的产生,一个人的成长与发展就是在这一系列的关系中得以完成的。人"片刻也不可能走出人与人的关系","每个自我的存在也只有通过他人的存在而呈现并得到确证",在亲子关系中父母见证着个体的存在和成长,在同伴关系中同伴确证着个体的存在意义,在师生关系中老师见证着个体的存在和发展。一个人最终会成为一个什么样的人,取决于他的童年、少年、青年时期是如何度过的;取决于在这些时期有谁携手前行并在关键时候起着引领作用,在一路前行的过程中,周围世界的哪些东西进入了他的头脑和心灵;取决于一个人在成长过程中与什么样的人打过交道并受其影响、吸收了

---

① 鲁洁.关系中的人:当代道德教育的一种人学探寻[J].教育研究,2002(1):3.

周围世界的什么东西。周围的人际关系环境是一个人的成长背景,关系既是成长的环境,也是成长的教育资源。

亲子关系对孩子的作用是通过家庭关系环境起作用的,是通过父母生育、养育、教育和培育子女而起作用的。家庭关系环境是一个人年轻时主要的生活环境,亲子关系对一个人的作用多种多样,亲子关系会影响子女的行为方式、性格、情感、智力等方面的发展。从某种意义上讲,好的关系本身就是好的教育,亲子关系的好坏会影响到一个人所受家庭教育的质量的高低。一般说来,亲子关系中对孩子影响最大的要数母亲,其次就是父亲。处于亲子关系中的母亲和父亲对孩子教育成长的意义非同小可。

二、母子关系对子女成长的影响

法国教育家卢梭说过,"要是母亲们都能眷顾她们的孩子","天性善良的年轻妇女以坚贞不拔的勇敢精神去完成自然赋予她们的极其高尚的使命,负母亲的职责","我敢向这些可敬的母亲保证,保证她们将得到她们丈夫的坚定不移的爱情,保证她们将得到她们的孩子的真诚的孝顺,保证她们将得到人人的尊敬","保证她们身体健康,精力充沛,最后,还保证她们终有一天将高兴地看到自己的女儿学她们的榜样,看到其他的丈夫叫他们的妻子以她为模范"①。母亲是孩子最为重要的精神导师,是孩子灵魂世界的第一奠基人,是孩子社会化过程中的引路人。母亲的责任不仅仅是把孩子带到这个世界上来,更为重要的是还要好好培养他。母亲良好的教育素养对孩子成长产生的影响主要集中在对孩子"理性和德性的培养"所产生的教化力量,使其"获得一种经验的穿透力以及判断、质疑的勇气,从而可以克服任何的盲信和盲从,克服冲动和盲动",母亲对孩子的教化力量"是引导人追求优秀和卓越的一种超越性力量,也是对每个人的独特性的认可","激发人的自我完善的状态","把爱者拉向精神的自我创造,从而生成高贵的精神"②。

德国教育家福禄培尔曾说:"国民的命运,与其说是操在掌权者手中,倒不如说是握在母亲的手中。因此,我们必须努力启发母亲——人类的教育者。"不管在哪个国家中,母亲们的状况影响着这个民族的道德、行为方式和品格。"哪里的女人品质恶劣,那个社会的品质也就恶劣。哪里的女人道德

---

① 卢梭.爱弥儿:论教育[M].李平沤,译.北京:商务印书馆,1978:25.
② 金生鈜.规训与教化[M].北京:教育科学出版社,2004:365.

高尚、有教养,那个社会就会繁荣、进步。"①就孩子的命运而言,孩子的健康成长离不开母亲的精心照顾与养育。所以女人一旦做了母亲,就需要精心规划好自己的生活,下功夫、花时间、花精力教育孩子和引导孩子。

良好的母子关系和母女关系就是教育孩子的最大资源。母亲对孩子的明智之爱是孩子成长及其人生路上的明灯。富有睿智之爱的母亲,不妨将其称之为正面"母型"。正面"母型"给孩子的教育是消除孩子的稚气、邪气、霸气、俗气、小气,培养孩子的文气、大气、正气、雅气、底气、骨气。正面"母型"对孩子人生的正面影响不可低估,坚强的母亲教会孩子在困难面前不会怯懦;心胸宽广的母亲让孩子学会展望未来;善良的母亲让孩子懂得悲天悯人;冷静镇定的母亲使孩子学会坚忍不拔;有修养的母亲会铸就孩子的良好品质;文化水平高的母亲会影响孩子的思想深度。

三、父子关系对子女成长的影响

父亲对孩子的成长到底会产生什么样的影响呢?卢梭认为母亲是真正的保姆,父亲是孩子的老师,作为老师就要"养子使作善也",既然是扮演老师角色就需要自己成为更有教养的人。"一个做父亲的,当他生养了孩子的时候,还只不过是完成了他的任务的三分之一。他对人类有生育人的义务;他对社会有培养合群的人的义务;他对国家有造就公民的义务。"②父亲对孩子良好个性品质的形成有促进作用,父亲有助于孩子尤其是儿子扮演好自己的性别角色,父亲参与孩子的教育与生活,会为孩子的性别角色行为带来不可磨灭的正面影响。对男孩来说,父亲是男性的典范,对于什么是勇气和勇敢,什么叫力量,什么叫大度,什么叫速度,什么叫决断……男孩更容易从父亲身上察觉到和模仿到。对女孩来说,父亲可以教给她们男性的生活方式以及男性与女性有什么不同等知识。父亲如何对待母亲,对孩子以后的恋爱婚姻亦会产生潜移默化的重要影响。父子(女)关系儿子有利于孩子的智力发展,父亲是母子(女)之间的平衡器。所以说,要让孩子在成长中体会到父爱如山。

一般说来,父亲作为男性,活动范围比母亲要大,活动内容也更为丰富,可以和孩子玩一些相对更为兴奋、更富刺激、变化更多样的游戏。父亲的幽默、粗犷和力量会给孩子的生活带来无限的乐趣。父亲不只是孩子体力上

---

① 阿彻尔·华莱士.伟人的母亲[M].吴群芳,孙继成,译.北京:北京图书馆出版社,2002:13.

② 卢梭.爱弥儿:论教育[M].李平沤,译.北京:商务印书馆,1978:31.

的支持者,还是孩子心理上的支持者。生长在有父爱的家庭中,孩子的心理调适能力会更好,孩子会更有安全感。有研究认为,缺少父亲关心和教育的孩子,往往会出现情绪不稳定以及恐惧、紧张、焦虑、自卑的心理,以及缺乏安全感等,并且将影响孩子的社会交往能力,甚至形成人际沟通障碍。相反,有父亲关心和教育的孩子,更有勇气和胆量去尝试各种各样的事情,更愿意与其他孩子交往。

由此看来,在亲子关系中,父母既是作为信息来源的教师,又是作为行为示范的榜样。父母在养育孩子的过程中,要树立正确的亲子关系观和家庭教育观。每个孩子都是独立而独特的个体,需要受到尊重、理解与支持,家庭教育是孩子健康成长的根基。家庭教育是生命教育,学校教育是知识技能教育,社会教育是环境教育,自我教育是信念与理想教育。

第八章　冯定青年学校教育思想研究

学校教育,是由专业人员承担,在专门机构进行的目的明确、组织严密、系统完善、计划性强的以影响受教育者的身心发展为直接目标的社会实践活动。学校教育是一个人一生中所接受的教育系统工程中最重要的组成部分。个体在学校里接受有目的、有计划的指导,系统地学习科学文化知识、社会道德规范和准则、价值观念。从某种意义上讲,学校教育决定着个人社会化的水平和性质,是个体社会化的重要途径。

冯定认为不好的学校教育存在三大缺点,这些缺点限制着青年的成长与发展,应该充分利用学校教育的特殊性来促进青年的成长与发展。

第一节　学校教育的三大缺点限制青年的成长

冯定在《青年应当怎样修养》中认为,时常听到接受学校教育的好学青年发出枯燥和苦闷的呼声,这是因为现在的教育真可谓千疮百孔,缺点到处都可以看到,主张要有以下几个方面。

一、"智慧的统制"使受教育青年的头脑陈腐僵化

冯定认为,不好的学校教育的第一大缺点就是"智慧的统制,对学生的思想,不但没有尽启发的责任,并且还具有戕害的功能"[①]。比如说,一些教

---

① 冯定.冯定文集:第一卷[M].北京:人民出版社,1987:58.

会学校对正确的科学思想采取排斥的态度,甚至对达尔文的进化论思想也唾骂、摈斥和摒弃。在一些区域的学校里,为了所谓的睦邻友好,连爱国思想也不能公然提倡;还有一些守旧、复古的玩意儿,也无非是想利用封建时代的意识,把今天的活泼泼的青年脑子给蒙上几层陈腐、黑暗的网。当学校不尽启发的责任,一味给受教育者尤其是青年学生进行陈腐思想的灌输时,受教育者的智慧不但得不到闪耀,他们也无法领悟别人的智慧。

思想家罗曼·罗兰认为青年要有智慧的勇气和智慧的诚实,才会去追求和发现真理。他说:"智慧的勇气就在于,在繁重的脑力劳动面前不畏惧。智慧的诚实在于,在真理面前不退缩。不惜任何代价去追求真理、发现真理,鄙视轻率地做出决定和违背心灵的谎言。要勇于独立思考,要做人。"智慧的勇气和诚实使青年敢于独立思考,做心灵自由的人。

二、"行动的统制"使受教育青年不能投身社会生活

冯定认为,现在教育的第二大缺点就是"行动的统制,对学生的生活,不但没有尽诱导的责任,并且还具有禁锢的意思。学生主张应当参加救国,学校偏主张读书就是救国"①。学生面对的各种政治问题、社会问题不能在实践中求得实际的解答,许多科学的东西也只能在教室里和实验室里被高谈阔论,无法与实际生活取得密切联系。

在我们的教育中,理论与实践相联系一直是我们追求的方向,青年不能只是为学理论而学理论,不能只是埋头读书,青年要有强烈的社会责任感,"风声、雨声、读书声,声声入耳;家事、国事、天下事,事事关心","天下兴亡,匹夫有责"。只有参与到广阔的社会生活(政治生活、经济生活、道德生活、文化生活、科学研究的生活等),青年的青春活力才能真正得到张扬。

三、学业与职业没有关联使青年学生苦闷不已

冯定认为,现在教育的第三大缺点是"最使学生感觉苦闷的,这便是学业和职业好像没有什么联系。大批的毕业,同时就是大批的失业,这种现象,使肄业的人不知道求学究竟为着什么,对学业便发生了极端的疑虑"②。这样一来,从学校里毕业出来的人,对社会的真相不能很好地认识,因而时常与社会格格不入,这是死读书的必然结果。

这样说来,其实是现在的教育存在问题而不是学生本身的态度存在问

① 冯定.冯定文集:第一卷[M].北京:人民出版社,1987:58.
② 冯定.冯定文集:第一卷[M].北京:人民出版社,1987:58.

题。既然现在的教育有问题，那么，是不是现在没进学校的青年就不必进了，而已进学校的就应该退学了呢？冯定的态度是"决不，决不！"如果家庭经济情形实在不容许青年去求学的话，也只好作罢。但对于那些肯东借西凑供儿女上学的家庭，有上学机会"怎么也不应该错过！"①能争取到政府设立的教育补助金时"也断不可轻易放弃！"对能坚持半工半读的青年学生"都表示赞美和敬佩！"

第二节　利用学校教育的特殊性促进青年的成长与发展

学校教育从产生之时起，就与社会教育、家庭教育有着显著的区别，有其自身的特点。因而与家庭教育和社会教育相比，对青年产生的影响也是有区别的。学校教育"是专门的教育机构，有专门的经过职业培训的教师，有比较充裕的教育经费，有精心设计的课程和教学计划，有比较及时的反馈和评价机制"②。学校教育的特点决定了其对青年产生的特殊影响，主要体现在以下方面。

一、学校教育职能的专门性与青年的专业成长

学校教育的职能就是专门培养人，学校是专门教育人的场所。学校教育同社会教育、家庭教育相比，其不同之处首先就体现在学校教育的专门性上，这一点对青年所接受的学校教育来说更为突出。学校教育的专门性特点主要表现在教育任务的专一性上。学校的中心工作是教学，学校的使命就是培养人，其他任务都是围绕着培养人这个使命来实现的。学校教育有专门的教育者即教师，他们都是经过严格选拔并经过专门训练培养出来的专业人员。这样的教育者不仅学识广博、品德高尚，并且懂得教育规律，掌握了有效的教育方法。学校教育还有专门的教育教学设备，拥有专门进行教育的手段。这一切都充分保证了学校教育的有效性。

对于今天的大部分青年而言，他们都有机会接受专门性的中等教育和高等教育。对于接受高等教育的青年来说，"大学存在的理由是，它把年轻人和老年人联合在一起，对学术展开充满想象力的探索，从而在知识和生命

① 冯定.冯定文集：第一卷[M].北京：人民出版社，1987：59.
② 全国十二所重点师范大学联合编写.教育学基础[M].北京：教育科学出版社，2002：8—9.

热情之间架起桥梁。大学传授知识,但是它是以充满想象力的方式传授"①,青年接受的高等教育是专业教育,专业教育的目标在于培养专业人才。现代大学教育不但培养政治统治人才和管理人才,更为重要的是,它还培养大量科学技术人才、文化教育人才、经济管理人才和众多有文化的生产工作者。所以说,"一所大学的理想与其说是知识,不如说是力量;大学的目标是把一个孩子的知识转变为成人的力量,将各种进步的活动融合成促使社会进步的有效工具"②。青年接受专业教育的大学不能等同于职业培训机构,大学精神不仅仅是训练工作技能的精神,更为重要的是陶冶心灵的人文精神。

二、学校教育组织的严密性与青年的规范性成长

学校教育的特点在于对人的身心进行有目的、有组织、有计划的影响。学校教育正是体现了教育组织严密性的特点。"一个伟大的国家,必定有伟大的学校;同样,没有伟大的学校,也就成不了伟大的国家。"③学校教育的目的性和计划性集中体现在组织的严密性上。学校教育是制度化的教育,具有严密的组织结构和制度。从宏观上讲,学校有各级各类、多种多样的体系结构;从微观上讲,学校内有专设的领导岗位和教育教学组织,有专门进行思想、政治、教学工作、总务后勤、文体活动等工作的专门组织机构,还有一系列的严密的教育教学制度,如此等等,都是社会教育和家庭教育形态所不具备的。

而且,学校具有从事教育的完备教育设施和专门的教学设备,比如说,学校有资源丰富的图书馆,有适用于不同的学生规模和不同需要的教室和大会堂,有声像影视等直观的教具、学具,有实验、实习基地,等等,这些都是学校教育的有效手段。这些设备和设施都是保证教学顺利进行的不可缺少的物质条件,这是社会教育和家庭教育所无法全面提供的。青年在教育教学设施、设备完善的学校机构中接受教育,无论是作为人的教育资源,还是作为物的教育资源,都非常丰富,它们为青年的快速成长提供了方便。

除此之外,学校的教育形态比较稳定,为青年提供了相对稳定的专业成长环境。它有稳定的教育场所、稳定的教育者、稳定的教育对象和稳定的教

---

① 怀特海.教育的目的[M].庄莲平,王立中,译.上海:文汇出版社,2012:125.

② 怀特海.教育的目的[M].庄莲平,王立中,译.上海:文汇出版社,2012:125.

③ 奥尔特加·加塞特.大学的使命[M].徐小洲,陈军,译.杭州:浙江教育出版社,2001:48.

育内容,以及稳定的教育秩序等。学校教育的这种稳定性,更有利于个人的发展。当然,稳定是相对而言的,它也要有相应的改革变化。稳定不是僵化,如果把相对稳定看作是墨守成规、僵死不变,那就必然要走向反面。

总之,学校教育具有组织的严密性、教育手段的有效性和其他教育形态所不具备的稳定性特点,正是这些特点保证了学校教育的高度有效性,使它在各种教育形态中占据主导地位。

三、学校教育作用的全面性与青年的全面成长

学校教育对人的发展作用是全面的,学校教育需要"担保人的全部天资得到同等的发展"①。社会教育和家庭教育对人的成长影响多少都带有一定的偶然性,影响的范围也往往只侧重在某些方面。学校教育是全面培养人的活动,它不仅要关心受教育者的知识和智力的增长,也要关心受教育者思想品德的形成,还要关照受教育者的身体的健康成长。培养塑造全面完整的社会人,是学校教育的特有职责。

追求全面发展的学校教育需要关注丰富的"精神生活",这意味着培养受教育者在德、智、体、美、劳诸多方面积极向上的需求和兴趣,使受教者特有的天赋和才能有机会充分显露和发挥。受教育者充实的精神生活和丰富的内心世界是其全面发展的一个极重要的标志。特别是青年学生在学校里接受教育时,不能只有听课、作业、考试而没有丰富的精神生活,也不能只有纯体力劳动而缺乏智力因素和精神生活。在教育中体、脑结合,才是健康的完整的教育。

冯定认为青年要想全面发展与成长,不但要有健康的体魄,还要储备丰富的基础知识和专业知识,转识成智,做到"智者不惑"。青年借助学校教育实现智的成长旨在获得"智慧的勇气和智慧的诚实"。

青年要借助学校教育实现德的修养,使自己成为内心充实的人。学校教育"要使每个人从少年和青年早期起就培养起深深地赞美人的高尚精神情操,产生敬爱之心。这实质上是对人、对人性美的信任。如果缺少这种信任,人的内心世界就是空虚的,生活中哪怕遇到微小挫折都会使人牢骚满腹、垂头丧气"。"美能磨炼人性。如果一个人从小就受到美的教育,对一切美好事物的赞赏能力能不断发展,那么要让他变成一个冷酷无情、卑鄙庸俗、贪淫好色之徒是很难想象的。"修养审美情趣有助于克服内心的空虚。

---

① 费希特.论学者的使命 人的使命[M].梁志学,沈真,译.北京:商务印书馆,1997:38.

四、学校教育内容的系统性与青年的持续性成长

为了满足培养造就全面完整社会人的需要,学校教育内容特别注重内在连续性和系统性。社会教育和家庭教育在教育内容上一般具有片断性,即使是有计划性的社会教育也往往是阶段性的,就其知识总体来说也具有片断性。学校教育既要注意知识体系,又要符合认识规律,所以学校教育内容是系统的、完整的,不仅包括自然科学知识、人文学科知识,还包括社会科学知识。学校教育内容的完整性和系统性是学校教育的一个重要特点。具有完整性和系统性的学校教育内容其实就是经过层层筛选的文化。"教育是人类文化的传递形式、手段或工具","人类文化传递与发展上,教育活动可以说是最有功效的。教育不仅借由文化的运用'使人能成为人',社会的生存与发达也经由教育之实践而使社会之生命维持下去,这决定了人需要一种特殊的形式和手和工具,才能获得它,这种特殊的形式、手段和工具便是教育。教育是以其所具有的对文化的传递性和作为传递文化的形式、手段和工具,成为人与文化之间的介体。结果是,既保证了社会群体文化的延续和发展,也促使社会个体掌握了社会文化,达到了社会化、成人成材的要求"①。

教育通过传递文化为受教育者提供成长的"营养",提供的是文化营养。对于青年的发展而言,培养其社会预应力不仅有助于其更好适应社会生活,也有助于其为建设社会做出贡献。"文化营养对于造就一个社会的人来说,比物质营养更重要,因为没有文化营养的供给,就无法进行后天的补建工作,社会预应力的补建的最终目的是提高人的素质。"②

第三节　学校教育的目的就是培养青年成为真正的人

在于高等教育学府任教的冯定看来,学校教育的目的就是培养青年成为对社会有用的真正的人。冯定认为,"青年们是最有朝气、最敏锐、最能吸取新鲜事物的,是最能追求进步、追求真理,热爱真理的"③,学校教育提供的文化营养就是为真理化身的科学知识,所以"青年要努力学习科学文化知

---

①　胡德海.教育学原理[M].兰州:甘肃教育出版社,1998:273.

②　胡德海.教育学原理[M].兰州:甘肃教育出版社,1998:325.

③　冯定.冯定文集:第二卷[M].北京:人民出版社,1989:306.

识,要振作精神,要有所作为,为实现社会主义四个现代化而奋斗!"①

一、学校教育拒绝心灵的贫乏

学校教育是为受教育者创造的汲取各种文化营养的系统化实践活动,"要塑造既有广泛的文化修养又在某个特殊方面有专业知识的人才,他们的专业知识可以给他们进步、腾飞的基础,而他们所具有的广泛的文化,使他们有哲学般的深邃,又有艺术般的高雅"②。因此,我们的学校教育工作者要有拒绝用贫乏的心灵去审视和描绘复杂而美妙的学校教育园地的勇气。"教育上的心灵贫乏一般是由于人们只关心'如何'而不关心'为何'所引起的自然结果。教育工作者一直是关心'活动'胜于关心'过程';关心'手段'胜于关心'目的'。他们很少探问有关目标的大问题"③,"在教育的园地中,已经有许多的教育改革和实验,但大多数这些活动的意图、目标和实际需要并没有被适当地评价。"之所以教育目标与意图一类的大问题没有被适当地评价,从某种程度上讲,是因为教育工作者乐于开"教育应如何"的处方而缺乏勇气下功夫去深入分析"教育为何应如何"。

学校教育的目的性、组织性、计划性等为青年的成长提供了很好的条件保障,但学校"教育并不是万能的,教育只有当其能够结合社会实际的时候,特别是当其能够结合被教育者个人和其家庭的生活实际的时候,才能产生巨大的效果"④。就解决眼前的生活实际而言,与社会生活实际相结合的教育是受青年欢迎的,因为"教育是训练对于生活的探险",青年接受的教育只有置身于生活之中并密切结合生活,才能对生活进行探险。与此同时,青年会超越实际去追求理想的学校教育,使教育能够最大程度地发挥培育个人探险精神的作用,"教育的根本目标就是赢得那种个体性的人所要获得的内在和精神自由。换言之,即借助于知识、智慧、善良意志和爱使个体的人获得解放"⑤。"最理想的学校教育取决于几个不可或缺的因素:教师的天赋、学生的智力类型、学生对生活的期望、学校外部(邻近环境)所赋予的机会,以及其他相关的因素。……教育的成就取决于对诸多可变因素的精妙的调

---

① 冯定.冯定文集:第二卷[M].北京:人民出版社,1989:305.
② 怀特海.教育的目的[M].庄莲平,王立中,译.上海:文汇出版社,2012:1.
③ 乔治·R.奈特.教育哲学导论[M].简成熙,译.台北:五南图书出版公司,2002:4.
④ 冯定.冯定文集:第一卷[M].北京:人民出版社,1987:231.
⑤ 雅克·马里坦.教育在十字路口[M].高旭平,译.北京:首都师范大学出版社,2010:14.

整,因为我们是在与人的思想打交道,而不是与没有生命的物质打交道。"①学校之所以搭建一个高于教室地面的三尺讲台,是为了树立一个"精神高地",让坐着听课的学生可以抱着仰视的姿态,抬起高贵的头敬仰着"精神高地"。三尺讲台这个"精神高地"也提醒站在上面的讲课之师时时谨记自己的教育使命,要让自己和学生的灵魂向着高远那方,向着明亮那方。

二、学校教育的目的就是培养全面发展的真正的人

冯定认为,"在社会主义社会中,学校教育使受教育者的智育、体育、美育也都将有高度的发展,学校教育就是培养全面发展的人。比如拿美来说,美必须要与真和善结合起来,也就是跟现实和道德结合起来。那么和社会主义共产主义现实结合起来的美,和集体主义道德结合起来的美,真正成为高度的美是可想而知的。那时,未成年人都将受到完善的教育,而成年人都将有高尚的道德和良好的习惯,有丰富的科学知识和掌握生产技术的才能,有健康的身体,有生动的审美力。这就是个人的全面发展了。社会主义社会已经开始出现了使个人能得到全面发展的条件,而共产主义社会正是要求个人都能得到全面发展。因此,我们的学校教育对于德育方面、智育方面、体育方面、美育方面的修养,大家必须注意和努力!我们的学校教育既然是与活生生的有思想的人在打交道,我们要培养的就是德、智、体、美全面发展的人,全面发展的人就是和谐的、真正的人"。正如苏联教育家苏霍姆林斯基所说:"真正的人,是具有和谐的、多方面精神生活的人。"②这种真正的人,其精神世界、精神利益与精神需求的需要非常丰富,会善于利用和珍惜精神财富,会看到和发现它,并使之在个人的内心世界里人格化。真正的人"有一种精神——人的精神,这种人的精神会在信念与情感、意志与追求之中,会在对待他人和自己本人的态度上,会在分明的爱与憎,在善于看到理想并为之而奋斗方面表现出来"③。

其一,真正的人是有责任感和责任心的人。真正的人"应该有能力、勇气和本领选择自己的道路并承担责任"④。责任是在社会关系中体现出来的,只有在社会关系中,才存在一种觉醒了的公民判断力和公民道德。一个人要对自己的生活有敏感性和热情心,同时对他人的生活采取热情关心的

---

① 怀特海.教育的目的[M].庄莲平,王立中,译.上海:文汇出版社,2012:9.
② 苏霍姆林斯基.怎样培养真正的人[M].蔡汀,译.北京:教育科学出版社,1992:2.
③ 苏霍姆林斯基.怎样培养真正的人[M].蔡汀,译.北京:教育科学出版社,1992:16.
④ 科恩.自我论[M].佟景韩,等,译.北京:生活·读书·新知三联书店,1986:502.

态度。

其二,真正的人是有奉献精神和奉献心灵的人。我们的学校教育会力图使青年懂得去为学校、为班级、为同学、为老师、为父母、为朋友、为社会奉献自己的精神力量。关心自己和他人、体谅他人、热心对待他人和自己、需要别人与被别人需要,这些方面是真正的人的素养,也是一个人获得最大幸福和欢乐的源泉。

其三,真正的人是精神力量饱满的人。真正的人是勇敢的,敢于克服困难和胆怯;真正的人是坚强的,人生的艰难压不倒他;真正的人是有信心的,不会在满腹牢骚、灰心丧气和软弱无能中度日。

其四,真正的人懂得珍惜生活的幸福。每一个人都是一个复杂的小世界,在这个世界里,并非只有一帆风顺等着你,还可能有坎坷不平伴随着你,不只是生活的幸福与你为伍,还可能有生活的痛苦伴随着你。因而人应该珍惜来之不易的生活的幸福。幸福只有人才可以体会和理解,也只有人才能享受得到。培养学生珍惜幸福生活的能力,把学生带入真实的人生世界,让其看到人的生老病死、欢乐与痛苦、坚强与脆弱、美丽与丑陋、崇高与畏缩……只有知道了幸福生活的来之不易,才会更加珍惜幸福生活。

其五,真正的人具有蔑视精神和敬重精神。真正的人蔑视卑鄙的思想和行为,蔑视在责任面前的意志软弱和在错误面前自身的怯懦、躲躲藏藏和不敢正视,蔑视在解决问题面前自身表现出来的无知,蔑视无知的盲目自大。真正的人敬重人的尊严,诸如自我克制、人的精神情趣和思想的自豪感;真正的人敬重高尚的沉默和适时的怒吼,敬重良好的精神状态和精神面貌、坚强的意志与十足的勇气,厌恶自己言行举止中不体面的东西,积极追求使人向上的体面的行为。

真正的人之所以能够表现出人的纯洁、奉献、真诚与努力,能够表现出勇敢与坚持不懈,能够懂得承担人的责任,懂得奉献人的精神力量,懂得珍惜生活的幸福,是因为教育使他有了一颗对“人”这个称号的虔诚之心。教育家斯普朗格认为,“教育的核心是人格心灵的唤醒,教育的最终目的不是传授已有的东西,而是要把人的创造力诱导出来,将生命感、价值感唤醒”。美国的菲利普·W.杰克森在其《什么是教育》一书中认为,教育从根本上讲应该是一项道德事业,教育者和受教育者都应在教育过程中成为“更好的人”。这种“更好的人”就是真正的人,就是“迈着坚定的步伐在真理、德行和幸福的大道上前进”的人。

第四节 青年学校教育离不开社会教育

学校教育对青年的成长至关重要,社会教育对青年的成长也必不可少,对于青年,"先要知道什么是社会,社会上有什么事实、什么势力、什么程序,群居生活有什么状态,才可以谈到改良改造。就着实在情形才可以知道哪样须改良、哪一部分须改造、社会固有之制度应该怎样改革,才可以增进人类共同之幸福"①。

一、青年要理解人是社会人

人是社会中的人,社会是人的社会,没有哪一个人会脱离具体的社会而存在,"人是最名副其实的社会动物,不仅是一种合群的动物,而且是只有在社会中才能独立的动物"②。社会是人成长的环境,社会政治、经济、文化、道德、风气无不对人的成长产生着潜移默化的影响。人在其现实性上,是一切社会关系的总和。在社会关系中,"在我个人的生命表现中,我直接创造了你的生命表现,因而在我个人的活动中,我直接证实和实现了我的真正的本质,即我的人的本质,我的社会的本质"③。"我的人的本质,我的社会的本质"是靠我参与的社会政治、经济、文化、道德、教育等活动来成就的。冯定认为,"当个人尚未出世的时候,社会上就已有了一定的生活样式、一定的经济制度和政治制度、一定的风俗习惯,而对客观真理的认识也有其一定的历史水平;当个人既经出世的时候,不管社会是如何在发展和变化,但对个人来说,终不能不在这样的框子里生活并接受教育"④。人只有懂得自己的生存、发展、生活、教育是离不开社会的,并自觉去与社会协调、与人合作,才会成为"名副其实的社会动物"。

二、社会教育对青年的成长影响广泛

社会教育可以说是宏观环境提供的教育,人生在社会中得以磨炼,文化

---

① 陶孟和.社会与教育[M].福州:福建教育出版社,2008:6.

② 马克思,恩格斯.马克思恩格斯全集:第二卷[M].中共中央马克思、恩格斯、列宁、斯大林著作编译局,译.北京:人民出版社,2005:87.

③ 马克思,恩格斯.马克思恩格斯全集:第四十二卷[M].中共中央马克思、恩格斯、列宁、斯大林著作编译局,译.北京:人民出版社,1972:37.

④ 冯定.冯定文集:第一卷[M].北京:人民出版社,1987:227.

不断通过社会进行新陈代谢。个人是依靠掌握社会文化得以社会化的,"个体进入社会的机制是文化的传承。文化是社会控制与个人发展的手段。人为了顺应社会,就必须掌握一定的文化;人为了改造社会,就必须创造一定的文化。文化机制对人来说,就表现为'接受文化——创造文化——再接受文化'的不断循环往复的过程。从而,使千百万人特殊的文化学习与创造活动,汇合成具有种种共同性的文化传承社会"①。冯定认为,与家庭教育和学校教育比较而言,青年所接受的社会教育则要宽泛得多,"街头巷尾看见的东西,枕颈旁边阅读的小册子,有时候恐怕比课堂的讲义更有意义,而亭子间里几个知己的热烈辩驳,恐怕比课堂的问答也更有效果吧!"②冯定举了个特别的例子来说明社会教育对人产生的影响。他说"某些帝国主义大国对儿童从小就开始灌输大国沙文主义思想,美化其祖先的对外扩张历史,为侵略战争制造舆论,这个社会中的部分人受到这种社会文化氛围的侵染,就会形成黩武好战的心理。我们也不妨因需而择,拿起社会教育的武器,来消除这些歪理邪说的残余和影响"③,社会教育的武器包括"书籍、报纸、杂志、广播、剧院、电影、博物馆、美术馆、音乐厅、展览馆、文化宫、俱乐部、图书馆和浏览室"。这些武器构成了教育的社会环境。"社会环境的作用域场极其广大,其精神塑造力以隐在、无意识的方式辐射至绝对多数的教育对象,犹如'一只看不见的手',既难以形辨而又无处不在,促发或抵消、强化或弱化对象的精神品格,并在事实上掌控着主流社会成员的精神特质。即便是个体的自觉理性批判和自我精神提升,也只能在既定的社会环境之下展开和进行。"④一个过于急功近利的社会会让青年在追求真理、追求学问时变得功利;而一个具有极强包容性、放眼未来的社会则会让青年放慢脚步、静下心来追求学问知识,从而遨游于科学真理的美妙世界。正如一位学者所言:"科学只为真正的信徒打开它的美妙世界,如果你爱上的不是科学本身,而只是想着利用它为你获得利益,它怎么又可能为一个世俗之人创造奇迹呢?"

社会教育不同于社会照顾、青年帮助、公民教育,社会教育是社会为促进人的全面发展和社会进步而采用的有目的、有计划、有组织的种种教育实

---

① 胡德海.教育学原理[M].兰州:甘肃教育出版社,1998:279.
② 冯定.冯定文集:第一卷[M].北京:人民出版社,1987:62.
③ 冯定.冯定文集:第一卷[M].北京:人民出版社,1987:233.
④ 孙婧.冯定思想政治教育理论研究[M].南京:东南大学出版社,2014:114.

践活动。^① 今天的社会教育具有六大特点:社会教育实施主体具有多样性;社会教育对象具有广泛性;社会教育内容具有丰富性;社会教育形式具有多样性;社会教育方式具有补偿性;社会教育领域具有广阔性。^② 随着现代社会的发展和终身教育理念的提出,社会教育的地位和作用会越来越突出,对于青年的教育就需要充分挖掘社会教育的功能,最大限度地发挥社会教育对其成长与发展产生的作用。

冯定认为,"社会的发展,知识的积累,都是没有止境的,所以我们也只有不息地修养,不停地学习,才能'力争上游',永远走在时代的前列,来促进历史任务的完成"^③。无论是在学校教育还是在社会教育中,青年"不息地修养,不停地学习"去促进自己作为人的历史任务的完成都是最具有现实意义的。

① 龚超,尚鹤睿.社会教育概念探微[J].浙江社会科学,2010(3).
② 侯怀银,张宏波."社会教育"解读[J].教育学报,2007(4).
③ 冯定.冯定文集:第一卷[M].北京:人民出版社,1987:44.

第九章 冯定青年教育思想对我国当今青年的启示

第一节 当今青年需要更加重视丰富的精神生活

如前面章节所描述的那样,冯定对处于不同时期的青年需要树立的理想信念进行了分析,认为抗战时期青年的理想是"为民族争生存,为世界争和平",社会主义初建及改造时期青年的理想是"主动选择积极正确的人生观,为社会主义改造尽职尽责"。20世纪80年代以来,改革开放进入新时代,这时的青年理想应该是为造福人类而奋斗。

如今,30多年已过去,当今中国青年的物质生活条件与过去相比,从总体上讲可以说得到了普遍的提高,那么他们是否还需要树立崇高的人生理想和远大的人生目标呢?是否还需要树立坚定的人生信念呢?是否还需要考虑国家和民族的命运和前途呢?如果当今青年依然需要树立崇高理想、远大目标和坚定信念,那么这个理想目标和人生信念应该是什么样子的呢?如果当今青年依然需要考虑国家、民族的命运和前途,那么他们如何把个人理想、个人前途与国家和民族的命运、前途紧密联系起来呢?不能否认,人无论生活在什么时代,都不能没有生活的理想,生活的理想会使人充满活力和希望。对于生活在当今社会的青年而言,除适宜关心物质生活外,还需要更加重视丰富的精神生活。

一、当今青年要适宜地关心物质生活

冯定在《人生漫谈》中探讨了青年如何对待生活的问题。冯定认为生活既有物质生活也有精神生活,青年不能只关注物质生活,更为重要的是,社会主义的青年要更加注重丰富的精神生活。对今天社会主义新时代的青年而言,更是要在注重物质生活的同时更加关注精神生活。

冯定认为,人的生活首先就是需要满足吃和穿的基本物质生活。没有吃没有穿,无气无力什么事情都干不成。冯定认为,人们总是希望吃得好些、穿得好些,希望生活过得一年比一年好,这是人之常情,只要不是浪费,不是大吃大喝,不是炫艳夸丽,只要没有徒然耗费人力、物力,这种生活愿望就是完全正当的。但是,认为"我们干革命搞建设就是为了吃得好穿得好"的说法就是比较片面且不完全正确的。

人们生活在社会中,总是既要发生物质关系又要发生思想关系。思想不能直接改造客观世界,要改造客观世界还得通过实践的物质力量,即通过人的劳动和工作。人不能只知道吃喝住穿,还必须劳动。真正的人生,决不仅是吃、喝、住、穿,而是有丰富得多、崇高得多的内容的。如果有人认为人生仅仅是吃、喝、住、穿,以至于认为物质生活是至高无上的,一味追求物质享受,那么他的生活虽然在表面看来还是人的生活,但已不是真正的、健全的人的生活了。这一点必须引起青年们的深思。

物质生活是谁都必须关心的,但对我们来说,必须为整个社会和广大人民的利益着想。只有整个社会和广大人民的物质生活改进了,个人的物质生活才会随之提高。个人或家庭的物质生活要不要关心呢? 如果指的是恰当安排个人或家庭的生活以便愉快地去从事学习或工作,那么这种关心是完全必要的。如果关心的目的不在此,而是一味追求物质享受,那么这样关心生活就是十分自私和庸俗的了。如果为了无止境的物质享受,甚至贪污盗窃,投机倒把,变成了违法乱纪分子,这样的关心生活是本末倒置的做法,也是需要坚决反对的。试问青年朋友,这样庸俗、荒唐甚至为非作歹的生活,究竟有多大的意义?! 有什么幸福可言?! 青年的私生活本来可以自由支配,但是只知吃喝玩乐,甚至将吃喝玩乐当作"正业",荒时废学,旷工缺勤,对国家大事和世界大事漠不关心,离开了人生的正道,这就直接影响到人生境界的高低了。

青年要知道,关心物质生活,必须从整个社会和广大人民的利益出发,必须从长远的利益出发。这样,我们才能跳出狭隘的物质生活圈子,去过更

有意义的生活,比如关心广大人民共同关心的公共福利、民生问题。从社会来说,解决亿万人民的物质生活问题,是宏大的事业。青年要有"先天下之忧而忧,后天下之乐而乐"的胸怀。人人乐活,自己方能乐活。

二、当今青年更要追求崇高而丰富的精神生活

冯定认为,人不但要有物质生活,还要有崇高而丰富的精神生活。精神生活的范围是极为广泛的,既可从政治生活方面表现出来,也可从科学、艺术、道德等方面表现出来。精神生活从总的、大的方面来说,是离不开经济基础,特别是离不开政治基础的。什么是政治?政治就是公共事业及其管理。精神生活离开了政治,也就是离开了社会,那就成为虚无空洞的了。精神生活也离不开闲暇,闲暇就是有时间去做有益身心的事情。

从事科学工作的青年,如果能在科研上有所发现,精神上的愉快和欣喜是可想而知的。然而科学家的这种发现,如果既不能直接、间接去改进生产,又不能给科学的发展产生大的影响,仅为了个人的愉快和欣喜,那么科学的影响自然极为有限了。科学工作不能仅仅为了科学而科学,而需要为社会和人提供有益的服务。从事文艺工作的青年也是这样,文学家和艺术家如果只为了表达个人的灵感,满足于自我欣赏,那就没有多大意义。只有当文艺能够激发千千万万人民的生活热情,使他们对生活充满乐观精神,这样的文艺才是更有意义的文艺。道德的标准本来是随着社会的变化而变化的;所以道德生活同样和政治生活有密切联系。只要自己的行为对人民、对社会、对国家有利便是道德的,是崇高的。但是,"教育必须清除社会要求和存在于人自身之内的个人要求之间的裂痕。因此,教育必须既培养人的自由感,又要形成其责任感;既要注重人的权利,又要注重人的义务;既要培养为普遍的利益去冒险和行使权威的勇气,又要培养对每一个个体的人性的尊重"[①]。因此,只要青年有人的自由感和对社会的责任感,对人民和国家有所贡献,或大或小,精神上都会得到莫大的鼓舞和安慰。

总而言之,生活总是既有物质生活又有精神生活的。物质生活是基础,但如果没有精神生活,生活就会显得庸俗、枯燥和极端贫乏。只有人的精神生活才能充分显示"人是有思想的"这个特点。有崇高思想能够使人走出处于日常的、偏狭的物质生活的局限,过上既有今天又有明天,能够对人类未来产生远大宏伟的理想的生活。这种理想源于当前的现实,理想生活会指

---

① 雅克·马里坦.教育在十字路口[M].高旭平,译.北京:首都师范大学出版社,2010:108.

导现实生活,现实生活会引向理想生活。青年要明白,这样的有精神追求的生活才是崇高的、丰富的、有意义的;过着这样的生活才是真正"幸福"的。人的生活必须向精神生活方面去求得充实和发展。

第二节　当今青年更要注意私生活的修养

当我们谈论生活的话题时,我们可以说生活包括物质生活也包括精神生活,我们也可以说生活包括私生活和社会生活。关于青年私生活的修养问题,冯定在《青年应当怎样修养》、《平凡的真理》和《共产主义人生观》中都有所提及。冯定在《青年应当怎样修养》一书中认为,一般情况下,人们说生活的问题首先指的就是私生活的问题。私生活是相对于社会生活而言的,凡是我们日常的行动,只含有个人意义而没有直接社会意义的,就叫作私生活。生活起居、照顾养育子女、男女恋爱、朋友应酬一类属于个人行为的事,同社会没有直接的关系,属于私生活的范畴。不过广义的私生活与社会生活之间也是有联系的。比如说,谈恋爱可以是个人私事,但一旦涉及婚姻就会牵涉到家庭、财产问题,还牵涉到法律问题,这就并非个人私事了。那么青年的私生活修养怎样做才比较理想呢?

一、青年的私生活要有利于社会生活

冯定认为,有时同一件事情,同一个时候,常常会兼有私人和社会的双重意义。比如说早上起来写字,自然是私生活;但写的如果是劝朋友参加民族战争的一封信,那么同时便是社会生活了。你同朋友吃饭本来是私人问题,可你无意或有意谈到的政治问题、经济问题、文化问题,使你的朋友无形中受到了影响,这便是社会生活了。这样看来,在日常生活中,私生活和社会生活总是错综复杂地进行着,是不可能截然分开的。私生活对社会的影响,有时候甚至会比有意的社会生活更大,不过私生活的影响是间接的而社会生活的影响是直接的。一个领导如果痛饮狂醉也许会耽误重要的工作,平常人如果私生活过于散漫、过于腐败,不做一些对社会有益的事业,那么社会就会少了一份推动力量。这也就是说,社会的存在时时刻刻影响着我们每个人,我们个人的存在也时时刻刻会影响到社会。

冯定在《平凡的真理》中,除了谈青年必须经常修养的立场、观点和方法之外,还谈到了青年私生活的修养问题。冯定认为,私生活的修养对于个人

也是重要的,个人私生活的修养也要注重立场、观点和方法。然而有人却认为私生活似乎跟立场、观点和方法无关,跟集体主义无关,因而毋须提升修养,这是完全不对的。个人生活的修养就是生命学问的修养,"生命的学问,可以从两方面讲:一是个人主观方面的,一是客观的集团方面的。前者是个人修养之事,个人精神生活升进之事,后者是一切人文世界的事,如国家、政治、法律等方面的事,此也是生命上的事,生命之客观表现方面的事。这两方面是沟通而一的。个人主观方面的修养,即个人之成德,而个人成德是离不开国家天下的"①。

由此看来,一个人身处社会的大千世界之中,不可能完全地"独善其身"而置身现实世界之外,个人生命修养包括私德修养和公德修养,公德就意味着社会责任和社会义务。个人的私生活是不可能和"公"生活完全分开的,所以为了集体的公共利益,私生活的修养对于个人来说也很重要。

冯定认为,如果一个人的私生活指的是吃的口味、穿着的样式、玩的名堂、嗜好的种类等,那么自然无关紧要;但就是这些方面在公共生活中也不能专凭自家的好恶而不顾及别人。私生活如果牵涉到社会秩序,特别是牵涉到人和人之间的关系,牵涉到政治影响,那就不能也不应简单被当作私生活来处理了。有些人在私生活的掩饰下,在和孩子或女人这样的人的关系中,最容易暴露出其最恶劣的个人主义的思想品质。孩子是国家的未来和主人,如何对待孩子其实也不完全是私生活范畴了;女人能顶半边天,对女性的尊重也体现人的素养,如何对待女性其实也不完全是私生活范畴了。

总之,私生活是社会生活的另一方面,我们对于私生活的评判应以有利于社会生活为标准。比如说,青年最易犯性冲动的问题本来是个人私事,但因此损伤了身体,影响到人整个健康,无法进行社会繁难或艰苦的社会工作,或者是侵犯了他人意愿而变成性骚扰或性犯罪,那就变成社会问题了,就不再是个人私事了。

冯定认为,我们提高私生活的修养,比如保持健康、爱惜光阴、举止谨慎,以及养成刻苦耐劳的习惯等,为的都是使我们的工作能够收到更大和更好的效果。反过来说,我们在不妨害社会工作的范围内,也不必太迂腐、太呆板、太拘束,把私生活过得同教徒的生活一样。比如说抽烟喝酒一类的事一般而论益少害多,但偶尔喝一点儿或抽一根也无大碍。又比如说看电影、看戏、散步、骑马、划船一类的娱乐之事,一方面可以调节我们的生活,一方

---

① 牟宗三.生命的学问[M].桂林:广西师范大学出版社,2005:33—34.

面可以从中获得一些知识,学到一些技能。至于住处的整洁与杂乱,各随其便。私生活并非没有标准,不过在评判私生活的时候,也不要太机械,还要看各人的生活环境、性格和实际情况。当然,如果一个人的私生活检点、干净利落,就不容易在人和人的关系中引起无益的纠纷,不会影响个人的品德和妨碍自己的工作。

二、青年要特别注意朋友间的私生活问题

对于青年而言,有两个特别需要提出来说一说的私生活问题,那就是男女间的私生活和朋友间的私生活问题。男女间的私生活放到后文的恋爱婚姻私生活问题上谈,在此就朋友间的私生活进行探讨。

朋友问题为什么值得我们特别提出来谈论呢?因为朋友间的私生活形式,已不是个人的而是社会的了。冯定认为,我们的个人生活和社会生活会交互产生影响,朋友确实是最要紧的一环。朋友与家庭比较而言,比家庭更为广泛。我们一天一天成长起来,朋友的意义也一天一天重要起来。我们看一个人是怎样的一个人,首先就会看其与什么样的人最为接近,俗话说"物以类聚,人以群分"就是这个道理。一个好汉三个益友帮,一个坏汉恐怕少不了三个损友之戕了。青年在私生活中要懂得交益友不要交损友。"益者三友,友直,友谅,友多闻",要多与正直的人、宽宏大量的人和见多识广的人交朋友,这样的人可能会成为私生活的益友。"君子之交淡如水",真正的朋友是在平淡中见真情的。"损者三友,友便辟,友善柔,友便佞",要避免与走邪门歪道的人交朋友、与谄媚奉迎的人交朋友、与花言巧语的人交朋友,他们可能成为私生活的损友。

三、青年在恋爱婚姻私生活中要懂得尊重人

冯定在《共产主义人生观》中讲到,集体主义、民主精神、尊重别人,在私生活上也同样是重要的。比如饮食起居这样的私生活,本来是可以各听其便,并不会妨害大局。但是作为社会主义社会的一个成员,要为人民和社会主义事业服务,就得注意生活起居,锻炼身体,培养意志,而不应随意放纵和随意糟蹋自己的身体和意志,因为身体是"革命"的本钱。

更为重要的是,私生活如果涉及人和人之间的关系,那就不应简单被看作是私生活了。冯定认为,男和女之间发生不正当的关系是不应该的,一般除了女性也可能有不正确的想法和做法以外,男性在这里是首先要负责任的。青年追求健康的男女生活非常重要,首先必须慎重选择对象,在正常的接触中去求得爱情,决不能够"急不择食",或者由于和别人争夺对象而产生

纠纷。年轻人必须要对爱情负责，先前的慎重为的正是往后决不轻易离异。人在两性问题上最易表现其品德，也最易犯主观主义错误，结婚前容易只看得见对方的好处和优点，结婚后却只看得见对方的坏处和缺点，这都是不对的。其实不仅结婚前要培养爱情，结婚后也应在互相体谅和互相取长补短中来培养爱情，就算思想发生了分歧，只要生活的基本价值观是一致的，就不妨求同存异、互相规劝，这样自能携手并肩、共同前进了。

要求恋爱对象或配偶绝对相等是不可能的事情，因为人的知识、能力总是在变动的。冯定认为，有人借口文化水平不相当、业务性质不同因而演出了离婚的悲剧，是不应该的。在新夫妇和新家庭中，有的双方都是模范，都是社会主义建设的积极分子，花花相对，叶叶相当，自然让人称羡。有的男方文化水平较高但并不嫌弃女方，仍爱她、帮她，也是值得赞美的；有的女方文化水平较高，甚至已成专家，而男方仍在从事农业生产，可是女方仍不嫌弃他，而是继续爱他、帮他、鼓励他，更是值得赞美的。见新弃旧，破坏别人的家庭幸福，都是应该受到道德谴责的，甚至受到法律制裁。离婚是人生中非常惨痛的事情，是不得已而为之的事情。就算最终不得不离婚，最好也是双方都甘愿离的，那种一方为了达到离婚的目的而制造不和的离婚，是不道德的。

冯定认为，夫妇之间也应该像同志之间、同事之间一样，对于非原则性的问题应该互相退让，何况家庭生活中本来是充满着琐碎的非原则性问题的，如果这一方借口非原则性的问题而要求那一方永远服从，弄成"双方同意的我永远服从你，双方不同意的你就应该永远服从我"，那么就变成非常滑稽的"民主"了。总之，原则问题也好，非原则问题也好，谁要是首先在考虑怎样使对方服从自己，而不是考虑怎样既要分清是非，又能和睦相处，那就是和民主精神背道而驰的了。其实，在家庭生活中，理解、尊重和支持是至关重要的原则。

四、当今青年的恋爱婚姻依然要讲感情

在恋爱和婚姻的问题上，当代中国青年也面临着巨大的困惑。对一些青年信奉的"宁愿坐在宝马车里哭，也不要坐在自行车后面笑"的择偶观如何看待？恋爱时是恋我所爱还是恋爱我之人？恋爱是自我做主的事还是需要父母介入参与的事情？爱是责任义务还是享受索取？恋爱是讲感情还是讲物质？在学习和工作中，如何处理恋爱和婚姻的问题，应该把它们摆在什么样的位置？在恋爱对象的选择上，是看本人的人品、能力，还是看其家庭

背景、经济收入、社会地位？如果都需要考虑的话，那么它们各占什么样的地位，什么是决定性的主要因素？结婚之后，夫妻之间如何建立起平等互助的家庭，过上相亲相爱的婚姻生活？如何保持用严肃的态度对待婚姻？如何保持感情的专一，不乱发生婚外性关系？如何对待婚外性越轨行为？如何正确对待夫妻双方的父母和亲属，特别是对有特殊需要和困难的父母和亲属，如何尽最大努力承担起赡养或扶养的责任？一旦年轻夫妻有了孩子，如何承担起为人父母的责任和义务？如何教育和养育自己的孩子？如果婚姻发生了危机又应该怎样去应对？

对此，冯定认为："感情的产生，首先是有物质基础的。""感情的产生和滋长，和生活密切关系。人在和环境接触的过程中，凡对生活有益的东西，能使人舒适、愉快的，就会感到喜悦、快乐从而产生爱的感情；凡对生活有害的东西，能使人痛楚、困苦的，就会感到恼怒、哀伤从而产生憎的感情。"[1]不管怎样，爱情与婚姻一定是要讲感情的，这种感情是在一定的社会环境中男女双方在相处过程中熏陶和培养起来的。

爱情是人世间最美好的语言，是高尚情感与理想追求的完美融合。当今青年在恋爱择偶时一定要树立健康的物质观、独立的精神意志观、理性且文明健康的婚恋观，只有这样，美满幸福的婚姻家庭生活才更有可能光顾。

第三节　当今青年修养什么最重要

思考当今青年修养什么最重要的问题，不能回避青年教育的育人性本质问题。青年教育的育人性体现在使青年提高社会化程度，提高自我成长、自我发展和适应社会、发展社会的能力。青年修养什么最重要？首先是修养正确的劳动观，其次是修养正确的知识观，第三是修养正确的价值观，力争做一个有道德情操、有知识技能、有理想抱负、有奉献和服务精神的社会主义建设者和服务者。

一、当今青年要修养正确的劳动观和就业观

在中国的教育传统中，"两耳不闻窗外事，一心只读圣贤书"，是许多青年从小学开始，到高中甚至到大学，都在践行着的观念。只要把书读好，对

---

① 冯定.冯定文集：第二卷[M].北京：人民出版社，1989：474.

于其他事情,就选择"事不关己,高高挂起"。结果是,他们不但圣贤书没有读好,读得一知半解,而且对于活生生的人和纷纷扰扰的事也变得视而不见、麻木不仁,甚至酿成书读得越来越多而自身的生存能力却越来越弱的遗憾。

在我看来,作为大学生的青年学生们需要补一下从小缺失的劳动教育课,养成正确的劳动观和劳动习惯。所谓劳动观,就是对劳动的最根本看法。苏联教育家苏霍姆林斯基认为对青年的教育目的"在于使每个青年男女都能在道德上、智力上、实际能力和心理上作好劳动的准备,发展个人的素质、意向和才能"。从道德上讲,我们不妨通过教育让青年们牢牢树立起劳动光荣、不劳动耻辱的信念,坚信"不劳无获""一分耕耘,一分收获",没有天上自动掉馅饼的事情。从智力和实际能力上讲,要让青年明白,"劳动,不仅仅意味着实际能力和技巧,而且首先意味着智力的发展,意味着思维和语言的修养"。从心理上讲,要让青年养成热爱劳动、崇尚劳动的心理。一个人只有从多方面做好了劳动的准备,才能有用武之地,才有可能保存自己、帮助别人。正如冯定所言:"生命是可贵而美好的。可是,美好的生命离不开和真理的结合。只有和真理相结合的生命,才能显示出生命的强大能量。这样的生命,热爱生活,热爱劳动,热爱斗争,热爱理想。"①

当今一个极为普遍的现象是,无论来自农村还是城市的广大青年,几乎都未经历"劳其筋骨,饿其体肤"的艰苦磨砺,怕苦、怕累、贪生怕死、挑三拣四的表现比较常见,这就给就业埋下了后患。所以,广大青年就业之后,会面临更多的问题,比如说,如何处理与领导、同事的关系,如何对待同行和服务对象,如何在工作中努力奋斗从而取得好的业绩,如何维护自身的合法权益,如何培养对所从事行业的职业自豪感,如何克服"今天工作不努力,明天努力找工作"的状态,等等。

今天许许多多的青年经常为寻找职业而苦恼。不但文化程度不高、技术水平低的青年有苦恼(他们害怕找不到工作,找到了又害怕丢掉工作);就是文化层次高、技术水平高的青年也有苦恼,他们常常会思虑到底干什么工作才能挣更多的钱,才能充分体现自身的价值。有的青年一心想要寻找有技术含量的工作,可自己在为从事有技术含量的工作方面所做的准备却不充分,就算有机会摆在眼前也抓不住。这种不切自身实际的就职愿望会让青年处处碰壁,由此带来的烦恼更是可想而知了。

---

① 冯定.冯定文集:第二卷[M].北京:人民出版社,1989:306.

假如广大青年能把工作当作充满美和智慧的劳动,那么无论做什么工作都会有热情了。"劳动是有神奇力量的民间教育学,给我们开辟了教育智慧的新源泉。这种源泉是书本教育理论所不知道的。我们深信,只有通过有汗水、有老茧和疲乏人的劳动,人的心灵才会变得敏感、温柔。通过劳动,人才具有用心灵去认识周围世界的能力。"[①]记得我上大学的时候,我一直在用自己的专业知识去服务他人,并自食其力,不再让父母为我承担经济负担。我的心灵通过我的劳动和付出变得更加敏感、更为温柔——对别人的辛苦劳动非常敏感,对为我的成长而付出辛勤劳动的人心存感激。劳动让人产生内在精神美,"如果你希望美,那么就忘我地去工作吧,直到你感觉到自己已经成为一名创造者,一个工作能手,成为自己理想事业的主人。去劳动吧,它使你在劳动中感受到人的最大幸福,即创造的幸福,它使你的眼睛由于劳动而放射出激情的光彩。"[②]劳动有崇高的道德意义,一方面能让"一个人以乐观的态度对待世界,从而获得最高的乐趣——进行创造的乐趣",另一方面能使一个人在劳动的物质成果中体现其智慧、技艺。

青年们要切记:一个人将永远赖以自立的是其建立在劳动基础上的智慧、良心和人的尊严。正如爱因斯坦所说:"我每天上百次地提醒自己,我的精神生活和物质生活都依靠别人(包括活着的人和死去的人)的劳动,我必须尽力以同样的分量来报答我领受了的和至今还在领受的东西。"青年们养成劳动素养,以热爱劳动去回报他人的劳动,让自己赢得人的尊严和情操,是必不可少的人生修养课。

二、当今青年要修养正确的闲暇观

就青年而言,他的时间大体上可以分为工作时时间、学习时间与闲暇时间。工作或在校学习是带着义务、责任性质的,而闲暇相对说来就比较自由。

闲暇主要包括消遣娱乐、体育锻炼、业余学习、参观游览、社会交往等。古今一些哲学家、思想家对闲暇有过精辟的见解。古希腊大哲学家苏格拉底说"我认为闲暇是所有财富中最美好的财富";古罗马政治家西塞罗认为"闲暇不是心灵的充实,而是为了心灵得到休息";富兰克林说"闲暇就是为了做一些有益事情的时间";文学家萧伯纳说"痛苦的秘密在于有闲暇为自

①　苏霍姆林斯基.育人三部曲[M].毕淑芝,等,译.北京:人民教育出版社,1998:719.
②　苏霍姆林斯基.育人三部曲[M].毕淑芝,等,译.北京:人民教育出版社,1988:719.

己的幸福而操心"。真正的思想家最为向往的是闲暇。思想家胡适曾说过："一个人的前程往往全靠他怎样用闲暇时间。闲暇定终身。特别在这个组织不健全的社会,我们要想生活不苦痛不堕落,只有使我们的精神有所寄托。抹了六点钟的桌子之后,你可以回家去做化学研究,或画大幅山水,或写小说戏曲。你有了这种称心如意的活动,生活就不枯寂了,精神也就不会烦闷了。"由此看来,一个人的成就取决于他对闲暇时间的利用状况,这话一点不假。

当今青年如何对待闲暇?是利用闲暇时间接受教育还是只去进行悠闲的娱乐呢?是进行积极、健康的文体娱乐活动,增强体质、培养和发展自己的能力,还是迎合、参与低级趣味的一些娱乐活动,去寻求感官刺激呢?是巩固和扩大交往面,增加新朋旧友的友情,还是同一些不三不四的人拉帮结派呢?是生活有张有弛,有滋有味,还是闲得发慌,无聊乏味呢?美国学者纳希提出了闲暇层次理论,他按照人们在闲暇时间内所从事活动的个人价值和社会价值,把闲暇分为六个层次①:最低层次是负价值的违法或不道德行为活动,比如说破坏公共财产、无端挑衅他人等;第二层次是零价值的纯官能享受性活动,比如说酗酒、赌博、长期沉溺于电视网络等,这种活动虽然不会直接对社会造成危害,但对自身的健康发展却没有好处;第三层次是价值为一的单纯寻求轻松、刺激、娱乐的活动,比如说心不在焉地翻读小说、听音乐等,它对社会和个人虽然没有害处,但也没有多少正面意义;第四层次是价值为二的情感投入观看活动,在这种观看中,虽然观看者不亲自参与活动,但由于有情感的积极投入,它能发挥净化心灵、陶冶情操的功能;第五层次是价值为三的积极参与活动,比如说跳舞、乐器演奏等,因为是直接参与其中,因此积极意义也就更进一步;第六层次是价值为四的创造性活动,比如说音乐创作、游戏发明等,其积极意义最大,表现在成果产出的智力开发上。层次越高的闲暇越有价值,但对人的要求会更高,比如要有正确的闲暇意识、自主安排闲暇时间的能力、必要的兴趣技能等,这就需要闲暇教育。

闲暇教育本身具有双重意义:一是消极意义,就是作为滥用闲暇时间的替代品;二是积极意义,如强身健体、培养兴趣、舒缓压力、开阔视野、增强组织交往能力等。青年要想"仰观宇宙之大,俯察品物之盛,而自审其一人之生应有之地位,非有闲暇不为也。纵探历史之悠久,文教之累积,横索人我关系之复杂,社会问题之繁变,而思对此悠久与累积者宜如何承袭节取而有

① Michael J. Leitner, Sara F. Leitner. Leisure Enhancement[M]. London: Routledge member of the Taylor and Francis Group,1989:80.

所发明,对复杂繁变如何应付而知所排解,非有闲暇不为也"①。今天的青年要借助闲暇教育避免第一、第二层次的有害闲暇活动,避免只是选择一些偏向静态、休闲、不花费体力和脑力的第三、第四层次的活动,多选择富有刺激、进取性、冒险性、创造性的第五、第六层次的活动。青年闲暇教育旨在养成正确的闲暇意识和闲暇观念,形成必要的闲暇能力。

上述这些与青年的人生息息相关的问题,看起来似乎很琐碎,事实上都是非常重要的人生问题,都是需要认真对待、妥善解决的。然而,这里所讲的每一个问题都不是孤立存在的,不能就事论事地头痛医头、脚痛医脚,它们都与每个青年的世界观和人生观紧密相关,都由其世界观和人生观支配着,必须上升到人生观的高度才能得到根本正确的认识和解决。要解决这些问题,依然要回到根本的人生观等一些问题上来。对于荣辱观、义利观、得失观、理欲观、公私观、生死观等问题的辩证关系,青年只有清楚地把握了,才能明白社会存在与社会意识的关系,了解个人与集体、个人与国家和民族的关系,明确人生的意义和价值,选择正确的人生方向和人生道路。

三、当今青年要修养正确的知识观

所谓知识观,就是关于知识的根本看法。说知识就是力量,这话并不完全正确,我认为知识只有在运用时才会变成力量。那种读死书、死读书、读书死的态度和做法是万万不可取的,一定要树立读活书、活读书、读书活的态度。对于青年大学生而言,在此要问的是,知识在什么情况下才会变成正面力量? 知识朝着光明方向去改变社会、国家命运和人类命运时才会变成正性力量。对于青年大学生而言,要回答"自己已具备了改变命运的知识了吗? 什么样的知识才能改变命运呢?"在我看来,正确引导人生积极向上的人生信念知识、丰富的生活常识知识和过硬的系统的专业知识能改变一个人的命运,而且会让一个人的命运往前途光明的正路上行进,往社会主义建设的道路上行进。难怪冯定会说:"青年要努力学习科学文化知识,要振作精神,要有所作为,为实现社会主义四个现代化而奋斗!"②大学是青年人生中充满活力和生机的关键阶段,作为准知识分子的青年大学生,要有文化的底气,要有文人的骨气和傲气,这样才会行走在正命之途而不是误命之途。

青年大学生一定要有渴求知识的热望,大学提供了一个增进知识、增长

---

① 涂又光.中国高等教育史论[M].武汉:湖北教育出版社,1997:339.
② 冯定.冯定文集:第二卷[M].北京:人民出版社,1989:305.

智慧的机会,只要有一颗上进的心、足够的毅力和足够的自制力去避免随波逐流,就会抓住这个增进知识、增长智慧的机会。教育绝不是单纯的文化传递,教育之所以为教育,正是在于它是一种人格心灵的唤醒。青年大学生只有不断积累知识和创造性地理解知识,知识才有转成智的可能。一个人只有分辨是非、得失、对错、善恶,才是有智慧的表现。

青年大学生转识成智的结果是养成文化气质。文化其实体现在一个人如何对待他人、对待自己和如何对待自己所处的自然环境上。一个人的文化内涵会从其整体气质中透露出来。

冯定一直认为,"青年们是最有朝气、最敏锐、最能吸取新鲜事物的,是最能追求进步、追求真理,热爱真理的"①。青年大学生肩负着祖国和民族的希望,承载着家庭和亲人的嘱托,满怀着对未来美好生活的向往,他们应该把知识用来服务自己、他人和社会,为做一个真正有益于自己、他人和社会的好人奠定坚实的基础。

四、当今青年要修养正确的价值观

所谓价值观,是指青年对周围的客观事物——人、事、物的意义、重要性的总评价和总看法。青年需要修养的正确人生价值观,在我看来,就是对人生面临的人事、物事之意义有正确的看法,在人生行动中能以此为准则。当今青年需要怎样的人生价值观呢? 在我看来,可以用四个词语来概括:有礼、有理、有力、有利。

当今青年要把自己修养成有礼之人。常言道,细节决定命运,有礼不过就是注意细节。礼貌是给人的最好的见面礼,"敬人者,人恒敬之,爱人者,人恒爱之"。对于青年而言,修养"敬而无失,恭而有礼"的细节,修养"非礼勿视,非礼勿听,非礼勿言,非礼勿动"的行为很有必要。朱熹说:"目不视非礼之色,耳不闻非礼之声,口不道非礼之言,足不践非礼之地。""习惯养得好,终生受其益,习惯养不好,终生受其累。"大学生一旦养成了有礼有节的待人处事的习惯将会终身受其益,但如果养成了怠慢和无礼的为人处事的习惯,可能就要终身受其累、受其害了。

当今青年要把自己修养成有理之人。学习讲学理、讲道理、行伦理,做事合情理、合事理。《教育——财富蕴藏其中》一书说教育的四个支柱是"学会认知、学会做事、学会生存、学会共同生活"。所谓"学会认知"就是学会学

---

① 冯定.冯定文集:第二卷[M].北京:人民出版社,1989:306.

习,只有懂得如何学习的人才更能懂得如何学会做事、生存和共同生活。今天的青年也一样要讲道理。道有大道与小道、正道与邪道之分。走正道、行大道是理应追求的人生目标之一。做事按理行事,利于事情的顺利完成。做人按理行事的同时还要注重情字,有情有义是对待人的高境界。学会做有理的人就是要学做做事讲事理、做人讲情理的人。

当今青年要把自己修养成有力之人。《道德经》中说:"自知者明,知人者智,胜人者有力。"从不同角度看人的力,有不同的种类,有智力和非智力,有体力和脑力,有自然力和人力等。青年要获得自食其力的本领,就要锻炼能力,善于借力和用力,要竭尽全力,全力以赴。青年还要有思考力、反思力、克制力和意志力。

当今青年要把自己修养成为有利之人。华东师范大学的陆有铨教授指出,现在中国青年中存在着严重的"四无"现象:无气魄、无情感、无感动、无责任。尤其是一部分独生子女存在着"对人不感激,对事不满意,对物不爱惜,对己不严厉"的人性缺陷。看来,培养广大青年要有强烈的自我责任感、家庭责任感和社会责任感是件非常有意义且重要的事情。今天的青年在做人做事上,一定要从多个角度去考虑这件事情做了之后到底有没有好处——对自己有没有好处,对别人有没有好处,对家庭有没有好处,对社会有没有好处,对国家有没有好处。在我看来,在做人做事上,利的考虑涉及如下几个层次:最高层次是"三得利",即于社会、于他人、于自己都有利,这种事情做了非常高尚;第二层次是于社会有利,可能对自己没有好处可言,但这种事情还必须做,做这种事情需要靠自己的奉献精神和社会责任感来支撑;第三层次是利己但不损人也不损社会,做这样事情只是对自己有好处,于他人于社会无所谓好与坏;第四种层次是损人不利己、不利社会,小则无德,大则违法乱纪,后果严重。青年要尽可能多地引导自己做"三得利"的事情,这样会让自己成为一个有自我责任感、家庭责任感、社会责任感的人。

作为正值青春年华的青年朋友,如果力争有心、用心去讲礼、去行礼、以礼待人,有礼地做好为人之事;如果力争用理性、有理由、有理趣地去做好学问、学习之事;如果力争用智力、内力外力去做好为人处事之事;如果力争对人、己、社会有责任感,做好负责任之事;那么,他们最终走入社会时,不但能很快适应社会的需要,也会很快迈入自我实现的大门,开创美好的人生未来。

当今青年,需要完成"两期学业"。在学校期间完成"一期学业",即所学的专业,毕业后还要一直经历"二期学业",即人生课业的学习。青年要想自己"一期学业"的完成对"二期学业"产生助益,就要学会最大限度地实现自己的人生价值,学会做一个能正确处理人与人、人与社会、人与自然的关系的人,做一个人格健全、身心和谐的人,做一个有道德情操、有知识技能、有理想抱负、有奉献和服务精神的人。

当今青年,无论是接受了大学教育还是没有接受大学教育,都要知晓社会对自己的精神期待,诸如有做事的能力与做人的气魄,有吃苦、坚忍的精神和创造性思维,有面对现实追求理想的人生态度。苏霍姆林斯基说过:"最困难的事情应该成为最喜爱的事情。这就是人形成坚定信念的辩证法和逻辑。人一生中所珍视的东西恰恰是付出昂贵代价所获得的东西。"热爱就意味着不怕困难,有克服困难的决心和勇气。"没有战胜过困难,没有负过重荷的人,不能成为真正的人。"所以说,有强烈的义务感和责任感才是一生高尚、充实的保证,敢干和乐于承载的青年最终一定会脱胎换骨,实现人生的成功。

总而言之,热爱劳动,用知识和智慧进行创造性的劳动,服务他人和社会,才是当今青年最重要的修养课程。

最后,再次用冯定的一段话来与青年共勉:"人活着,应该有这样的高尚情操,这样,你在顺利的时候,不会沾沾自喜,自满自足;受到挫折的时候,也不至于悲观失望,颓废消沉。人的生命只有一次,它不允许我们在徘徊和彷徨中虚度年华。美好的生命之路已经被前人所开拓,它启示和激励着我们,一定要为创造人类的幸福而辛勤劳动,贡献自己的智慧和才干。"①

第四节　理想依然是青年前行的指路明灯

青年的理想受着时代的影响,在民族兴亡之际,在社会主义初建及社会主义改造时期,在社会主义新时代,青年面临着不同的社会使命和人生抉择,理想也有所不同。对于青年而言,"衡量理想的试金石,就是人的热情,是为真理而奋斗,为革命取得胜利而斗争的豪情壮志"②。

---

①　冯定.冯定文集:第二卷[M].北京:人民出版社,1989:332—333.
②　苏霍姆林斯基.育人三部曲[M].毕淑芝,等译.北京:人民教育出版社,1998:671.

一、民族兴亡之际青年的理想：参加"为民族生存，为世界和平"的抗战

冯定在 1937 年 12 月出版的《抗战与青年》一书的序言中写道,抗战是我们民族生死存亡的关键,我们青年是这一代的主人,所以冯定号召"青年们起来,大家来参加大时代史的创造工程吧!"青年在民族兴亡之际,积极参加"为民族争生存,为世界争和平"的抗战,这就是他们当时最伟大的理想。

1937 年 7 月 7 日的卢沟桥事变标志着中国抗日战争全面爆发,中华民族除了在军事方面全面抗战外,还在思想动员上采取了积极行动。冯定的《抗战与青年》在青年中产生的影响,犹如一面动员青年以不同形式积极参加抗战的高高飘扬的旗帜,犹如一声声动员青年以不同形式积极参加抗战的号角。

冯定认为,抗战是为民族争生存、为世界争和平的事业,在这个伟大事业中,青年起了重要作用。"在那时重重的高压下面,冲破了沉闷,唤醒了偷安苟活的幻梦,这正是青年","对内和平统一,对外一致抗战,这是进步分子最先提出来的主张,当时能够最先接受这种正确主张的也正是青年。青年的要求、青年的兴奋、青年的号召奔走、青年的勇往直前的精神和行动,助成了正确的舆论,助成了正确政治主张的实现,助成了排山倒海的民族解放战争的爆发"。

抗战中,敌人对付青年特别残酷,但这更加燃起了青年的抗战决心,"青年是敌人最顽强的敌人,青年是高尚的理想和热烈的情感的寄托者,青年是抗战直至彻底胜利的信徒,青年要挖去妥协和投降者的坟墓,不让中华民族在里面葬送"。青年要求实现民主政治和解决民主问题以保证抗战的胜利,因而青年在民族统一战线中起到杠杆的作用。

青年为什么有这样的力量呢? 首先,青年往往存着一种高尚的理想,凡是耳闻目睹的事物如果同这种理想不适合,青年自然不能忍受,自然要想方设法地摆脱、攻击,把它打个落花流水。青年有理想有情感,并且肯干。青年凭着理想、凭着情感,往往会不顾一切地去干,不会想到畏怯,不会想到什么叫作牺牲。

青年有理想是其长处,青年高尚美好的理想也值得尊重,但脱离现实的理想就会变成空想和幻想,所以青年的理想不能脱离现实。青年的短处正好是伏在其长处的怀里的,所以要说青年的短处就要从其长处中去找。

冯定认为,青年的第一个长处就是有高尚的理想,但是青年往往因为生活不够丰富,经验比较贫乏,也许会使理想脱离了实际。譬如青年总爱想象

未来的社会,那时恋爱是多么的自由,世界上全是劳动者,劳动者每天只做几小时的工作就可过富丽而美满的生活,没有帝国主义,没有战争,没有经济恐慌和饥饿。这样的想象固然妙,却忽略了现实,只不过是空想和幻想罢了。新社会必然是要到来的,但现在却还不是考虑如何去建立新社会,甚至也还不是考虑如何去施行五年计划的时候,而是要动员全国的人力、财力和物力,同日本帝国主义进行殊死战来解放整个民族,建立一个自由独立的民主共和国。

冯定认为,高尚的理想勿流为"左"的空谈。青年的理想要是脱离了现实,容易犯"左"的错误。现在有不少的"左"倾空谈者,说什么无产阶级是最革命的,反对日本帝国主义的只有无产阶级,反对日本帝国主义就先要反对无产阶级以外的许多阶级。可中国不是单靠无产阶级就可以抵御日寇的,还有许多其他不同阶级的人在抗战。

冯定认为,热烈的情感勿变为右的丧气。青年的第二个长处就是有热烈的情感,但情感要是只受着高尚理想的驾驭,没有理智的控制,没有现实的约束,结果就是腾空鹜虚,终究不落边际。青年往往凭着满腔的热忱,听了几句漂亮的词句,就乱冲瞎撞,表示出异常急躁的情态来。急躁的收场,多半绝不是成功而是失败。青年因为急躁而失败,情感受到了失败的严重打击以后,鲁莽必然会变成沮丧,热烈必然变成消沉,结果是彷徨、颓唐。

青年要时时注意现实的变异。我们应当注意哪些人是进步的,哪些人是退步的;哪种可能是最能实现的,在什么条件下局势有怎样的转变,我们应该争取的是什么前途,对于这些都要时时刻刻留心着。有些人在某种条件下也会拼命或者不得不拼命,有些人在某种条件下会转变、会动摇、会倒行逆施,我们都要敏锐地提高警戒。

现实错综复杂,我们怎样才能把握住?冯定认为这就需要我们一方面干,一方面修养。单干而不修养会成事务主义的莽汉,单修养而不干会成书呆子。有些人认为在这样动乱的时候只要干就行了谈不上修养,这是不对的。现在不但需要修养,并且尽可能各方面都要修养,甚至像哲学,好像同抗战有些风马牛不相及,但哲学同军事学一样还是要修养的。哲学要求理论和行动一致,抗战期间更有机会来体验这种一致。青年要加强哲学修养,认识到斗争是社会前进的动力。社会始终在变动,在动荡的时代变动得更剧烈、更显著,更可以使我们领悟各种人物的转变。这种转变,正是和平势力和侵略势力互相斗争的结果,是前进势力和反动势力互相斗争的结果。只有斗争才能使社会由停滞而动荡、由动荡而进化。国内的精诚团结,对于散漫软弱的国家来说是一种进步,然而不经过群众的斗争是不成的;民族的解放和自由自在民主共和国的成立,这对于我们的中华民族是一种进步,然而不经过群众同日寇的浴血斗争是不成的。青年加强哲学修养,还会认识到世界是整个的,并找出主要的矛盾和彼此的错综关系。

二、社会主义初建及改造时期青年的理想:主动选择积极正确的人生观

冯定 1957 年出版的《共产主义人生观》的正文是用这样一段话开始的:"张灯结彩,敲锣打鼓,百子炮放个不停,人们成群结队在开会和游行,向党和政府的负责人报喜道庆;这是我国农业、手工业和资本主义工商业在社会主义改造过程中形成高潮时的情景;这种情景,在大家的脑子里,是不会不留下深刻的印象的。"[1]

冯定说之所以要提到社会主义改造的情景,不但是因为社会主义改造对于我国实现社会主义社会来说,的确是一件极为重大的历史事件,而且在当时社会主义改造,尤其是资本主义工商业的社会主义改造进入高潮的时候,在青年们中间,尤其是在从地主、买办、官僚或者资产阶级家庭出身的青年们中间,流行着一句话:"我们虽不能选择我们出身的家庭,但是我们可以选择我们做人的道路。"对于青年而言,人生的道路是由出身的家庭决定的呢,还是可以自己主动选择的呢?这个问题并不是放在 21 世纪的今天来询问,而是要回溯到 60 年前的 20 世纪 50 年代去回答。当时新中国正处于社会主义改造时期,中国农业、手工业和资本主义工商业在社会主义改造过程中高潮时的典型情景就是张灯结彩,敲锣打鼓,成群结队地开会和游行,报喜道庆。

我们出生在什么样的家庭的确是不能选择的,是个只能接受的事实,但是做人的道路是可以选择的。在生活中,在一定范围以内,首先我们对于自己的思想行为并非完全被动,在他人的影响中可以主动选择;也就是说,做人的道路是尽可凭自己的意志来选择的。人和人之间总是相互联系、相互影响的,出身家庭虽然不好,然而做人的道路却可以选择得对;反过来说,出身家庭虽然好,做人的道路却也可能选择得不对。只是出身家庭好的对于正确道路的选择较为容易,而出身家庭不好的对于正确道路的选择要多些转折罢了。如此,家庭出身不是决定性的因素,决定性的因素正是我们自己对于做人道路的选择。

---

[1]　冯定.冯定文集:第二卷[M].北京:人民出版社,1989:147.

那么我们怎样来选择做人的道路呢,做人的道路到底该怎么走? 首先对于人生的看法要正确,对人生的看法就是人生观问题了;人生观正确,选择的做人道路自然也会是正确的。

人生观是多种多样的,做人不能采取糊里糊涂和懵懂的人生态度。人生观有两种类型:积极的人生观和消极的人生观。抱有积极人生观的人,做事不仅总是先有明确的或大或小的目的,而且总是努力要使这些目的能够实现,至于是否真正能够实现,就是另外一回事了。当然,在积极的人生观中,有的也会带有消极的成分,在消极的人生观中,有的也会带有积极的成分;有的人这时积极而那时消极,或者在这里消极而在那里积极;但是所有这一切,都不妨碍我们在谈说多种多样的人生观的时候,可以先将人生观分作积极和消极两种类型。

青年应该有积极的人生观而尽量避免消极的人生观。不过人生观仅谈到积极的层面,对于今天的青年来说,是不够充分、不够圆满的。因此我们还得深入一步来理解积极的人生观这个问题。

积极不等于就是正确,只有积极而正确的才是好的。这就是说人生观不能说到积极为止。那么既积极而又正确的人生观是什么呢? 这便是共产主义的人生观了。共产主义人生观是积极的,也是正确的。许多为了共产主义理想而奋斗的革命先烈,为了共产主义事业而终身劳瘁的人物,在战场、在工厂、在矿区、在农村、在荒野、在学校、在商店、在机关、在公路铁路线上、在河泊海洋里、在群众中间忘我的劳作,他们都是有坚定的共产主义人生观或是已经开始接受了共产主义教育的人,都是可以当作我们榜样的。

冯定认为对于社会主义改造时期的青年来说,"做人的道路是尽可凭自己的意志来选择的",做人本应该有积极的人生观,明白这个道理就会树立积极且正确的人生观,那就是共产主义人生观;有了共产主义人生观的指导,就能成为有觉悟的社会主义建设者。

三、社会主义新时代青年的理想:为造福人类而奋斗

20 世纪 80 年代初,中国刚刚步入对外改革开放时期。在这个时期,中国面临着改革与保守、开放与封闭这两大矛盾。实行改革开放势不可挡,但人们必须重新去认识社会主义和资本主义,因此如何看待市场经济和计划经济、如何看待新的政治体制和经济制度就成为人们必须去面对的大问题。不同阶层的经历、价值观、利益观不同,对这一时期的看法和感受也不同,当时中国青年知识分子的社会心态就是个例子。

改革开放为青年施展才华提供了更多的机会和可能性,许多青年因此认为个人奋斗是实现人生价值和人生理想的最好途径。20世纪80年代的青年对人生价值、生活意义产生了思考。20世纪80年代初,萨特的存在主义哲学思想似乎正好适应了青年一代迷惘的思绪,"主观为自己,客观为别人"成为青年们讨论和争执的焦点。绝对的"大公无私"和"毫不利己、专门利人"的价值观念开始被青年们怀疑,而以"自我"为出发点、注重个性解放、"追求自我价值的实现"成为青年的热门话题。青年对个人与他人、自己与社会的关系有了新的审视,对以往集体利益和社会利益大于一切的观点也有了新思考,青年们开始意识到了自身利益和私人利益的重要性。

　　就是在这样的时代背景下,冯定于1980年5月29日在《文汇报》上发表了一篇题为《人活着究竟为什么》的文章,文章明确地表达了"人活着就是要造福于人类!""这个造福人类的胸怀,绝不仅仅是为了个人生活好这样一个狭隘的目标。它将是充分运用自然所赋予的生命,来改造客观世界,同时又改造着主观世界,以便把人类带进一个既有高度物质生活又有高度精神境界的理想世界中去。如果把追求个人生活好当作唯一的生活目的,那仅仅是动物的本能,和做人应有的精神境界还有很大的距离。这种生活目的,只能把人引向空虚、贫乏而又庸俗的死胡同去。它也许能够获得一时的欢快,但是这种短暂的欢快终究会成为苦闷和窒息。"[①]冯定认为,作为社会主义新时代的青年,不能把追求个人的好生活作为自己的唯一目的,青年的眼界不能只盯着自身眼前一时的幸福和快乐,眼界一定要开阔,要放眼他人的幸福和快乐,要有造福于人类的胸襟。青年要被"理想的事物"所吸引,要让头上闪耀着"理想"这颗指路明星,"理想的事物,存在于我们生活之中。你仔细地看看自己的周围,观察一下人们,不要只看表面现象,而要深入到内心世界,你就会看到理想的事物。假如一个人的头上没有闪耀着一颗指路的明星——理想,那他的生活将会是无所事事,混其终生"[②]。

　　在冯定看来,一个热血青年的心田里如果没有了思想,没有了远大的理想,那么他就与动物没有什么差别了,他所过的生活就无异于行尸走肉的状态。"思想性,理想,这是伟大的、神圣的词。一些人自觉或者不自觉地试图将人类思想的美庸俗化,用市侩的自负和淡漠,用庸人的讥讽去玷污这个纯

　　① 冯定.冯定文集:第二卷[M].北京:人民出版社,1989:332.
　　② 苏霍姆林斯基.育人三部曲[M].毕淑芝,等,译.北京:人民教育出版社,1998:673.

洁而庄严的词,这是对人本身的玷污。思想性,这是真正的人性。"①思想和理想是真正人性的体现,一个青年如果有思想和理想,那就是对人本身的尊重,就是对真正人性的尊重。但是有些青年人对理想、思想性等词会加以讽刺、挖苦,他们把追求理想的勇敢精神当成是为个人追求功名利禄,这种人的内心活动会比较消极,这些人的精神生活贫乏空虚,不知道高尚的精神生活的真正含义,不了解什么是真正的幸福。其实,人之所以为人,就是因为人有思想、有理想,人之所以有对幸福的追求,就是知道追求充实的精神生活,知道高尚精神生活的真正含义,知道用高尚思想来鼓舞和引导自己,从而过上创造性的生活。在冯定的思想里,青年朋友们就要热爱有理想的生活,就要热爱有创造的生活! 过这样的生活,生活一万辈子也会觉得不够的!"假如我们国家的每一个男女青年人都生活得充满崇高的理想,假如理想成为每个人良心的捍卫者,那么,我们的社会将会成为一个具有美好的道德和精神的世界。"②

还记得我在20世纪80年代读高中时,班主任老师总是向我们"唠叨"这样一段话:"你们年轻人都有梦想、有理想,这很好。但你们要一颗红心、两种准备,坦然接受祖国的挑选。如果考上了大学,就去继续深造,学到更多的本领将来好为祖国做出更专业的贡献。如果考不上大学,也没关系,就提前加入到社会主义劳动大军中去,自食其力,提前为人民服务。"现在想起来,我们的班主任老师是多么善于引导学生形成正确的人生观和就业观啊。一个人无论处在什么层次都可以有生活的梦想和理想,成为有良心的人。

冯定坚定地认为,人与动物之间之所以有区别,在于人会思想,人会树立理想。理想是人们对未来的一种追求与向往;理想对一个人的人生有着不可估量的影响;理想犹如太阳,人们一想到理想心中就会充满光明与美好。如果我们把理想运用到人生的奋斗上,人生便有了成长的方向与成功的可能;如果我们把理想运用到学习上,便会收获学习的理想;如果我们把理想运用到职业上,便会收获职业的理想;如果我们把理想运用到改善社会与服务他人中,便会收获理想的社会;如果我们把理想运用到生活上,便会收获理想的生活。理想是人生力量的泉源、人类智慧的摇篮、人生冲锋前进的战旗、人生披荆斩棘的利剑。

---

① 苏霍姆林斯基.育人三部曲[M].毕淑芝,等,译.北京:人民教育出版社,1998:664.
② 苏霍姆林斯基.育人三部曲[M].毕淑芝,等,译.北京:人民教育出版社,1998:665.

第五节　继续树立青年的共产主义理想

冯定在《共产主义人生观》中认为，实现共产主义是我们社会主义的伟大理想，也是社会主义的青年要追求的伟大事情。当理想实现的时候，人生道路就会变得难以形容的宽敞。"追求伟大的事情在过去是高贵的，在现在是高贵的，到将来永远也是高贵的。"①

一、要在青年心中播种共产主义理想的种子

德国诗人海涅说过："春天不播种，夏天就不生长，秋天就不能收割，冬天就不能品尝。"对于社会主义的青年来说，在心中树立共产主义理想就如同春天的播种，只有在春天播种了共产主义理想的种子，共产主义理想之树才会在夏日阳光充足的日子里生长，共产主义理想之果实才会在秋天收获的季节里获得丰收，岁末才可以品尝到共产主义理想的香甜果实。

冯定认为，在共产主义社会，不但每个人都能得到基于其个性的自由、全面的发展，而且人人都能够养成"各尽所能"的品质，即有什么才能就会竭尽全力地向社会和他人奉献出来。人们在尽其所能的劳动过程中，无论从事的是脑力劳动还是体力劳动，都会把劳动当成一种享受而不是一种苦差事。只有人发现了劳动的乐趣，劳动才会成为人的需要；人人"各尽所能"的同时，才能够"各取所需"。

一种理想，就是一种力量！共产主义理想，就是伟大的力量！冯定认为，人的一生并不总是一帆风顺的，总会遇到不少丑恶的、肮脏的事情。当年轻人有了共产主义理想，就会把这些东西和共产主义的伟大真理加以对照和区别，就会懂得要向丑恶、肮脏的事情告别，就会向文明、文雅的事靠近。青年要理解"共产主义社会的人首先是善良的人，具有爱心的人。去理解别人，为别人送上精神上的需求"。当一个人能够为自己的满足而工作，并且从自己的劳动中感受到忘我的喜悦时，他的善良人性已在为他人付出的劳动中得到了体现。我们今天生活在社会主义社会的青年就要努力成为具有这种善良人性的人。

李大钊认为青年的人生是为了文明而奋斗而努力的人生，他说："青年

---

① 夸美纽斯.大教学论[M].傅任敢,译.北京:人民教育出版社,1984:8.

之文明,奋斗之文明也,与境遇奋斗,与时代奋斗,与经验奋斗。故青年者,人生之王,人生之春,人生之华也。"生活在社会主义时代的青年,没有理想就不可能有所前进;没有理想就不可能有伟大的向往,而向往是点燃青年崇高热情的火花。人们为了理想可以赴汤蹈火在所不辞,伟大的理想能够使人勇敢而无所畏惧。青年的崇高理想促成美好的道德和精神的世界的生成,而这种道德情感的发生又与青年的道德生活体验分不开。冯定说:"人在生活中,凡是接触到了对生活便利的东西,就会喜悦、愉快,而对生活不便利的东西,就会厌恶、畏惧;生活愈久,同样的东西起同样的作用也愈久,那么或好或坏的感情也就愈深。"①就情感的发生而言,它是现实生活在人脑中的反映,是人们对自身生活的高度概括和总结。对青年的情感教育是为了青年的发展,培养其高尚的情操、稳定的情感和健全的人格,归根到底是为了让青年生活得更有意义、更有价值。

二、要使青年坚信人类走向共产主义社会将是必然的趋势

冯定在《共产主义人生观》中认为,共产主义理想不是凭空想象出来的,根据正确的世界观和历史观,根据人类社会自古至今发展的事实,这才断定人类走向共产主义是谁也不能阻挠的必然趋势;这些理想在我们的脑子里越是深刻,我们就越是渴望在实际的行动中使美好的共产主义社会得以实现。"到了共产主义,所有的人都将是美丽的。我相信一定是这样的,因为人的内在美和外在美将同时绽开花朵。"②所以,我们要用崇高的共产主义思想去教育和鼓舞青年。

走向共产主义社会之所以是必然的趋势,是因为在共产主义社会里,"各尽所能"是人们的最大愿望,而"各尽所能"又是通过热爱劳动得以体现的。"热爱劳动,人在劳动中显示自己的才能,这就是共产主义的理想在我们日常生活中的生动体现。当我们的国家没有一个人对劳动漠不关心,没有一个人把劳动当作是获取一块面包的手段的时候,我们就能够肯定:共产主义已经深入每个人的心灵。"

社会主义社会教育出来的青年就是要成为为实现共产主义社会而努力奋斗的人,这样的人对人民是热爱的,对祖国是忠诚的。共产主义社会中人的个性核心就是忠诚和自尊,它们是心灵中至高无上的东西,是比生命更宝

---

① 冯定.冯定文集:第一卷[M].北京:人民出版社,1987:194.
② 苏霍姆林斯基.育人三部曲[M].毕淑芝,等,译.北京:人民教育出版社,1998:720.

贵的东西。对祖国的忠诚是最伟大的忠诚,对人民的热爱是无比光荣的公民所应该有的情感。

在共产主义社会,"各尽所能"是包括青年在内的所有人从事生产的最高境界,"各取所需"是人们从事分配的最高境界。因而社会主义青年要懂得"珍爱和保卫我们的祖国,要增加我们的物质和精神财富,这样的人在生活的各个领域,应当是伟大的、精神充实的,具有多方面用之不尽的才能的美好的人"。

冯定认为,共产主义的目的,就是求得社会生存得更好,从而使社会的成员生存得更好。要想实现共产主义,就需要人们有高度的热情和卓越的智慧。在共产主义社会,人们依然需要像在社会主义社会那样,成为好的公民,成为好的创造者,成为正直纯洁的人。罗曼·罗兰说:"一个人追求的目标越高,他的能力就发展得越快,对社会就越有益。"但高目标并不等于不切实际的目标,富有智慧的实际目的亦是高的目标。青年"追求实际目的的、强大的智慧是世界上最卓越的智慧。分析总结自己的经验要着眼于实际目的。因为你们的全部学识、你们全部的智力劳动都是为了实现下面这样一些实际目:成为好的公民,好的创造者;成为一个正直诚实的人,头脑清醒、心灵纯洁的人;成为有一双灵巧双手的人"①。如果一个年轻人只是把寻欢作乐看作人生唯一的幸福,如果人与人的关系只是想从他人那里索取什么,那么他就不可能成为具有诚实品质和同情心的人。共产主义社会的青年应该具备纯洁品质和创造者的智慧。所谓创造者的智慧,就是要将正确的世界观落实到行动中去。青年在学习、工作中,不仅要认识和解释周围世界,而且应该知道需要肯定什么、需要否定什么,知道自己是为了什么而在奋斗,知道自己是在捍卫什么。

冯定认为,为了共产主义的理想而切切实实地在做人的人,因为见识远大、胸襟宽敞,首先是不会为了某些不如意的小事或细节而"解不开"的。共产主义社会必然要来,所以为了共产主义的事业而能和广大人民共同尽心努力的人,比起为了倒退的、反动的社会而在挣扎的人,谁会成功和谁会失败简直是无须比较的。为共产主义事业而努力就好比是"顺水行舟",虽然仍会有挫折存在,但成功的方向是肯定的;而且只有永远不被当前的成功所束缚和满足,成功的道路才会无穷无尽。

三、青年追求共产主义理想是为了成就理想的自我

理想是一种反映在人的头脑中的意图,青年正是按照这种"理想的意图"来认识自己和改造外部世界的,同时也是按照这个尺度来教育和改造自己的。社会生活实践的发展不断对青年提出新的要求,推动青年不断地谋划自己的未来,虚拟一个个理想的自我,以适应社会对多重角色的要求。"尽管理想自我本质上是教育主体对未来自我的主观'虚拟',但这个'虚拟'毕竟是依据人的发展规律,在自我教育需要的推动下,对现实自我的发展环境、潜力及前景进行客观认识和把握的基础上提出来的。所以,理想自我并不是主体凭空的和随心所欲的主观创造,而是有着现实的基础。"①基于现实的理想自我有着前瞻的眼光,会对现实自我起到引导、激励和规范作用,青年的"理想自我从时间上可分为终生追求的理想自我和阶段追求的理想自我,从内容上可分为总体理想自我和具体理想自我。但不论哪个层次的理想自我,都意味着主体获得了新的胸襟和新的眼光,因此,只要它一经确立,必将照亮主体前进的道路,引发主体巨大的主体性和创造热情,从而对现实自我产生强烈的引导、激励和规范,推动现实自我向理想自我转变,使现实自我不断呈现出新的面貌,达到新的境界。"②总之,青年理想自我的确立必须以社会实践为基础,以现实自我为根据,这样确立的理想自我才能具有科学性。理想自我除关注个人需要、个人自我发展、个人价值、个人理想外,还要关注社会的发展,关注对社会的贡献,关注社会价值和共同理想,"理想自我是个人需求对社会发展要求的自觉内化,是个人自我发展与贡献社会的统一、个人价值与社会价值的统一、个人理想与共同理想的统一"③。

谈到青年如何实现人生理想这个话题,情不自禁想到了我国第一个土生土长的诺贝尔生理学或医学奖获得者屠呦呦的获奖感言:"不要去追一匹马,用追马的时间种草,待到春暖花开时,就会有一批骏马任你挑选;不要去刻意巴结一个人,用暂时没有朋友的时间,去提升自己的能力,待到时机成熟时,就会有一大批的朋友与你同行。用人情做出来的朋友只是暂时的,用

---

① 闫振存.论主体自我教育的内在机制及其对当代教育的启示[J].北京师范大学学报(社会科学版),2005(5):40.

② 闫振存.论主体自我教育的内在机制及其对当代教育的启示[J].北京师范大学学报(社会科学版),2005(5):40.

③ 闫振存.论主体自我教育的内在机制及其对当代教育的启示[J].北京师范大学学报(社会科学版),2005(5):41.

人格吸引来的朋友才是长久的。你若盛开,蝴蝶自来!"青年应该按照自己心中的理想通过学习、工作和日常生活脚踏实地地做好"种草"的工作,培养自己"托根无处不延绵"的生活能力和工作能力。理想生活之花若是盛开,伴随美好生活的蝴蝶自然就会前来! 由此看来,青年树立高尚的人生追求,会使其生命变得壮丽,使其精神变得富有;如果停留于庸俗的追求,则会使其人生变得昏暗,使其青春变得衰朽。灵魂在高尚追求中得到净化,理想信念在实践耕耘中得到升腾。转首回望,辛勤的实践耕耘后才会是一片清新的天地,一个绚丽的人生。

参考文献

中文文献部分

[1] 冯定.冯定文集:第二卷[M].北京:人民出版社,1989

[2] 冯定.冯定文集:第一卷[M].北京:人民出版社,1987

[3] 冯友兰.冯友兰论教育[M].北京:人民出版社,2010

[4] 冯友兰.一种人生观:冯友兰的人生哲学[M].北京:中国人民大学出版社,2005

[5] 胡德海.教育学原理[M].兰州:甘肃教育出版社,1998

[6] 胡适.自由人生[M].西安:陕西师范大学出版社,2009

[7] 金生鈜.规训与教化[M].北京:教育科学出版社,2004

[8] 李肃东.个体道德论[M].武汉:华中理工大学出版社,1994

[9] 林逢祺,洪仁进.教师不可不知的哲学[M].上海:华东师范大学出版社,2009

[10] 林耀华.金翼:中国家族制度的社会学研究[M].北京:生活·读书·新知三联书店,2008

[11] 骆郁廷.精神动力论[M].武汉:武汉大学出版社,2003

[12] 牟宗三.生命的学问[M].桂林:广西师范大学出版社,2005

[13] 钱穆.人生十论[M].桂林:广西师范大学出版社,2004

[14] 全国十二所重点师范大学联合编写.教育学基础[M].北京:教育科学出版社,2002

[15] 孙婧.冯定思想政治教育理论研究[M].南京:东南大学出版社,2014

[16] 陶孟和.社会与教育[M].福州:福建教育出版社,2008

[17] 涂又光.中国高等教育史论[M].武汉:湖北教育出版社,1997

[18] 王东.哲学创新的北大学派:李大钊、冯定、张岱年、黄枏森列传[M].长

春:吉林人民出版社,2015

[19] 王静.千年望族慈城冯家:一个宁波氏族的田野调查[M].宁波:宁波出版社,2015

[20] 王宗昱.苦乐年华[M].北京:北京大学出版社,2004

[21] 谢龙.平凡的真理非凡的求索——纪念冯定百年诞辰研究文集[M],北京:北京大学出版社,2002

[22] 叶澜.教育学原理[M].北京:人民教育出版社,2007

[23] 张楚廷.课程与教学哲学[M].北京:人民教育出版社,2003

[24] 赵康太.当代思想理论教育前沿问题纵论[M].武汉:武汉大学出版社,2007

外文文献部分

[1] A·马塞勒.文化与自我:东西方人的透视[M].任鹰,译.杭州:浙江人民出版社,1988

[2] Michael J L, Sara F L. Leisure Enhancement[M]. London:Routledge Member of the Taylor and Francis Group,1989

[3] 阿彻尔·华莱士.伟人的母亲[M].吴群芳,孙继成,译.北京:北京图书馆出版社,2002

[4] 奥尔特加·加塞特.大学的使命[M].徐小洲,陈军,译.杭州:浙江教育出版社,2001

[5] 柏拉图.理想国[M].郭斌和,张竹明,译.北京:商务印书馆,1996

[6] 杜威.民主主义与教育[M].陶志琼,译.北京:中国轻工业出版社,2014

[7] 杜威.我们如何思维[M].伍中友,译.北京:新华出版社,2010

[8] 费希特.论学者的使命 人的使命[M].梁志学,沈真,译.北京:商务印书馆,1997

[9] 黑格尔.法哲学原理[M].范扬,张企泰,译.北京:商务印书馆,2010

[10] 黑格尔.美学:第二卷[M].朱光潜,译.北京:商务印书馆,1979

[11] 怀特海.教育的目的[M].庄莲平,王立中,译.上海:文汇出版社,2012

[12] 卡尔·威特.卡尔·威特的教育[M].刘恒新,译.北京:京华出版社,2001

[13] 科恩.自我论[M].佟景韩,等,译.北京:生活·读书·新知三联书店,1986

[14] 夸美纽斯.大教学论[M].傅任敢,译.北京:人民教育出版社,1984

[15] 莱斯利·H.法贝尔.神秘的意志世界[M].沈洁民,刘谧辰,译.上海:
上海文化出版社,1989

[16] 卢梭.爱弥儿:论教育[M].李平沤,译.北京:商务印书馆,1978

[17] 卢梭.论人类不平等的起源和基础[M].王允道,译.北京:商务印书
馆,1982

[18] 马卡连柯.家庭和儿童教育[M].丽娃,译.上海:上海人民出版社,2005

[19] 马克思,恩格斯.马克思恩格斯全集:第二卷[M].中共中央马克思、恩
格斯、列宁、斯大林著作编译局,译.北京:人民出版社,2005

[20] 马克思,恩格斯.马克思恩格斯全集:第四十二卷[M].中共中央马克
思、恩格斯、列宁、斯大林著作编译局,译.北京:人民出版社,1977

[21] 马克思恩格斯全集:第三卷[M].中共中央马克思、恩格斯、列宁、斯大
林著作编译局,译.北京:人民出版社,2002

[22] 培根.人生论[M].何新,译.西安:陕西师范大学出版社,2009

[23] 乔治·R.奈特.教育哲学导论[M].简成熙,译.台北:五南图书出版公
司,2002

[24] 苏霍姆林斯基.睿智的父母之爱[M].罗亦超,译.石家庄:河北人民出
版社,1999

[25] 苏霍姆林斯基.育人三部曲[M].毕淑芝,等,译.北京:人民教育出版
社,1998

[26] 苏霍姆林斯基.怎样培养真正的人[M].蔡汀,译.北京:教育科学出版
社,1992

[27] 威廉·H.布兰查德.革命道德——关于革命者的精神分析[M].戴长
征,译.北京:中央编译出版社,2004

[28] 雅克·马里坦.教育在十字路口[M].高旭平,译.北京:首都师范大学
出版社,2010

[29] 伊塔洛·卡尔维诺.为什么读经典[M].黄灿然,李桂蜜,译.南京:译林
出版社,2006

[30] 佐藤学.课程与教师[M].钟启泉,译.北京:教育科学出版社,2003

附　录

冯定生平与学术年表简记

（1902—1983 年）

1902 年	9 月 25 日	出生于浙江慈溪县（现为宁波市江北区慈城镇）的一个手工业工人家庭，有三兄四姊，排行老八。虽然家境清贫，但冯定受族人影响，谨学自持，读书至小学毕业。冯家原为慈城的千年望族，自汉代以来几十代诗书传家，人才辈出，至清朝乾隆年间已出进士 56 名，但至晚清逐渐衰落。 冯定，原名冯远龙（幼年和小学时用名），曾用名冯昌世（师范学校时用名）、冯稚望（1922—1933 年）、冯季定（1930—1938 年）、冯定（1938 年后）。20 世纪 30 年代常用笔名贝叶，还曾用高莱、北译、宋彻、尔彻等笔名。
1916 年	秋	慈溪政婉小学毕业，在族叔冯君木先生（当地著名学者）的资助下，进入浙江省第四师范学校学习。
1921 年	秋	从师范学校毕业后，以优异的国文和算术成绩被新创办的宁波证券花纱交易所录用为会计。一年后因交易所破产而离职。
1922 年	冬	随冯君木先生赴上海，任修能学社国文教师。
1924 年	冬	赴北京，任徐荷君（段祺瑞政府财政部主任秘书）的私人文秘，同时通过同乡张雪门的帮忙每天上午去北大旁听。
1925 年	5 月	五卅惨案后，曾到北大报名参加救国会，不久向徐荷君辞职返沪。
	冬	考入上海商务印书馆，任编辑、国文函授部改卷教员。在此期间阅读进步书籍，受到党的影响，于 1925 年年底经吴文祺和方渊泉介绍加入中国共产党，候补期三个月。
1926 年	1 月	1926 年 1 月正式出席党小组会议，由此开始计算党龄。入党后在上海参加过两次罢工，不久任党小组长，1926 年起任党支部书记。
	10 月	上海工人第一次起义期间，参加为期三天的党的浙江区第一次代表会议，在会上提出"支部建立工作机关"建议，并就争论问题发言。会后，应商务印书馆工会之邀，在宝山路印刷厂车间召开的群众大会上做反蒋报告。

	2月	2月18日上海工人第二次起义失败后,次日根据上级部署与另一支部委员分头散发传单。
	3月	3月北伐军进入杭州后,根据组织指示加入国民党,并先后任国民党浙江省党部秘书、国民党宁波市党部秘书。后于3月23日抵达上海,向商务印书馆辞职。
1927年	4月12日以后	蒋介石发动反革命政变后,赴武汉,顺利接上组织关系,先任国民党汉口市党部宣传干事,后接中央军委的通知,在国民革命军第六军任政治部训练股长。在此期间,曾作为上海代表出席第五次全国劳动代表大会。
	7月15日以后	汪精卫叛变革命、国共分裂后,按组织意见携介绍信返回上海。经陈修良同志动员后打了要求去苏联学习的报告,并由陈转给组织审批。
	10月9日	中国工人代表团秘密离沪赴莫斯科参加十月革命十周年纪念活动。代表团团长为向忠华,团员包括李震瀛、邢经珠、冯定、胡任生、沙文汉等。由上海同船(苏联客轮"安铁捷号")赴苏联的还有上海、武汉、江苏、浙江等地干部40余人。
	11月初	到达莫斯科后,冯定与大部分同志被派往莫斯科中山大学学习,成为第三期学员。这期学员中还有:铁瑛(女)、章汉夫、帅孟奇(女)、陈微(沙可夫)、陈铁真(孔原)、应修人、陈昌浩、陈逸(陈修良)(女)、陈尚友(陈伯达)、孟庆树(女)等。同时在莫斯科中山大学学习的还有杨尚昆、伍修权、孙冶方、张崇德、张崇文等。
1930年	秋	从苏联回国,到上海从事党的地下工作,任津浦、沪宁、沪杭、杭甬四路铁路员工赤色总工会秘书。
	冬	因患急性胃病,向组织请假,到北方后,一边养病,一边在幼师学校任教并翻译苏联小说,以维持生计。
1932年	秋	返回上海,在任俄文教师的同时,参加"中国社会科学家联盟"(即"社联")及"左联"组织的活动,为"少共"江苏省委办的刊物《少年真理》译稿,并开始以贝叶等为笔名发表译文。
1936年	年初	中共江苏省委正式恢复后,任省委宣传干事兼党刊《真理》主编。
1937年	3月3日	第一部著作《青年应当怎样修养》由上海生活出版社(上海生活书店)出版(青年自学丛书之一)。该书针对当时国民党统治区青年的思想实际,以谈心的方式,用生动的语言介绍马克思主义的新世界观和新人生观。因以平等的态度对话,能做到和读者的思想、感情相通,系当时颇具影响的一部用马克思主义观点解释人的道德情操修养的读物。

1937 年	3 月 6 日	《英雄和英雄主义》(发表于《自修大学》杂志 1 卷 1 辑 4 号)
	3 月 20 日	《谈新人生观》(发表于《自修大学》杂志 1 卷 1 辑 5 号) 《青年群》(发表于《文化食粮》杂志 1 卷 1 期)
	4 月 3 日	《新人群的道德观》(发表于《自修大学》杂志 1 卷 1 辑 6 号)
	4 月 17 日	《哲学的应用》(发表于《自修大学》杂志 1 卷 1 辑 7 号)
	5 月 1 日	《现阶段的中国青年问题》(发表于《自修大学》1 卷 1 辑 8 号)
	5 月 14 日	《青年在这个时候应该干些什么?》(发表于《国民周刊》杂志 1 卷 2 期)
	5 月 15 日	《怎样自修外国语》(发表于《自修大学》杂志 1 卷 1 辑 9 号)
	5 月 28 日	《大话和小话》(发表于《国民周刊》杂志 1 卷 4 期)
	5 月 29 日	《论自然哲学与历史哲学》(发表于《自修大学》1 卷 2 辑 10 号)
	6 月 12 日	《问题简答》(发表于《自修大学》1 卷 2 辑 11 号) 《往露天去》(发表于《自修大学》1 卷 2 辑 11 号)
	6 月 26 日	《问题简答》(发表于《自修大学》1 卷 2 辑 12 号)
	7 月 10 日	《我们对英美的谢意和戒心》(发表于《自修大学》1 卷 2 辑 13 号)
	7 月 24 日	《主战与主和》(发表于《自修大学》1 卷 2 辑 13 号)
	12 月 20 日	《抗战与青年》,由上海光明书局初次出版(民族解放丛书之一)
1938 年	1 月 5 日	《抗战与青年》再版
	10 月	在安徽省皖南新四军政治部宣传部任宣传科科长、《抗敌报》的主编、干部教育科科长。
	10 月 26 日	《脑子还得磨砺》(发表于《译报周刊》1 卷 3 期)
		《青年应当怎样修养》再版
1939 年	4 月 20 日	《陈毅将军访问记》(上)(发表于《译报周刊》2 卷 1 期)
	4 月 27 日	《陈毅将军访问记》(下)(发表于《译报周刊》2 卷 2 期)
1940 年	2 月 15 日	《美国与世界大战》(上)(发表于《抗敌报》1 卷 7 期)
	3 月 1 日	《美国与世界大战》(下)(发表于《抗敌报》1 卷 8 期)
	3 月 16 日	《忠奸辩》(发表于《抗敌报》1 卷 9 期)
	春	任江南澄武锡区军政委员会副主任。
	秋	任苏北抗日军政干部学校副校长、抗日军政大学第五分校副校长(陈毅兼校长,副校长还有赖传珠、洪学智)、中共中央华中局党校校委会委员兼教员。

1942 年	11 月	任中共淮北区党委宣传部部长。
1943 年	3 月 16 日	《学习的中心堡垒》（发表于《拂晓报》）
	7 月 1 日	《论反省》（发表于《拂晓报》）
1944 年		与袁方同志结婚，邓子恢同志主持婚礼，并赠送延安大生产运动中手工编织的毛毯作为结婚纪念品。刘少奇等新四军主要领导同志出席简朴的婚礼晚宴。
1945 年	6 月 23 日	《教育改革中防止"矫枉过正"与"因噎废食"》（发表于《拂晓报》）
	10 月 7 日	《认清形势 积极行动》（上）（发表于《拂晓报》）
	10 月 8 日	《认清形势 积极行动》（下）（发表于《拂晓报》）
	秋	任中共中央华东局华中分局宣传部副部长。
1947 年	3 月	任中共中央华东局（先在山东，后在上海）宣传部副部长。
	秋	赴大连医治胃病，手术后疗养期间写作多篇普及哲学知识的短文，总标题是"平凡的真理"，在《大连日报》上连载。
1948 年		将连载于《大连日报》的短文集成《平凡的真理》一书，由光华书店出版。该书是冯定的主要代表作，被誉为"20 世纪五六十年代流传最广、进步青年最为喜爱的一部马克思主义哲学的通俗读物"。
1949 年	5 月	《平凡的真理》由新中国书局作为"新青年自学丛书"之一印造初版。
1950 年	6 月	《平凡的真理》由三联书店在上海印造第二版（重排），为上海第一版，导文印刷所重印，增补 1950 年 1 月写于上海的"沪新版序"。
1951 年	5 月	《平凡的真理》由三联书店在北京印造第五版（重印）。
1952 年		任中共华东局宣传部副部长，兼华东军政委员会文化教育委员会副主任。
	3 月 24 日	《学习毛泽东思想来掌握资产阶级的性格并和资产阶级的思想进行斗争——读〈毛泽东选集〉的一个体会》（发表于上海《解放日报》）
	4 月	根据毛泽东的批示，发表于上海《解放日报》的冯定文章做了个别地方的修改，以"关于掌握中国资产阶级的性格并和中国资产阶级的错误思想进行斗争的问题"为题，转载于《学习》杂志1952 年第 4 期上。

	4月10日	《人民日报》转载《关于掌握中国资产阶级的性格并和中国资产阶级的错误思想进行斗争的问题》一文。
	11月	《中国共产党怎样领导中国革命》一书由华东人民出版社(后改称上海人民出版社)出版。
1953年	1月	任中共中央马列学院一分院副院长。
	3月	《中国共产党怎样领导中国革命》由华东人民出版社出版第四版。
	10月	《工人阶级的历史任务》(《中国共产党怎样领导中国革命》的"姊妹"篇)由上海人民出版社出版。
1955年	1月17日	出席《哲学研究》编辑委员会第一次会议。冯定自《哲学研究》创办起即担任编委。
	4月27日	参加中国五一劳动节访苏代表团访问苏联,同行的有艾思奇、许涤新等同志。
	6月3日	周恩来总理签署公布国务院5月31日第10次会议批准包括冯定在内的首批中国科学院233名学部委员名单。
	10月	重写《平凡的真理》,由中国青年出版社出版。全书分四篇:第一篇是真理和智慧;第二篇是真理和谬误;第三篇是真理和规律;第四篇:真理和实践。北京第一版第一次印刷。
1956年		被选为第二届中国人民政治协商会议全国委员会委员(历任全国政协第二、三、四届委员,第五届常务委员会委员)。
	2月3日	在第二届全国政协第一次代表会议期间,赴中南海怀仁堂参加晚宴,受到毛泽东、刘少奇、周恩来的接见,并会晤了陈云同志。
	6月14日	参加中国科学院拟制订全国长期科学规划工作会议期间,与全体代表一起受到毛泽东的接见,并合影留念。
	8月	《谈"百家争鸣"》(发表于《哲学研究》1956年第3期,冯定等二十人撰写的《百家争鸣笔谈》的首篇) 《关于"平凡的真理"》(发表于《文史哲》1956年第4期)
	10月13日	《关于我国当前阶级矛盾的性质和斗争的形式问题》(发表于《大公报》)
	10月	《平凡的真理》,中国青年出版社第一版第四次印刷。
	11月	《共产主义人生观》由中国青年出版社出版,第一版第一次印刷。
	11月19日	《谈选本》(发表于《新民晚报刊》)

冯定生平与学术年表简记

	12 月	《有关中国民族资产阶级的某些问题》由人民出版社出版。该书收录《关于掌握中国资产阶级的性格并和中国资产阶级的错误思想进行斗争的问题》《论中国工人阶级对民族资产阶级既联合又斗争的基本特点》(本文 1956 年 7 月受《哲学研究》的编辑委托为苏联《哲学问题》杂志撰写)与《关于我国当前阶级矛盾的性质和斗争的形式问题》三篇文章。 《关于中国工人阶级和资产阶级的矛盾性质和斗争形式论争的关键》(刊载于《中国过渡时期资产阶级与工人阶级矛盾性质问题讨论专辑》,《哲学研究》编辑部编,由科学出版社出版) 《爱养父母在社会主义社会里也是必要的美德》(发表于《中国青年》1956 年第 24 期)
1957 年	1 月	由毛泽东提名,调北京大学哲学系任教授。
	1 月 29 日	由高教部综合大学司副司长胡沙同志陪同至北京大学报到,在临湖轩和校长马寅初先生及校部几位处长相见,又与党委书记江隆基同志交谈。
	1 月 31 日	率中国科学院社科代表团(由冯定、贺麟、任继愈和张镈等组成,冯定任团长)访问苏联,3 月 14 日返回北京。
	2 月	《中国共产党怎样领导中国革命》由上海人民出版社出版第三版。
	3 月 21 日	至中宣部,和陆定一同志谈话,告以不兼任北京大学副校长。
	3 月 27 日	给北京大学哲学系全体教员讲访苏观感,任继愈也发了言。
	4 月 1 日	经北京大学哲学系系务委员会一致通过,校务委员会批准将其评为一级教授(因原为行政六级,工资高于一级教授)。 北京大学校党委会议全体通过增补冯定为校党委委员,并报上级批准。 哲学系主任郑昕先生主持全系学生大会,由冯定和任继愈谈访苏观感,也有其他系的学生来参加。
	4 月 13 日	与哲学系副主任汪子嵩和从理科本科毕业生中招收的五名自然辩证法研究生共商学习问题,提出聘请于光远指导的建议。
	4 月 30 日	出席《人民日报》哲学社会科学版编辑委员会第一次会议,到会的还有胡绳、许立群、于光远等人。
	5 月	《从民主说起》(刊载于《青年共产主义者丛刊》第 1 辑《民主与自由》,由中国青年出版社出版) 《访苏小记》(发表于《北京大学学报》1957 年第 2 期)
	6 月	《共产主义人生观》由中国青年出版社出版第二版,1958 年以后多次印刷。

	10 月	《共产主义人生观》朝文版,田丁译,由延边人民出版社出版,第一版第一次印刷。
	11 月	《中国在过渡时期的辩证发展》(发表于《北京大学学报》1957 年第 4 期)
	12 月	以"十月革命的伟大思想在中国的胜利"为题目发表于苏联《哲学问题》杂志 1957 年第 6 期。
1958 年	4 月 14 日	《个人主义的反动性及其危害》(发表于《北大校刊》)
	4 月	经北京大学校长兼党委书记陆平提名并报上级批准,任北京大学党委副书记。
	4 月	《略谈中国工人阶级和资产阶级的矛盾性质及其斗争形式》(发表于《北京大学学报》1958 年第 2 期) 《谈马克思列宁主义普遍真理和民族特点相结合的原则》(刊于《青年共产主义者丛刊》第 6 辑《伟大的革命宣言》中,由中国青年出版社出版) 《中国共产党怎样领导中国革命》藏文版,季永昌译,由民族出版社出版,北京第一版第一次印刷。 《劲从何来》(发表于《哲学研究》1958 年第 4 期)
	5 月	《人类知识的大跃进》(发表于《哲学研究》1958 年第 5 期)
	5 月 25 日	《不容个人主义"负隅顽抗"》(发表于《光明日报》),该文标题在《冯定文集》第 2 卷(人民出版社 1989 年版)中改为《个人主义与个人利益》
	7 月	《高举共产主义的旗帜》(发表于《哲学研究》1958 年第 7 期)
	7 月 1 日	"毛泽东思想学习会"成立大会,在北京大学办公楼礼堂举行。该会是冯定等 10 人发起组织的。
	7 月 7 日	参加"毛泽东思想学习会"干事会,选举常务干事,冯定被选为总干事。
	9 月	《方针是正确的——哲学系师生下乡两月的总结报告》(发表于《北京大学学报》1958 年第 4 期)
1959 年	2 月	《唯物论辩证法的伟大胜利》(发表于《前线》1959 年第 2 期) 《社会的跃进和辩证法》(发表于《哲学研究》1959 年第 2 期)
	4 月	《关于不断革命和革命发展阶段论》(刊于《青年共产主义者丛刊》第 13 辑《学习毛泽东著作的体会》中,由中国青年出版社出版)
	9 月	《平凡的真理》由中国青年出版社出版北京第二版,增加作者写于 1957 年元旦的长篇(两万多字)"重印附言"。

续表

	12 月	至 1960 年 5 月，北京大学哲学系辩证唯物论和历史唯物主义研究室编写马克思主义哲学教材，教研室全体教师参加，由冯定任主编，在他的倡议下尝试按辩证唯物论和历史唯物主义融为一体的框架撰写，并亲自撰写绪论。
1960 年	1 月	《平凡的真理》由中国青年出版社出版北京第二版，第十次印刷。
	5 月	《工人阶级的历史任务》，由上海人民出版社出版第二版第三次印刷。
	11 月 5 日	北京大学校务委员会通过《学报》编辑委员会，冯定为召集人。
	11 月	《马克思主义世界观的伟大胜利——读〈毛泽东选集〉第四卷的几点初步体会》（发表于《新建设》1960 年第 10、11 期，转载于《北京大学学报》1960 年第 4 期）
1961 年		北京大学哲学系招收历史唯物主义研究生（冯定指导）2 名：石仲泉、章玉钧。
1962 年	6 月 12 日、13 日、14 日	《关于"红专"》，《光明日报》连载。 北京大学哲学系招收历史唯物主义研究生（冯定指导）5 名：于本源、邹永图、张秀华、徐荣庆、苏振富。
	年末	应中共福建省委书记叶飞同志的邀请，赴福建省讲学 50 多天，于 1963 年年初返回北京。
1963 年	4 月 20 日	《革命的人生是不朽的——学习雷锋的关键》（发表于《中国青年报》）
	5 月 4 日	新华社向全国报道，为发挥老教授的作用，加强对青年教师的培养，北京大学安排青年教师向几位老教授对号学习。向冯定对号学习的是哲学系青年教师谢龙和张恩德。
1964 年	8 月 24 日	毛泽东在和周培源、于光远的谈话中对冯定进行了点名批评。
	9 月 23 日	《红旗》杂志 1964 年第 17、18 期合刊以《评冯定的〈共产主义人生观〉》的标题发表编者按和署名张启勋的"对《共产主义人生观》一书的批评"的来信，首次在报刊上公开对冯定进行错误批判。
	10 月	《人生漫谈》由中国青年出版社内部出版，但因为报刊上开展对冯定的错误批判而未能正式出版。
	11 月	《红旗》杂志 1964 年第 21、22 期合刊发表署名陆锋的文章《主观唯心主义的大杂烩——评冯定同志的〈平凡的真理〉》，这是对冯定进行错误批判的重要文章，《人民日报》等报刊转载。

1966 年	6 月	"文化大革命"开始,被扣上"反革命修正主义分子"帽子,成为批判斗争的重点对象。
	10 月 25 日	毛泽东在《林彪同志在中央工作会议上的讲话》稿上"近年来对杨献珍、冯定的批判"处,删去了冯定的名字并批示:"对冯定的批判我没有与闻。"
1967 年	4 月 1 日	北京大学"文化革命委员会"作战部资料组编辑和印刷《反革命修正主义分子冯定反动言论选编》,向校内外散发。
1970 年		在江西南昌鲤鱼洲北京大学"五七干校"劳动,为期一年,次年返校。
1975 年	8 月 5 日	北京大学校党委常委会议审议对冯定专案的意见,得出"冯定没有自首变节问题,决定予以解放,恢复其党组织生活"的结论。报上级党组织批准。
	8 月 8 日	根据北京市委指示,北京大学党委书记王连龙到医院向原北大党委副书记冯定宣布对他的审查结论和北大党委关于解放冯定并恢复其党组织生活的决定,但此事随即因"批邓""反击右倾翻案风"而搁浅,未予执行。
1977 年	7 月 15 日	北京大学校党委常委开会,讨论翦伯赞、冯定的处理问题,当天,校党委向市委报送《关于解放冯定并恢复其党组织生活的请示报告》。
	9 月 23 日	北京大学校党委常委开会,会上宣读了北京市委同意北京大学校党委关于解放冯定并恢复其党组织生活的决定。
1978 年	7 月 20 日	北京大学接到教育部党组《关于周培源等同志任职的通知》:经党中央批准,周培源同志为北京大学校长,高铁、汪小川、冯定等同志为副校长。
	7 月	冯定在社会科学院哲学研究所和《哲学研究》编辑部联合召开的"理论和实践关系的研讨会"上发言,阐述"科学无禁区"的见解。
	8 月 15 日	冯定在北京大学做"实践是检验真理的唯一标准"问题的报告。
	10 月 15 日	北京大学、中国社会科学院、人民出版社、商务印书馆及安徽劳动大学联合在安徽芜湖市召开了全国首届西方哲学讨论会(学界称"芜湖会议")。全国哲学界 204 位专家学者包括冯定、贺麟、严群等数十位著名哲学家与会。以"芜湖会议"为开端,学术界就西方哲学史的性质、哲学史中的两条路线斗争、关于西方哲学史的分期、哲学史研究的方法等问题展开深入讨论,逐步克服以往把哲学史看作是社会政治状况的直接反映以及以社会形态或阶级属性作为分期标准的简单化倾向,因此这是"我国现代外国哲学研究的一个转折点"(详见 1977 年国家哲学社会科学规划办公室编《哲学社会科学各学科研究现状与发展趋势》)。

续表

	10 月 20 日	在全国首届西方哲学讨论会上做"哲学工作者的历史使命"的学术报告,受到全体与会者的热烈欢迎。
		《哲学工作者的历史使命》(发表于《安徽劳动大学学报》1978 年第 4 期,1979 年才刊出)
1979 年	1 月 9 日	《生命的价值——谈谈革命人生观》(发表于《文汇报》)
	1 月 18 日—4 月 3 日	党的十一届三中全会后,中央根据叶剑英同志提议,召开理论务虚会议。第一阶段,以中宣部、中国社会科学院的名义,邀请中央和北京理论宣传部门 100 多人参加。第二阶段,以中共中央的名义,邀请中央和各省市自治区近 500 人参加。冯定因身体状况,未全程参加会议,出席其中若干次会议。
	4 月 19 日	《立足今天 懂得昨天 奔向共产主义明天》(发表于《中国青年报》)
		《树立共产主义世界观,走历史的必由之路》(发表于《红旗》1979 年第 6 期)
1980 年	2 月	《平凡的真理》由中国青年出版社出版北京第二版,第十一次印刷。
	3 月 20 日	《认真贯彻〈准则〉的规定,恢复和发扬党的优良作风》(发表于《光明日报》)
		《一代巨人斯大林》(发表于《科学社会主义研究》1980 年第 2 期)
	5 月 29 日	《人活着究竟为什么?》(发表于《文汇报》)
	5 月	《学习少奇同志关于党的建设的理论》(发表于《红旗》1980 年第 9 期)
	5 月	《红旗》杂志 1980 年第 10 期发表朱德生、张文儒的文章《寓深刻于平凡——评介〈平凡的真理〉一书》。
	6 月 6 日	《青年的苦闷从何而来?》(发表于《文汇报》)
	10 月	《让共产主义道德深入人心是理论工作者的神圣职责》(发表于《北京大学学报》1980 年第 4 期)
		《北京大学学报》(哲学社会科学版)1980 年第 4 期发表黄楠森、陈志尚的文章《评 1964 年对冯定的〈共产主义人生观〉的批判》。
		《吸取人类思想文化中一切有价值的东西——兼谈研究外国哲学的态度和方法》(发表于《外国哲学》1980 年创刊号)
	8 月 29 日	《吸取人类思想文化中一切有价值的东西——兼谈研究外国哲学的态度和方法》(《人民日报》转载)
		《列宁对我们今天的启示》(发表于《江淮论坛》1980 年第 5 期)

	1月8日	《理论与实践结合的光辉榜样》(发表于《文汇报》)
1981年	3月17日	任北京大学校务委员会顾问(据中共中央委员会48号文件)。
	9月28日	《学习鲁迅振兴我们的精神世界》(发表于《北大校刊》)
	11月	《怎样学哲学》(发表于《文史哲》1981年第5期)
	12月13日	任全国政协常委,全国政协五届四次会议通过。
1982年	3月	《人生漫谈》由吉林人民出版社出版。
	8月10日	《〈平凡的真理〉所经历的不平凡道路》(发表于《民族书林》)。
	8月	《精神文明建设在社会主义建设中具有特殊的重要地位和作用》,在北京市社联会上的书面发言。
	12月	《探索探索者的道路,开辟未来》(发表于《马克思主义发展史论集》,人民出版社出版)
1983年	5月	《把马克思主义哲学送到人民手中——论哲学的普及》,收入《中国哲学年鉴》,中国大百科出版社出版。
	6月	《关于抗大五分校一段历史的回忆》,盐城新四军军部原址纪念馆筹备处印。
	8月15日	《哭冶方》(发表于《人民日报》)
	10月15日	于北京友谊医院因脑软化医治无效逝世,终年81岁。
	10月27日	冯定同志追悼会下午在八宝山革命公墓礼堂举行。 邓小平、陈云、彭真、胡乔木、邓力群、陈丕显、胡启立、粟裕、谷牧、姬鹏飞、张劲夫、张爱萍、陆定一、刘澜涛、韩天石、洪学智、周培源、杨献珍、周扬、夏衍、何东昌、钱正英、陈国栋、汪道涵等同志和政协全国委员会、中央宣传部、中央组织部、中央联络部、文化部、新华社、中共浙江省委、浙江省人民政府、宁波市人民政府、商务印书馆、中共中央党校、中国人民解放军政治学院、北京大学等单位送了花圈。 邓力群、陈丕显、韩光、韩天石、洪学智、周培源、夏衍、张承先、黄辛白、彭佩云、刘导生、汪家缪等同志参加了追悼会。 中共中央书记处书记、中宣部部长邓力群同志致悼词。 邓力群同志在悼词中介绍了冯定同志革命的一生,高度赞扬了他在长期的革命和建设过程中,刻苦钻研和积极宣传马列主义、毛泽东思想,对马克思主义哲学的传播、宣传和普及做出了贡献。

冯定生平与学术年表简记

后　记

　　从 2011 年开始对冯定青年教育思想进行研究以来,我经历了阅读《冯定文集》的欣喜,因为冯定的文字生动活泼,一点也不枯燥;也经历了提炼研究主题及细目的痛苦。

　　本来研究的时间是三年,现在已花费双倍的时间,本以为 2015 年 10 月至 2016 年 4 月在芬兰赫尔辛基大学访学期间可以完成全部书稿,但由于种种原因,又拖了差不多一年半的时间。在这个过程中,我得到的深刻教训是时间拖得越久,心里的挂累就越久。

　　但在此时此刻,负累之感早已消失,轻松之感和感谢之心欣然登场。

　　首先要感谢的是宁波市江北区政协的谢振声先生,谢老师自始至终无偿为我提供各种资料和获取资料的渠道。在谢老师的帮助下,我联系到了冯定的二儿子——中国传媒大学的冯宋彻教授,还读到了冯定的《抗战与青年》的扫描本。

　　其次要感谢的是冯宋彻教授,自联系上冯教授以来,他也无偿为我提供了各种各样的资料,对冯教授的访谈让我了解到了书中读不到的一些冯定的生平资料。经冯教授提醒,我得以知晓孙婧博士 2014 年出版的《冯定思想政治教育理论研究》和王静 2015 年出版的《千年望族慈城冯家:一个宁波氏族的田野调查》这两本书,并将其作为参考资料使用。

　　再次要感谢我的同事郑东辉教授和于萧副教授,他们在我的研究过程中费心费力,对最终的送审和审校也是一丝不苟,在此我深表敬意。

　　感谢我的丈夫于志远,由于忙于搜集、积累资料和写作,拖地一类的家务事几乎全扔给他干了。他不止在这一点上做出了牺牲。开始研究后,我也没有时间和心思陪他一起做些事情,比如一起锻炼身体,一起看看电视节目等。

也要感谢我的儿子于淼,我开始对冯定青年教育思想进行研究时,他还是一名高中生,如今大学本科毕业已工作近一年了。在研究冯定关于青年的思想时,我总会情不自禁去想儿子的表现是怎样的,与几十年前的青年的思想觉悟相比,他们这一代是进步了,还是退步了,还是有所超越。

在此也要感谢我自己,感谢我的坚持与忍耐。虽然"白手起家",但也总算完成了此研究。

最后还要感谢浙江大学出版社的编辑姚嘉,是她的认真负责才使得此书得以顺利出版。

宁波大学教授 陶志琼

宁波大学教授 4 号楼 407 室

2017 年 8 月 14 日

后

记

图书在版编目(CIP)数据

冯定青年教育思想研究 / 陶志琼著. —杭州:浙
江大学出版社,2019.1
ISBN 978-7-308-17761-0

Ⅰ.①冯… Ⅱ.①陶… Ⅲ.①冯定－青少年教育－教
育思想－研究 Ⅳ.①G775

中国版本图书馆 CIP 数据核字(2018)第 000239 号

冯定青年教育思想研究

陶志琼　著

责任编辑	吴伟伟　姚　嘉	
责任校对	赵　珏	
封面设计	春天书装	
出版发行	浙江大学出版社	
	(杭州市天目山路 148 号　邮政编码 310007)	
	(网址:http://www.zjupress.com)	
排　　版	浙江时代出版服务有限公司	
印　　刷	杭州高腾印务有限公司	
开　　本	710mm×1000mm　1/16	
印　　张	17	
字　　数	285 千	
版 印 次	2019 年 1 月第 1 版　2019 年 1 月第 1 次印刷	
书　　号	ISBN 978-7-308-17761-0	
定　　价	48.00 元	